大学体育与健康

- 主　编　韩　聪
- 副主编　曾芳芳　汪玲玲　肖　雄
- 主　审　王　松

华中科技大学出版社
http://www.hustp.com
中国·武汉

内 容 简 介

本书根据中共中央、国务院《关于深化教育改革,全面推进素质教育的决定》和教育部《全国普通高等学校体育课程教学指导纲要》的精神,坚持学校教育要树立"健康第一"的指导思想,明确了高校体育在素质教育中的地位和我国高校体育教学的目标和任务。本书编写的目的是增强学生的健康意识,更新学生的健康观念,提升学生的健康能力和促进学生的健康行为。全书共八章内容,分别阐述了大学体育与健康、体育锻炼的原理和方法,以及常见运动项目的技术、技能等。

本书可作为大学普通体育课的教学用书。

图书在版编目(CIP)数据

大学体育与健康/韩聪主编. —武汉:华中科技大学出版社,2018.9(2022.9重印)
ISBN 978-7-5680-4638-1

Ⅰ.①大… Ⅱ.①韩… Ⅲ.①体育-高等学校-教材 ②健康教育-高等学校-教材 Ⅳ.①G807.4 ②G647.9

中国版本图书馆 CIP 数据核字(2018)第 219943 号

大学体育与健康 韩 聪 主编
Daxue Tiyu yu Jiankang

策划编辑:	曾 光 彭 捷
责任编辑:	郑小羽
封面设计:	优 优
责任监印:	朱 玢

出版发行:华中科技大学出版社(中国·武汉) 电话:(027)81321913
　　　　　武汉市东湖新技术开发区华工科技园 邮编:430223

录　　排:武汉正风天下文化发展有限公司
印　　刷:武汉市籍缘印刷厂
开　　本:787mm×1092mm　1/16
印　　张:12.25
字　　数:310 千字
版　　次:2022 年 9 月第 1 版第 4 次印刷
定　　价:42.00 元

本书若有印装质量问题,请向出版社营销中心调换
全国免费服务热线:400-6679-118　竭诚为您服务
版权所有　侵权必究

前言
PREFACE

随着经济和社会的进一步发展,以及教育改革的进一步深入,大学体育课程的教学,已从早期的基础课模式,发展到今天的选项课模式(又称体育俱乐部教学模式)。在《全国普通高等学校体育课程教学指导纲要》的指导下和体育教师的辅导下,学生自主选择体育运动项目。经过大学体育课程的教学活动,学生掌握几项锻炼身体的基本技能和方法,从而为终身体育打下良好的基础。

中共中央、国务院在《关于深化教育改革,全面推进素质教育的决定》中指出:"学校教育要树立'健康第一'的指导思想,切实加强体育工作。"这给学校体育工作指明了方向,明确了要求。大学体育是大学生综合素质教育的重要组成部分,既是学校体育教育的终点,又是个性化终身体育的起点。基于上述考虑,我们编写了本书,目的是增强大学生的健康意识,更新大学生的健康观念,提升大学生的健康能力,并促进大学生的健康行为。

本书在编写过程中结合大学体育教育实践经验,吸取了同类教材的优点和现代体育研究的新成果,体现了"以育人为本、以学生发展为中心"的思想,注重学生整体素质的提高,在理论方面加强了健康知识和健身意识教育,在技能方面规范了技术要点和锻炼方法,力求做到理论联系实际。概括起来,本书具有以下几个特点。

(1) 体现"以人为本"的教育理念和"健康第一"的教育思想。本书根据当代大学生的兴趣爱好和思维认识水平,精选体育基础理论知识和体育单项知识。本书既有体育基本理论知识部分,又有实践操作环节;既有民族传统体育,又有大学生喜爱的各种球类运动;既有近些年才兴起的时尚休闲运动,又有作为各项运动基础的田径运动。其目的在于激发大学生参与运动的兴趣,提升大学生的体育素养和体育能力,使大学生的科学精神和人文精神相结合,在物质文化、精神文化和行为文化层面上不断提升,充分发挥其个性和创新能力,使其成为社会需要的合格人才。

(2) 内容全面。本书系统地介绍了目前广泛开展、深受大学生喜爱的足球、篮球、乒乓球、网球、田径等运动项目,还介绍了具有时代气息的休闲运动,力求满足当代大学生的多种需求和多方面的兴趣爱好。

(3) 科学性强。本书参考并引用了国内外学者的大量研究成果,吸收了众多很有价值的研究资料,包括理论、方法、案例、实验报告和测试手段等,力求言之有理,论之有据。

(4) 应用性强。本书注重理论联系实际,努力使学生学以致用。本书集竞技体育、体闲娱乐体育为一体,使学生既能选修自己喜爱的体育项目,又可了解其他体育项目,在体现"以身体锻炼为主"特点的同时,又注意培养学生的体育锻炼习惯和终身体育能力。

(5) 可读性强。本书力求做到深入浅出、文字简练、通俗易懂、图文并茂。每章不仅有"学

I

习目标"和"复习思考题",而且有"知识拓展"和"实践操作"两个栏目,作为相关内容的补充和延伸,满足学生进一步了解相关知识的需要。

本书是各位编者辛勤劳动的成果和集体智慧的结晶。本书由韩聪任主编,曾芳芳、汪玲玲、肖雄任副主编。其中,韩聪编写第一、二章和第六、七章,曾芳芳编写第三章,汪玲玲编写第四章,肖雄编写第五章、第八章。王松负责总体设计、编写提纲、统稿和定稿。

本书的内容参考了国内外大量的文献资料,并引用了众多体育学者的研究成果,本书的出版得到了华中科技大学出版社的大力支持与帮助,在此深表感谢!

本书虽然经过多次讨论和修改,但因编者水平有限,仍存在一些不足之处,恳请读者指正。

编　者

2018 年 7 月

目录
CONTENTS

上篇 基础理论篇

第一章 绪论 3
  第一节 体育的概念、组成与功能 3
  第二节 体育的起源、发展及其科学基础 9
  第三节 大学体育的目的、任务和实现途径 12
  第四节 大学生体育素质的培养 16

第二章 体育锻炼的科学基础 22
  第一节 体育锻炼的解剖学基础 22
  第二节 体育锻炼的生理学基础 28

第三章 体育锻炼与健康 35
  第一节 健康的概念与标准 35
  第二节 体育锻炼的身心效应 38
  第三节 体育锻炼的基本原则与方法 41
  第四节 健身运动处方 46

下篇 运动技能篇

第四章 田径运动 53
  第一节 田径运动的历史 53
  第二节 田径运动的分类 55

第五章 球类运动（一） 68
  第一节 篮球 68
  第二节 足球 81
  第三节 排球 94

第六章 球类运动（二） 107
  第一节 乒乓球 107
  第二节 羽毛球 119
  第三节 网球 131

第七章　武术与太极拳 ··· 141
　第一节　武术 ··· 141
　第二节　太极拳 ·· 145
第八章　其他时尚休闲运动 ·· 172
　第一节　啦啦操 ·· 173
　第二节　瑜伽 ··· 177
　第三节　街舞 ··· 179
　第四节　女子防身术 ··· 181
　第五节　电子竞技 ·· 183
参考文献 ··· 188

上 篇
基础理论篇

JICHU
LILUNPIAN

第一章 绪 论

学习目标

1. 了解体育作为一种社会文化现象的产生、发展和形成的过程；
2. 理解体育的概念及其科学基础；
3. 掌握体育的功能及大学体育教学的目的、任务和实现途径；
4. 能够将素质教育和健康第一的理念贯穿到体育教学过程中和体育素质培养之中。

第一节 体育的概念、组成与功能

一、体育的概念

所谓体育，有两方面的含义：第一，体育是通过身体活动增强体质，传授锻炼身体的知识、技能，培养道德和意志品质的有目的、有计划的教育过程，它是教育的重要组成部分，是培养人全面发展的一个重要方面；第二，体育是指以身体与智力活动为基本手段，以增强体质、促进人全面发展、丰富社会文化生活和促进精神文明建设为目的的一种有意识、有组织的社会活动，是社会文化的一部分，其发展受一定的社会政治和经济的制约，也为一定的社会政治和经济服务。

由此可见，体育以身体活动为基本特征，以增强体质、锻炼身体为基本目的，涵盖学校体育、竞技运动和社会体育三方面内容。随着社会的不断发展和人类需求进入高层次，人们对体育的认识将进一步深化。

二、体育的组成

（一）学校体育

学校体育是学校教育的重要组成部分，也是大众体育和竞技体育的坚实基础，还是提高中华民族体育水平的一个重要途径，对增强我国国民健康水平和整体素质有着重要意义。学校体育按不同教育阶段和年龄特征，通过体育课程、课余体育训练和课外体育活动等基本组织形式，以"增强体质、增进健康"为核心，以培养人、提高人的素质和养成终身体育的习惯为目的，全面开展学校体育的各项任务。由于学校体育实施内容被列入学校总体计划，实施效果又有相应的措施予以保证，从而与其他教育共同构成了一个完整的教育过程，让受教育者在德、智、体、美、劳等方面得到全面发展。

（二）竞技体育

竞技体育又称竞技运动，它是从游戏派生并发展而来的具有规则性、挑战性和娱乐性的身体性活动。目前,竞技体育已成为在提高身体素质的基础上,最大限度地挖掘人的身体潜能、心理智力与运动才能,以取得优异运动成绩为目标而进行的科学训练和各种竞赛活动。竞技体育表演技艺高超、竞争激烈,极易吸引广大观众,它既富有感染力,又易于传播精神力量,在活跃社会文化生活、振奋民族精神、促进各国人民之间的友谊等方面具有特殊的作用。

(三)社会体育

社会体育又称大众体育,是指以健身、娱乐、休闲、医疗和康复为目的的体育运动。国内外经常提到的娱乐体育、休闲体育、余暇体育、养身体育和医疗体育均可列入此范畴。由于社会体育的参与对象主要为广大民众,包括男女老幼及伤残病者,活动领域遍及整个社会和所有家庭,所以社会体育堪称是活动内容最广、参与人数最多、表现形式最多元的体育活动。社会体育是学校体育的延伸,它使人们能根据自己的需要参加各种体育锻炼活动,实现终身体育和终身健康的目的。

三、体育的功能

体育是一项伟大的社会事业,代表了人民的意愿和国家的利益,关系国家的声誉和国民的素质,关系一个民族千秋万代的健康、幸福。体育是我国社会主义现代化建设事业的重要组成部分,是全面建设小康社会的重要内容。随着社会现代化程度的不断提高,体育的社会价值和地位日益凸显。文明孕育了体育,体育推动了文明。现代体育的发展使体育服务于社会的功能增强、内涵丰富、外延扩大。

中共中央、国务院于2002年发布了《关于进一步加强和改进新时期体育工作的意见》(简称《意见》)。《意见》明确提出:"加快我国体育事业的全面发展,满足广大人民群众日益增长的体育文化需求,并借此推动我国社会主义物质文明建设和精神文明建设的发展,是全党、各级政府和全国各族人民的一项共同任务。"《意见》强调,要充分认识体育在经济、社会发展中的重要地位和作用,体育是社会发展和人类文明进步的一个标志,体育事业的发展水平是一个国家综合国力和社会文明程度的重要体现。体育作为一种群众广泛参与的社会活动,不仅可以增强人民体质,而且有助于培养人们勇敢顽强的性格、超越自我的品质、迎接挑战的意志和承担风险的能力,有助于培养人们的竞争意识、协作精神和公平观念。体育是促进友谊、增强团结的重要手段。当今世界,体育产业的发展明显加快,已经成为国民经济新的增长点。《意见》深刻地揭示了体育的价值功能。

(一)健身功能

不言而喻,强身健体是体育最主要的本质功能,体育的其他功能都由它派生而来。体育是通过身体运动的方式进行的,这个特点直接决定了体育有健身功能。从医学的角度讲,经常参加体育运动,能有效促进身体的正常生长发育,提高人体各个器官和系统的机能水平,增强体质,促进健康,塑造健美的体形,提高人体对环境的适应能力,使人的"防御力"得到提高;另外,体育还能全面发展身体素质,对提高人的力量、速度、耐力、灵敏性等"行动力"也有十分明显的功效。"生命在于运动"深刻地揭示了体育运动对于增强体质的重要意义。

体质的增强是多种因素综合作用的结果,遗传、营养、锻炼、环境等诸多因素对人体的健康影响很大,特别是锻炼。过去,因营养不足、医疗条件缺乏,传染性疾病(如结核病、伤寒等"贫困型"疾病)频发;而当今,高血压、冠心病、糖尿病、肥胖症及神经衰弱等"富裕型"疾病的发病率明显上升。一些医学专家认为,导致疾病类型"脱贫致富"的一个重要因素,就是现代社会在给人们带来美好幸福生活的同时,也给人们带来诸多负面影响,体力活动减少、缺乏运动和营养过剩引发的"现代文明病"急剧增加。人类的免疫系统只有经常得到锻炼,才能发挥其功能,适度的运动是增强免疫功能的有效方法。科学家曾做过这样的实验:把兔子、雀鸟关在笼子里,不让它们活动,但按时给它们喂营养丰富的食物和水,日复一日,虽然在外表上它们比同类长得肥壮,但是将它们放出笼子后,悲剧发生了,兔子刚跑几步就栽倒在地上死了,雀鸟也没飞多高就从半空中摔了下来。事后解剖发现,它们有的心脏破裂,有的动脉撕裂。究其原因,就是它们长期缺乏运动,内脏器官发育不良,不能适应剧烈活动。有些人热衷于进补,甚至把保健食品当成灵丹妙药,把健康托付给各种补品,而不进行体育锻炼,这是现代人生活保健的误区。

(二)教育功能

体育的教育功能同样是其本质功能,从原始社会出现体育的萌芽起,体育就一直是教育的手段之一。当今世界任何一个国家,体育都是教育不可分割的一个重要组成部分。"德智皆寄于体",现代体育教育的意义已不仅是促进生长发育、增强体质、掌握运动技能,而且要培养人终身从事体育的兴趣和习惯,从而改善生活方式,提高生活质量,以适应现代社会的需要。

现代奥林匹克之父——法国社会活动家、历史学家和教育家顾拜旦恢复奥林匹克运动的出发点和归宿就是教育。他有一句名言:"对人生而言,重要的不是凯旋而是奋斗,这样我们就可以体会到,在竞赛中胜负都是一种体验,都是一种教育过程。""更快、更高、更强"这一宣传语,正是为了激励人们永远向上、不断追求、不断进取、不断战胜自我。同样,"为国争光、无私奉献、科学求实、遵纪守法、团结协作、顽强拼搏"的中华体育精神已成为中华民族精神的重要组成部分,发挥着教育人、鼓舞人、塑造人的巨大教育功能,能够为社会主义现代化建设提供精神动力,能够为建设和谐社会发挥独特作用。

就社会教育意义而言,体育所独具的健身性、技艺性、竞争性、观赏性、国际性和礼仪性等特点,使它作为一种传播体育价值观的理想载体,在激发爱国热情、振奋民族精神及培养社会公德等方面,产生不可估量的社会教育作用。观看奥林匹克运动会(简称奥运会)等重大国际体育比赛,无疑就是上一堂深刻的、生动的、强烈的爱国主义教育课。运动员为国奉献、奋发进取的体育精神,就是爱国主义具体而生动的体现。赛场上,当庄严的国歌一次次奏响和五星红旗一次次升起时,人们激动的心情和强烈的民族自豪感便油然而生。"振兴中华"这一时代强音即出自体育赛场,1981年在我国香港举行的奥运会男排亚洲区预选赛上,汪嘉伟和他的队友在先输两局的不利情况下,以顽强的意志和不屈的斗志,连扳三局,反败为胜,击败了对手韩国队。中国男排队员所表现出来的不屈不挠、顽强拼搏的大无畏精神,使备受鼓舞的北京大学学生当晚喊出了振奋人心的著名口号:"团结起来,振兴中华"。"胸怀祖国,放眼世界""人生能有几回搏""振兴中华,从我做起",这些中华体育精神已经是中华民族精神的重要组成部分。

(三)娱乐功能

娱乐身心是较早被挖掘和利用的体育的社会功能,它也是体育的本质功能。顾拜旦在《体育颂》中写道:"啊,体育,你就是乐趣:想起你,内心充满欢乐,血液更加沸腾,思路更加开阔,条理更加清晰。你可使忧伤的人散心解闷,你可使快乐的人生活更加甜蜜。"正因为体育本身蕴含着丰富的游戏性、技艺性和消遣性,故它具有娱乐功能。如今,遍布我国城乡的各类体育娱乐场所,为人们提供了丰富多彩的体育娱乐项目,特别是在"全民健身"活动中,体育表现出了内容丰富、自由度大、随意性强、趣味性高等特点。

随着社会的进步，人们的闲暇时间增多，"善度余暇"已成为一个摆在人们面前的社会现实问题。丰富多彩、健康文明的余暇生活不仅可以使人在繁忙的学习、工作之余获得积极性的休息，而且还可以陶冶情操、愉悦身心，培养高尚的品格。余暇体育是一种健康、理想、富有朝气的生活方式，特别是一些户外活动，如慢跑、步行、游泳、郊游、远足、野营、骑自行车等。应该指出的是，有些娱乐项目已向运动项目转变，如体育舞蹈、艺术体操、冰上芭蕾、花样游泳等都是集舞蹈、音乐、体育为一体的运动项目，观看这些运动项目是一种美的欣赏和艺术享受，从而现代体育的娱乐功能更加突出。

随着参与意识的增强，人们已清楚地认识到，无论是参加还是观赏体育活动，都能娱乐身心，这是实现体育娱乐功能的两条基本途径。当参加了喜爱和擅长的体育运动，在完成各种动作时已寓乐于其中了。而观赏体育比赛也已经形成了一种"看台文化"，四年一届的奥运会和世界杯足球赛所形成的体育"冲击波"，犹如一场"盛宴"，令全世界几十亿人为之激情澎湃。体育是力与美的结合，是技巧、力量、意志与智慧的融合，经常欣赏体育比赛和表演，可以在运动员优美的造型、和谐的韵律、鲜明的节奏、高超的技艺和巧妙的配合中得到健、力、美的艺术享受，这些艺术享受使越来越多的人自觉投身于其中。

在国外，很多成熟的世界大赛和职业联赛，已经将体育和娱乐很好地融为一体，无论是奥运会、世界杯足球赛还是美国篮球职业联赛（NBA），在比赛的娱乐性上都下了很大的功夫。可以说，在一定程度上，体育娱乐化是体育市场化的必经之路，体育与娱乐融合所带来的乐趣，与其激烈的竞技成分一样，都是吸引观众眼球的要素。

（四）竞争功能

培养人的竞争意识是体育运动的特殊功能。所谓竞争，就是指两个或两个以上的人或团队，采用统一的规则，在公平、公正的原则下争取胜利。运动竞赛具有强烈的竞争性，这是现代体育的特点和灵魂。运动员和参与者在赛场上勇于拼搏、努力超越自我、赶超别人，在不断超越的过程中，培养自己的竞争意识。竞争的排他性由其目标的唯一性决定，竞争意识是优秀运动员应具备的素质，也是现代人精神风貌的体现。

人类的生活如同竞技场上的比赛，大到与自然竞争，小到与对手竞争，人正是在竞争中不断地完善和超越自我。现代社会提倡公平竞争，而运动赛场无疑为人们提供了培养公平竞争意识的最佳场所和途径。体育是一个竞争激烈的领域，体育是社会的一个缩影，竞技体育的魅力就在于公平、公正的竞争。现代体育的竞争不仅是体能、技能上的拼搏，而且是智慧和心理等综合素质的较量。

奥林匹克运动中"更快、更高、更强"的宣传语充分表现了体育的竞争意识，它是体育运动永恒的追求目标。先进的体育文化蕴含着强烈的竞争意识和顽强拼搏的奋斗精神，我国优秀运动员提出的"人生能有几回搏""从零开始""冲出亚洲，走向世界"等口号，不仅激励着自己，而且已经成为中华民族的座右铭，已经潜移默化地融入人们的精神世界，催人奋进。

竞技体育是一切保守主义的天敌，故步自封、因循守旧只能被动挨打。在竞技场上，竞技体育不讲门第、不论尊卑、不承认除个人身体和心理以外的任何不平等，竞技体育最讲法制、不徇私情、最讲现实、不论资历、最求务实、不图虚名。这就要求每个人凭自己的实力去竞争。

（五）经济功能

体育作为一种社会文化现象，它是上层建筑的一部分，受到经济基础的制约，而反过来体育又促进社会经济的发展,这就是体育的经济功能。

体育的经济功能最初被挖掘的原因是它能促进劳动力再生产。劳动者是生产力的第一要素和前提,体育可以增强劳动者的体质,降低发病率,提高出勤率和劳动能力,从而使经济效益提高。在一些发达国家,精明的企业家为了提高劳动生产率和扩大知名度,十分重视职工的体育活动和身体锻炼,把体育运动作为凝聚企业精神的有效载体,愿意在体育上花大钱,这是"健康投资"。设立"上班体育奖"就是美国企业家进行健康投资的一种方式。美国有一家电气公司的体育奖规定:凡以"运动"形式来公司上班的雇员,都可以根据"运动量大小"领取公司发放的体育奖金,慢跑上班者,每英里(1英里≈1609.3米)可领16美分;骑自行车上班者,每英里可领4美分;步行上班者,每英里可领6美分;沿着公司门前清澈的小河游泳上班者,可得到最高奖赏,每英里可领60美分。美国、日本、瑞典等国的许多企业采取强制措施,要求职工参加最低限度的体育运动;美国的一些老板对常年健康的雇员发放健康红包;日本的一些企业把职工体力测定结果与报酬和退休时间联系起来。美国问题研究专家指出:智力投资和体育投资是美国工商业腾飞的"双翼"。

体育对经济发展还有直接的促进作用。首先,伴随着体育社会化、娱乐化、终身化程度的不断提高,为满足体育人口不断扩大的需求,各种运动器材、场馆设施、体育用品的生产,乃至体育健身、体育娱乐和体育旅游业都在迅速发展,作为新的经济增长点,体育已逐渐形成一个庞大的产业。显而易见,体育产业作为潜力无限的朝阳产业,在国民经济中占有越来越重要的地位。此外,体育还可以促进"市政建设",提高城市的综合形象,那些举办过奥运会的城市,在城建、餐饮、宾馆、交通、通信、环保、旅游等方面的发展都已全方位地向前推进了10～20年,体育产业大大加快了城市建设的步伐。

放眼当今世界,体育产业化已成为现代体育的显著特征之一,它与经济紧密融合,在国民经济中占有越来越重要的地位,如足球产业已经成为许多国家的支柱产业之一。2002年世界杯足球赛外围赛英格兰对德国的比赛,贝克汉姆以最后时刻的一粒进球使英格兰队战胜德国队,据专家估计,仅这次进球就为英格兰创造了1亿英镑的收入。竞技体育、群众体育的快速发展,必然带动包括体育产业在内的经济和其他社会事业的相应发展,为经济建设和社会进步作出贡献。体育产业以劳务的形式向社会提供服务,采取多种途径追求经济效益,诸如出售比赛电视转播权、出让冠名权、发行纪念币、出售体育彩票、出售门票、拍摄广告等。我国体育产业在20世纪90年代中期以后也有了较大发展,全民健身服务业、体育竞赛表演业及体育用品的生产销售都呈迅速增长的趋势,且增长速度明显高于国民经济的平均增长速度。

(六)政治功能

体育的政治功能发展至今,日益凸显。当今世界,体育与政治相互交融,相互渗透,体育的力量,不仅深深融入一个民族的生命力、创造力和凝聚力中,而且越来越成为综合国力和国际竞争力的重要组成部分。

现如今,国家之间、民族之间,还存在各种纷争和矛盾,各国有化解冲突的需要,也有展示实力的欲望,体育便提供了一个平台。正如萨马兰奇所言:"体育能够把金钱、政治、艺术融合在一起,成为人类最通用的语言。"邓亚萍也讲:"体育不仅仅只是一场比赛,而且还能促进经济发展,促进国际交流,树立国家形象,提高国际影响力,这些都已经超出了体育本身的范畴。"现代社会,全球性和地区性的体育比赛层出不穷,它已成为和平时期国与国竞争的舞台,成为一个国家展示政治、经济和文化水平的窗口。

体育可以为国争光,提高民族威望,振奋民族精神。例如,在第23届洛杉矶奥运会上,许海峰震惊世界的"精彩一击",是新中国体育史上"最壮丽的篇章"。萨马兰奇当时称:"这是中国体育最伟大的一天。"媒体评价:"这是中国五千年历史的一次壮举。"一位老华侨奋笔疾书:"祖国积弱百年,终见民族之光。"

在近现代国际交往方面,体育成为外交活动的"先行官"。通过体育竞赛,可以从形式上超脱政治制度、宗教信仰、语言障碍。现代史上著名的"乒乓外交"便是典型的一例。中美建交之前,两国乒乓球队的互访敲开了关闭22年之久的中美关系的大门,人们形象地说:"这是小球转动了大球。"2005年,关系已冻结多年的印度和巴基斯坦两国也在"板球外交"的促进下,关系趋于缓和,在为期两天的访问中,两国元首聚会并一起观看板球比赛,这有助于结束两国长达半个多世纪的敌对关系,由此也突显了体育的政治功能。

奥运会是世界各国人民和运动员之间团结和友谊的盛会,奥林匹克五环标志成为国际和平和友谊的象征。在第27届悉尼奥运会上,国际奥委会精心安排了朝鲜和韩国运动员身着统一服装,高举印有朝、韩半岛地图的旗帜,携手并肩入场,向观众挥手致意。在这里,体育似乎已经成为展示朝、韩凝聚力的一大窗口,这就是体育的政治功能。体育发展到今天,已不是单纯的竞技较量,它也为人类的和平作出了自己独特的贡献。

进入21世纪,"小巨人"姚明凭借精湛的球技"登陆"NBA赛场,并多次入选全明星阵容,他特有的东方人的礼貌、智慧和谦和,加深了美国人对中国的印象。如果说"国球"敲开了中美两国相识的大门,那么"小巨人"姚明的表现则展示了两国在新时代相处的真实方式。

体育概念的发展

受社会文化的影响,体育概念有一个演变过程。从人文历史观去看人类所有的社会活动,体育是在人类原始的生产、娱乐、宗教等社会活动之中产生的。从近代教育史的角度来看,"体育"一词是19世纪法国报刊论述儿童身体教育问题时提出来的。

早在1762年,法国启蒙运动思想家、教育家卢梭在其哲学小说《爱弥儿》中就使用了"体育"一词。后来英国将法文的"体育"译成"physical education",意指身体教育,被广泛接受和使用,进而作为学校体育的教育学概念而得到继承和泛化。其实在此之前,sport作为非教育领域的一个身体活动概念早已存在,后经德国的体操、瑞典的徒手体操和英国的户外运动(近代体育的"三大基石")的奠基和充实,形成了现在的竞技体育概念。16世纪,体育就是sport,意指离开工作去娱乐。17—18世纪,野外的身体活动、打猎、赌博、供观赏的运动都被视为体育。

19世纪到20世纪前半叶,体育主要指在户外进行的具有竞技比赛性质的身体运动。20世纪50—60年代,东欧社会主义和西欧资本主义形成"两大阵营"。东欧认为体育是一种身体文化,包括竞技运动、身体的对抗性运动、运动教育及体育教育;而西欧则认为体育是有竞争性质的与自己或他人竞争的、对自然障碍进行超越的运动。在人类体育发展史上,东方体育强调强身健体,西方体育则强调对自身的超越。

20世纪初,sport术语传入我国时被译为"体育",当时仅指学校的一门课程和学校教育的一个组成部分,后来逐渐将"体育"这一术语推广,几乎涵盖了所有的身体活动,甚至智力活动。

physical education 和 sport 这两种关于体育的概念因其目标不同、方法有异,曾在我国引起长期的争论,经过几十年的研究探讨,现在基本形成了一致的观点,即体育不是单个术语,而是一个术语体系,从而形成了一个学校体育、竞技体育及身体锻炼、身体娱乐等概念的上位概念,这一上位概念的实质就是将 physical education 和 sport 这两个概念进行本质上的整合和界定。这一上位概念亦称"广义体育"或"体育运动",指以身体练习为基本手段,以增强体质、促进人的全面发展、丰富社会文化生活和促进精神文明为目的的一种有意识、有组织的社会活动,是社会文化的一部分。

第二节 体育的起源、发展及其科学基础

一、体育的起源

体育是随着人类社会的发展而产生的,生产劳动是体育产生的源头。人类社会有悠久的历史,现今各民族的远古祖先,都经历了漫长的原始社会阶段。原始人迫于谋生的需要,要具备灵巧躲闪、攀高爬低、相持奔跑等进攻和自卫能力。原始人在重复这些活动时,发展了走、跑、跳、投、攀、越等基本身体活动能力,这些表现体育最初形态的身体活动,使原始体育在远古人求生本能活动中得以萌生。

原始社会后期,为了发展生产力,保障生存,获得财产和应付战争冲突,人们不断改造生产工具,改进狩猎技术和提高身体素质。虽然人们的根本目的仍在于求得生存,但由于拥有了强身手段,他们有可能提高各种身体活动效能和技巧。这种萌芽状态的体育,是以后体育运动发展与演变的基础。

二、体育的发展

人类的生产劳动能力、心理智力和身体活动技巧的发展,以及社会生产力不断提高和剩余产品的出现,促进了社会文化教育的发展和科学技术的进步。这使得与生产劳动、军事活动和宗教活动相结合的萌芽状态的体育,逐步形成专门的体育体系,并在教育、军事、宗教、休闲娱乐和科学技术等活动中得到进一步充实和发展。

(一)体育的发展与教育的发展

体育的发展与教育的发展是紧密联系的。自从教育形成独立的体系后,体育就是教育的组成部分,成为教育的基本内容之一。17世纪英国教育家格克倡导"三育"学说,明确地把教育分为体育、德育和智育三个部分,并强调将健全的精神寓于健全的身体。随着教育的发展,体育的内容、形式和组织方法也日益丰富多彩和科学化。

(二)体育的发展与军事的发展

体育的产生不仅与军事有关,而且其发展直接受军事的影响,特别是在冷兵器时代,体育的某些手段更是与军事紧密相连。当今,随着现代科学技术的高度发展,不少军事项目(如射击、跳伞、滑翔等)相继引入体育项目。目前,世界各国都非常重视在军队中开展体育活动,以提高士兵的体力、训练士兵的意志。这丰富了体育的内容,使一些体育项目得到广泛开展。

(三)体育的发展与医疗保健的发展

随着科学技术的进步,特别是医疗保健业的发展,人们对体育活动能够促进发育、增强体质、防病治病、延年益寿等效能的认识不断深化,并自觉地通过体育活动来进行健身保健,这使得体育得到了进一步发展。我国有五千多年的悠久文明,尤其在修身养性方面,养生学说源远流长,驰名中外。在我国古代不仅盛行许多体育活动,而且在运动理论方面也有不少科学论述。

(四)体育的发展与休闲娱乐的发展

体育的发展与人们的休闲娱乐也有密切关系。体育中的一些项目是人们在休闲娱乐中发展起来的,如体育舞蹈、拔河、秋千、毽子,以及各民族中盛行的带有民族色彩的一些体育项目,现代的羽毛球、乒乓球运动也是由英国贵族在休闲娱乐过程中逐渐发展起来的。另外,还有一些体育项目是在生产、生活中发展起来的,如打猎、钓鱼、登山、划船、赛马、骑自行车、攀岩等。

由此可见,体育由初级的体育活动与教育、军事、医疗保健、生产劳动及休闲娱乐等结合而逐步形成了独立体系。在研究体育发展时,除上述因素外,还必须认识到政治、经济对体育发展的影响,体育总是与一定的社会政治与经济密切联系,受一定社会政治和经济的制约。

三、体育的科学基础

体育是一种社会现象,有其发生发展的规律,探索和描述体育规律要以生理学、心理学、教育学、社会学为科学基础。

(一)体育的心理学基础

体育心理学是心理学的一个分支学科,它是阐明体育运动的心理学基础,研究人在体育运动中心理活动的特点及规律。体育心理学主要研究人在体育运动中认知活动的特点、情感规律、意志表现及人的个性差异(包括年龄差异、性别差异、能力差异、性格差异等)与体育运动的关系;研究掌握运动知识和人进行身体练习、技术练习、战术练习等运动活动时的心理规律;研究运动竞赛的心理状态、比赛制胜的心理手段等内容。

体育教学有其自身的特点和规律。体育课的教学,除了使学生掌握必要的知识外,更主要的是让学生掌握运动技能和技巧,并培养学生的身体素质和运动能力。体育心理学研究可以掌握体育教学中学生的心理状态与各种心理活动的具体规律,可以揭示青少年学生的心理特征。

体育教学指在教师指导下,在较短时间内完成教学任务,使学生掌握规定的运动技能,理解动作概念,发展体力、智力和道德品质。因此,体育教师不是单纯地传授技术,让学生重复练习,掌握运动技能,而是在学生固有的身心基础上帮助他们形成运动技能,发展智力和品德。一堂体育课的效果,往往取决于教师所采用的教学方法与手段是否达到了激发学生的学习兴趣、引发学生学习积极性的目的。

(二)体育的生理学基础

人体是一个完整的、统一的有机体。人的身体可分为九大系统,分别为神经系统、运动系统、脉管系统、呼吸系统、消化系统、泌尿系统、生殖系统、感觉器和内分泌系统。经常参加体育运动,能促进各器官、各系统的新陈代谢,使身体的机能发生相应的变化,从而增强体质,提高健康水平。

人体和各种生物机体都要进行最基本的生命活动,因此具有共同的基本生理特征。这些基本生理特征主要是指新陈代谢、应激性和兴奋性及适应性。

1. 新陈代谢

机体或组织既要对周围环境的变化作出反应,又要维持体内的物质运动。为此,机体或组织细胞内部的成分需要不断分解,释放出能量,以满足活动的需要,并将分解产物排出体外。与此同时,机体或组织又需要不断从外界摄取营养,合成其内部成分,以补充分解造成的能量消耗。这种机体或组织与周围环境之间不断进行物质交换和能量转移的过程,即称为新陈代谢。新陈代谢是生命的本质属性,哪里有生命,哪里就有新陈代谢,一旦新陈代谢停止,机体或组织的生命即告终结。

2. 应激性和兴奋性

机体或一切活组织对周围环境条件的变化有产生反应的能力,这种能力或特性称为应激性。机体或活组织受刺激后发生什么样的反应,取决于它们的结构和机能特点,但不论哪种组织,对刺激发生的最基本的反应都是物质代谢的改变。以物质代谢为基础,各种组织可以产生它们所特有的反应。如神经组织可以产生兴奋(生物电),肌肉组织除产生兴奋外还可产生收缩。兴奋是活组织在刺激作用下所产生的一种可传播的伴有活动变化的反应过程。组织能够产生兴奋的能力或特性称为兴奋性。神经和肌肉是具有兴奋性的组织,其他组织,如骨组织等,虽在受到刺激后也能发生代谢变化,但不能产生兴奋过程,所以它们只具有应激性,不具有兴奋性。可兴奋组织,受到刺激后可由静止状态变为活动状态(或由活动较弱变为活动较强),也可在受到刺激后由活动状态变为静止状态(或由活动较强变为活动较弱),后一种过程称为抑制。组织对刺激的反应表现为兴奋还是抑制,主要取决于刺激的量和质,以及组织当时所处的机能状态。此外,刺激必须持续一定时间,并达到一定强度后才能引起组织兴奋。

3. 适应性

机体与环境之间的相互作用还表现在机体对内、外环境的适应上。环境的变化常常是很大的,例如,在高温环境中,机体如果没有适当的反应来保持体温的相对恒定,就可能造成很大的危害。这种在环境变化中以适当的反应保持自身的生存,克服由环境变化造成的危害的特性称为适应性。在运动中,人体内环境的变化是非常大的。人体对运动的反应,尤其是运动训练导致组织、器官在形态、结构和机能上发生的变化,都有助于保持人体内环境的相对恒定性,以达到机体不受损害并进一步提高机体能力的目的。

机体的基本生理特征,反映了机体与周围环境是一个相互联系、相互作用的统一体。环境的变化不断影响着机体内部,而机体内部的变化总是依环境的变化而转移。机体本身有其完整的统一性,它的所有部分也都是密切联系、相互依存、相互制约的,虽然环境的变化首先影响机体的某一部分,而机体的反应则是整体的,其各个部分总是相互配合、协调一致地活动。因此,在体育教学训练过程中要了解机体变化,利用好机体变化,从而使体育教学训练水平得到进一步提高。

(三)体育的教育学基础

教育学是研究培养人的规律的学科,是培养全面发展的人的科学理论。运用教育学的理论、原理和规律来研究和认识体育的目的与任务、教学原理与方法等一系列问题,可以使体育教学具有更充实的理论基础。

马克思主义哲学作为自然、社会和人类思维发展最一般规律的科学,为各门具体科学提供了正确的世界观和方法论。研究体育要以马克思主义哲学作为理论指导，如此才能从各种错综复杂的体育现象中探索它的本质，找到解决问题的最好途径，推动体育事业的发展。把辩证唯物主义运用到体育理论和实践中，能更深刻、更全面地揭示体育内在的客观规律，能更好地指导人们科学、有效地组织和安排学校体育、运动训练和群众体育，并认识和发展体育科学。

（四）体育的社会学基础

社会学是研究社会现象的科学。体育是一种社会现象，它受社会观念、精神、意识的影响，为一定的阶层和阶级利益服务。因此，有必要运用社会科学的基础理论知识来研究体育和社会政治、经济文化的关系；研究如何利用社会制度的优越性来发展体育事业，使体育更好地为社会建设服务。

随着社会的发展及其结构的变化，人们对体育的认识越来越深刻。在现代社会里，人不仅仅是一种自然的生物体，更是具有个性特征的社会人。这样的人应该德、智、体、美、劳全面发展，这种人应该具有求实精神、进取精神、开拓精神和创新精神，是有理想、有文化、有道德、有纪律的新一代社会人。体育就是为培育人才、提高民族素质、发展社会经济，为物质文明和精神文明建设服务的。

随着物质生活越来越丰富，为了发展和完善自身，人们自然要求不断改善和提高生活质量。人们从广泛的实践中深刻地认识到，现代社会的发展越来越需要体育，而体育的发展也越来越需要社会化，这是历史发展的必然。当社会进入高度自动化、电子化、信息化阶段之后，人们的体力劳动减少了。随着科学技术的发展和劳动条件的改善，工作时间缩短，余暇时间增多，体育便成了提高生活质量、满足人的机体需要和精神享受的重要内容，成了人们文明、科学、健康的生活方式中不可缺少的组成部分。

在我国，体育作为一种富有活动力的社会文化形态，内容丰富、形式多样，除了有40多个正式开展的近现代体育项目，还有历史悠久的传统民间体育和50多个各具特色的少数民族体育。它们在科学化的进程中，互为补充、相互促进，满足整个社会不同阶层、不同职业的男女老幼及病弱伤残人的不同需要。我国的体育深深植根于社会民众之中，有深厚的群众基础，所以社会学也是研究体育的科学基础之一。

第三节 大学体育的目的、任务和实现途径

一、大学体育的目的与任务

大学体育教学的目标是大学生通过高等院校体育学习要达到的结果和标准。高等教育的目标是培养德、智、体、美、劳全面发展的高级专门人才，这是高等教育遵循的总方向。高等院校体育学习的目标应与高等院校教育的目标保持一致，前者要体现后者在学校教育方面的要求。根据德、智、体、美、劳全面发展的教育方针，根据素质教育对新型人才培养的要求，根据大学生身心发展的特点和体育多功能的特征，我国高等院校体育的目的和任务是：以"育人"为宗旨，以"健康第一"为指导思想，以"发展身体"为主要手段，培养大学生具备体育与健康的意识、能力和习惯，提高体育文化素养，促进大学生身心和谐健康发展，使之成为体魄强健，德、智、体、美、劳

全面发展的社会主义现代化事业的建设者。为实现上述目的,大学体育应努力完成下列基本任务。

(一)锻炼身体,增强体质,增进健康

提高身体与心理素质,增进身体健康是大学体育的首要任务。这项任务体现了国家对各类专门人才的基本要求与期望,也是大学生顺利完成学业的保证。体质的强弱和健康水平受遗传因素的影响,可以在后天环境中得以改善。科学的体育锻炼对体质健康的影响是最积极、最有效、最关键的。通过合理的体育教育、科学的体育锻炼、系统地参加课内外、校内外丰富多彩的体育活动,大学生在身体形态、生理机能、身体素质和身体基本活动能力等方面都能得到全面发展,塑造健康体格,促进身体的正常生长发育,增强对自身环境的适应能力、对挫折的承受能力和对疾病的抵抗能力,促进大学生全面发展。

(二)学习和掌握体育与健康知识、技能和方法,培养锻炼身体的习惯

大学体育是中小学体育的继续。大学阶段注重体育理论知识的学习,强化体育能力和习惯的养成,这是对大学生的基本要求。不仅要通过理论讲授等各种体育途径,向学生进行体育与健康基础理论知识的教育,而且要通过科学的体育锻炼过程,提高学生的体育素养,使学生学习和掌握1~2项有兴趣、有特长、有延续性的终身体育运动项目的基本技能和科学的锻炼方法,逐步养成经常锻炼身体的习惯,并能运用所学到的科学知识进行自我调控、自我检测和自我评价,达到终身受益的目的。

(三)进行思想品德教育,培养健康的心理素质

体育本身具有教育功能,是对学生进行思想教育的重要手段,它在完成教育的使命中可以发挥特殊的作用。大学体育有着丰富的内涵,不仅要育"体",还要育"心",寓思想品德教育于体育活动和竞赛之中,进行爱国主义、集体主义教育,培养拼搏进取的竞争意识和遵纪守法的社会公德,树立现代体育意识,把健康与生存、学习、工作、生活和自身发展联系起来,提高对体育的兴趣和体育欣赏能力,培养勤奋好学、勇敢顽强、团结合作,以及胜不骄、败不馁、锲而不舍等心理素质,促进学生个性完善发展。

(四)普及与提高相结合,为国家培养全民健身骨干和竞技运动后备人才

体教结合,坚持育人与育才并举,是竞技体育可持续发展的一种创举,也是我国体育教育普及与提高的重要环节。高校应在广泛开展群体活动的基础上,对部分体育基础较好并有一定运动专长的大学生进行有计划的课余运动训练,举办各类体育竞赛活动,这样既可丰富校园文化生活,又可为国家培养全民健身骨干和竞技运动后备人才。

二、大学体育的实现途径

《体育法》第十八条规定:"学校必须开设体育课,并将体育课列为考核学生学业成绩的科目。"大学体育的组织形式主要有体育课教学、课外体育活动、课余体育训练和体育竞赛,它们是实现大学体育目的的基本途径。为实现高校体育教学的目的,大学体育应从实际出发,充分利用各种组织形式开展各项体育活动。

(一)体育课

体育课是我国高等院校教学计划中的基本课程之一,是大学体育工作的中心环节,是实现

大学体育目的的基本组织形式。

中华人民共和国成立以来,我国的各所大学均设置了体育课程,并纳入了教学计划。体育课是一门必修课。教育部颁发的《学校体育工作条例》明确规定:"体育课是学生毕业、升学考试科目。"为此,体育课考试不及格应补考,补考不及格应重修,重修不及格不予毕业,作结业处理。

2002年,教育部颁发的《全国普通高等学校体育课程教学指导纲要》(简称《纲要》)中第一条指出:"体育课程是大学生以身体练习为主要手段,通过合理的体育教育和科学的体育锻炼过程,达到增强体质、增进健康和提高体育素养为主要目标的公共必修课程;是学校课程体系的重要组成部分;是高等学校体育工作的中心环节。"第五条规定:"普通高等学校的一、二年级必须开设体育课程(四个学期共计144个学时)。修满规定学分、达到基本要求是学生毕业、获得学位的必要条件之一。"第六条规定:"普通高等学校对三年级以上学生(包括研究生)开设体育选修课。"对有慢性病和生理缺陷的学生,开设体育保健课。

《纲要》的第三条规定了体育课程的基本目标,这是根据大多数学生的基本要求而确定的,分为五个领域目标。

(1) 运动参与目标:积极参与各种体育活动并形成自觉锻炼的习惯,形成终身体育意识,能够编制可行的个人锻炼计划,具有一定的体育文化欣赏能力。

(2) 运动技能目标:熟练掌握两项以上健身运动的基本方法和技能,能科学地进行体育锻炼、提高自己的运动能力,掌握常见运动创伤的处理方法。

(3) 身体健康目标:能测试和评价体质健康状况,掌握有效提高身体素质、全面发展体能的知识与方法,能合理地选择人体需要的健康营养食品,养成良好的行为习惯,形成健康的生活方式,具有健康的体魄。

(4) 心理健康目标:根据自己的能力设置体育学习目标,自觉通过体育活动改善心理状态、克服心理障碍,养成积极乐观的生活态度,运用适宜的方法调节自己的情绪,在运动中体验运动的乐趣和成功的喜悦。

(5) 社会适应目标:表现出良好的体育道德和合作精神,正确处理竞争与合作的关系。

为实现体育课程目标,应使课堂教学与课外、校外的体育活动有机结合,学校与社会紧密联系。把有目的、有计划、有组织的课外体育锻炼、校外(社会、野外)活动、运动训练等纳入体育课程,形成课内外、校内外有机联系的课程结构。

(二) 课外体育活动

课外体育活动是大学生体育课的延续和补充,是实现大学体育目的的重要组织形式。《中华人民共和国体育法》第二十条规定:"学校应当组织多种形式的课外体育活动,开展课外训练和体育竞赛,并根据条件每学年举行一次全校性的体育运动会。"我国教育部在《贯彻全民健身计划纲要的意见》中提出:"要抓好体育课、早操、课间操、课外体育活动等学校体育的各个环节,保证学生每天参加一小时的体育锻炼。"开展课外体育活动应当从实际情况出发,因地制宜地开展多种多样的课外体育活动,这对巩固和提高体育课程的教学效果、增强大学生体质、提高文化学习质量、丰富校园文化生活、增强集体凝聚力、促进精神文明建设等方面起到良好的促进作用。课外体育活动主要有以下一些形式。

1. 早锻炼

早锻炼是大学生作息制度中的重要组成部分,指每天起床后坚持 15~20 min 的室外体育活动。早锻炼应根据地区的地理与气候条件和大学生个人的兴趣与需要进行。大学生坚持早锻炼,不仅是保持合理的生活作息制度、锻炼意志、促进身体健康的良好措施,而且也为每天从事脑力劳动做好准备。

2．课间操

课间操或课间活动是在上完两节文化课后的 15 min 内进行的一些轻微活动,如散步、做广播体操、练太极拳等。其目的在于活动躯体,进行积极性休息,消除长时间静坐引起的脑力疲劳,适时地转移大脑的兴奋中枢,为下一堂课的学习注入更充沛的精力。

3．体育协会或体育俱乐部活动

体育协会或体育俱乐部是大学生根据自己的兴趣、爱好自主选择、自愿参加的课余体育组织。体育协会或体育俱乐部是贯彻实施全民健身计划的重要组织形式,其职能是宣传、发动、组织、指导所属成员参与课余体育锻炼,协助学校体育行政部门和学生会体育部开展群众性体育活动及组织训练和竞赛,提高运动技术水平。

(三) 课余体育训练

课余体育训练是指利用课余时间,对部分身体素质较好并有体育专长的大学生进行科学系统训练的一种专门教育过程,它是实现大学体育目的的又一重要组织形式。《学校体育工作条例》规定:"学校应当在体育课教学和课外体育活动的基础上,开展多种形式的课余体育训练,提高学生的运动技术水平。"

大学开展课余体育训练是贯彻普及和提高相结合的重要措施。它一方面可把有体育才能的大学生组织起来,在实施全面、系统训练,进一步增强体质的基础上,进行专项训练,提高运动技术水平,创造优异运动成绩,在参加校际和国际比赛中为学校、为国家争光;另一方面可通过培养体育骨干来推动学校体育活动的蓬勃发展,并在训练和各级体育比赛中扩大体育传播范围,丰富课余文化生活,促进校园精神文明建设。

(四) 体育竞赛

体育竞赛是大学课外体育的一种组织形式,同样是实现大学体育目的的重要组成部分。大学开展体育竞赛,是检验体育教学与训练效果、交流经验、互相学习、促进运动技术水平提高的有效途径,是广泛吸引大学生参加体育活动,推动学校体育活动的开展,增强学生体质和增长才智的重要方法,是丰富大学生课余文化生活,增强体育健身意识,培养勇敢顽强、奋发向上、团结友爱、遵纪守法等优良品质和集体主义精神等不可缺少的内容。

《学校体育工作条例》规定:"学校体育竞赛贯彻小型多样、单项分散、基层为主、勤俭节约的原则。学校每学年至少举行一次以田径项目为主的全校性运动会。"大学体育竞赛有校内竞赛和校外竞赛,以校内竞赛为主。大学要经常开展校内群众性体育比赛,如组织各种球类运动、拔河、接力赛等喜闻乐见的体育比赛。这些比赛可由大学体育教研部、学生会体育部或相关体育协会承办。

大学体育的定位与目标

现代体育包括学校体育、竞技体育和群众体育(社会体育)。根据学校教育对象的不同,将学校和学生分别分成小学、中学、大学三个学段和小学生、中学生、大学生三个年龄阶段。本书所说的大学体育,隶属于学校体育的范畴,是指非体育专业的大学生在大学期间所接受的学校体育教育。

高校体育的目的和任务是指在学校教育的整体中,在一定时间范围内,学校体育实践所期望得到的结果。学校体育的目的和任务明确了学校体育工作的方向,是制订学校体育方针、政策、制度、措施的依据,是学校体育改革发展的前提,也是一切学校体育活动的出发点和归宿。学校体育的目的和任务,能使学校体育工作者和受教育者明确学校体育的意义和价值,起到动员和推动行动的作用。学校体育的目的和任务,还为判断学校体育工作的正误,评价学校体育工作的成绩和效果提供了依据和标准。

根据现代社会发展与我国学校体育事业发展的需求及大学生身心发展的年龄特征和体育的功能与作用,我国大学体育的目的和任务是增强大学生的体质,促进大学生身心健康发展,培养和建立大学生的终身体育意识、能力和习惯,注重大学生个性心理及良好思想品质的培养,使其成为德、智、体、美、劳全面发展的社会主义建设者和接班人。

第四节 大学生体育素质的培养

一、现代社会对人才的基本要求

世界经济的全球化和科学技术的迅猛发展,正日益深刻地改变着当今人类的生产方式和生活方式,以信息化为特征的知识经济时代已初见端倪,这预示着未来社会的一个重要发展方向,即知识、人才、民族的素质和创新能力等将成为经济增长和社会发展的关键因素。决定人类社会命运的最重要因素是人才,《中国教育改革和发展纲要》指出:"世界范围的经济竞争、综合国力的竞争,实质上是科学技术的竞争和民族素质的竞争。"可以说,谁拥有符合现代社会发展需要的人才,谁就能在21世纪的国际竞争中处于战略主动地位。大学是一个国家培养人才的基地和摇篮,必须承担起培养合格现代人才的使命。现代社会对合格人才的基本要求可以归纳为以下几个方面。

(一) 良好的思想道德素质

现代社会的发展要求人才应有较强的社会责任感、合作精神和集体主义精神;要有良好的职业道德和社会公德;要具有较强的民主意识和自主意识,善于继承本民族的优秀文化遗产,善于吸收域外文化中有价值的成分,形成正确的价值观念和高尚的审美情趣。在世界各民族文化日趋融合的今天,更要求人才具有强烈的爱国主义精神和国际主义精神。

(二) 良好的科学文化素质

面对21世纪知识量剧增、知识更新速度加快、科学技术迅速发展的挑战,现代社会合格的人才不仅要系统地掌握基础知识和具有熟练运用知识的技能,而且要具有选择、加工和综合处理知识信息的能力,如具有运用计算机的能力;为适应现代社会较强的职业流动性,必须具有较强的求知欲望和学习能力;需要树立终身学习的观念,善于通过工作实践汲取新的科学技术知识。

（三）良好的心理素质

现代社会要求人才的思维活动过程快，减少重复性，增加科学性和准确性，提高广泛性和深刻性；要求人才的思维方式由封闭型转为开放型，由单项型转变为多项型和系统型，特别强调认识和思维的创造性；要求人才具有科学精神、创新思维；还要求人才具有收集处理信息的能力、获取新知识的能力、分析和解决问题的能力、语言文字表达能力、团结协作和社会活动能力、较强的应变能力和承受挫折的能力。

（四）良好的身体素质

身体素质是人的其他素质发展的基础。现代社会要求合格人才的身体素质具有良好的对外界的适应能力、对疾病的抵抗力和对挫折的承受力；具有良好的卫生习惯和健康的生活方式；经常进行体育锻炼，了解相关的人体健康知识；大脑反应灵敏，身体动作迅捷；善于放松和调节自己，使身心经常处于和谐安宁的状态。

二、大学生的体育素质及其培养

（一）体育素质的含义与内容结构

体育素质是指人在先天与后天共同作用下形成的，并通过一定的体育活动形式表现出来的体质基础、心理发展水平、体育文化素养和终身体育能力等综合性特征。因此，发展"体育素质"就是通过有效的体育教育和体育实践提升学生的体质基础，增进学生的心理发展水平，丰富学生的体育文化和培养学生的终身体育能力。体育素质的内容结构可用图1-1加以概括。

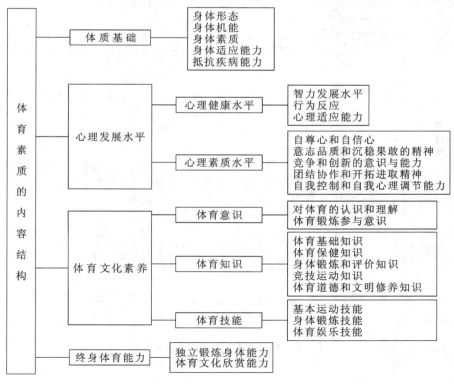

图1-1 体育素质的内容结构

(二)大学生体育素质的培养

根据现代教育学、人才学及素质教育论的有关知识,大学生体育素质结构与大学生体育素质培养内容之间存在着一种严密而合理的逻辑对应关系。与大学生体育素质结构相匹配,大学生体育素质培养的主要内容相应的包括身体素质培养、体育心理素质培养、体育思想素质培养、体育道德素质培养、体育文化素质培养、体育能力素质培养、体育审美素质培养和体育行为素质培养等八个方面。

体育素质有一个综合性的内容体系。按照素质的分层划分理论,可将八类体育素质培养归纳为三个层面:一是生理层面的素质培养,主要指身体素质培养;二是心理层面的素质培养,包括体育心理素质和能力素质培养;三是社会层面的素质培养,包括体育思想、道德、文化、审美、行为素质培养。大学体育素质培养内容的相对完整体系如图1-2所示。

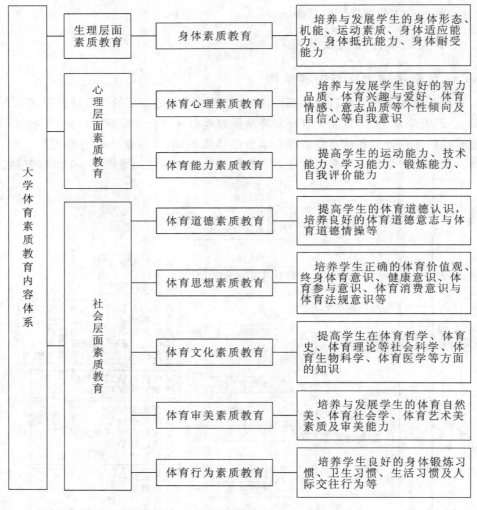

图1-2 大学体育素质培养的内容体系

三、学校体育在素质教育中的定位

学校体育是素质教育的重要内容,同时也是素质教育的重要手段,素质教育离不开学校体育。素质教育如果离开了学校体育,必然走向应试教育或具有应试教育倾向的教育。

(一)学校体育是素质教育的重要内容

素质教育的最终目的是培养德、智、体、美、劳全面发展的社会主义事业的建设者和接班人。人的身、心两个方面是个体存在与发展的基础,是教育(包括体育)存在和发展的最根本前提。教育,尤其是基础教育,必须充分地、最适宜地促成人的身心发展,特别是身体的健康发展,提高身体健康水平。教育应在遵循身心发展的自然规律和社会规律的基础上,最终达到自我教育和自我健身的目的。可以说,素质教育在很大程度上就是针对学校体育在教育中的失落和偏废而提出来的。这种失落和偏废带来的严重后果不仅是学校体育地位的失落、偏废,而且更为重要的是学校体育严重束缚了学生的身心发展,使得国民整体素质逐渐下降。这将影响国家在各个方面的可持续发展,最终将影响民族的生存与活力。可见,学校体育作为素质教育的内容是必不可少的。

(二)学校体育是素质教育的重要手段

学校体育还是进行素质教育的重要手段。毛泽东在《体育之研究》一文中指出:"体者,载知识之车而寓道德之舍也""体育之效,至于强筋骨,因而增知识,因而调感情,因而强意志""一身动则一身强,一国动则一国强"。现代体育早已深入到社会生活的各个方面,借助体育来发展政治、经济、文化教育不再是书本上的理论,而是人类实践中卓有成效的活生生的事实。学校体育在开发学生心智、陶冶学生品性、促成学生社会化等方面的功能与作用已越来越引起教育界乃至家庭与社会的重视。

四、大学体育的学习理念

(一)健康第一理念

健康是人类生存和发展的最基本的自身条件,也是创造社会物质财富和精神文明的基础。健康一直是人们最关心的基本需要,同时也是一个民族或国家整体素质与社会文明的重要标志。教育是立国之本,是提高国民整体素质的根本所在,学校体育作为教育的重要组成部分,在增进学生身心健康、提高学生综合素质方面具有不可替代的作用。随着人类社会的不断发展、科学技术的突飞猛进和人类对自身认识的深化,人们对健康有了全新的认识。世界卫生组织发表的《阿拉木图宣言》指出:"健康不仅是没有疾病或不虚弱,而且是生理、心理的健康和社会幸福的完美状态",并认为"健康是基本人权,达到尽可能的健康水平是世界范围内的一项最重要的社会性目标"。

面向全体学生,全面提高其身心健康水平是学校教育工作的基本内容,是学校体育工作的重心。学校体育更应突出"健康第一"的指导思想,要强调"健康是目的,体育是手段,体育为健康服务"的理念。

(二)素质教育理念

素质教育是当今中国乃至世界教育改革与发展的主流。这里所言的素质是指人的先天生理基础上,受后天教育和社会环境的影响,由知识内化而形成的相对稳定的身心品质。这是对"素质"一词,经过几年的探讨和实践,大多数人认同的一种界定。这一界定对于人才培养来讲,至少有三方面的意义。首先,作为心理品质,素质不是先天的、生来具有的,它是通过教育和社会环境的影响逐步形成和发展的,也就是说,素质是教化的结果,是可以培养、造就和提高的。其次,素质是知识内化和升华的结果,单纯拥有知识不等于具备一定的素质,知识只是素质形成或提高的基础。没有知识作基础,素质的养成和提高便不具有必然性和目标性。再次,素质是一种相对稳定的心理品质,由于它是知识积淀、内化的结果,因而它具有理性的特征,同时它又是潜在的,故素质相对持久地影响着人们对待外界和自身的态度。

素质包括思想道德素质、科学文化素质、劳动技能素质和身体心理素质。素质教育就是以提高人才素质作为重要内容和目的的教育,其核心是培养学生的创新能力与实践能力。素质教育的基本要义有三个:一是面向全体学生,素质教育的目的是提高整个民族素质,因此必须面向全体学生,使每个学生都具有合格公民应具备的基本素质,素质教育不是"英才"教育,它要为每个学生的发展提供公平的条件;二是全面发展,素质教育应在教育方针指导下,从学生身心发展的不同特点出发,因地制宜,着眼于教育教学全过程与各个环节,运用多种方式着力培养学生学习的主动性和创造精神,促进学生在德、智、体、美、劳等多方面的发展;三是主动发展,主动发展既是一种个性教育,又是一种创新教育,创新是素质教育的灵魂。素质教育强调对人个性心理素质的培养,注重发挥智力潜能,注重形成人的精神力量。主动发展,允许学生在发展程度和素质结构上存在差别,这既是对人的尊重,也是知识经济和未来社会对人才素质的又一特殊要求。

体育是素质教育的重要内容,又是素质教育的重要手段。身体、心理是素质教育的重要组成部分,而促进学生身心全面发展,提高学生身体、心理素质正是学校体育的基本功能和首要目标。体育的方法和手段要适应素质教育的要求,学校体育应遵循素质教育所提倡的观念和方法,注意发挥体育对身体、心理素质发展的内化作用,强调体育作为手段在发展人基本活动能力、社会适应能力、生活劳动能力及培养人竞争意识、友谊意识、合作意识、意志等方面的价值。

(三)终身体育理念

终身体育是指一个人终身进行身体锻炼和接受体育指导及教育。所谓终身体育教育,其含义是教育要贯穿人的一生,以满足人们在不断进步和变化的社会中生存和发展的需要。终身教育影响之广泛,意义之深刻,已成为当代一种国际性的教育思想。

体育是教育的组成部分,必然要体现出终身教育的思想,同时也要遵循人体生长发育的规律和人体的活动规律。人体的活动规律要求身体锻炼必须持之以恒,否则,就不能产生锻炼的效果。现代社会的生活方式要求身体锻炼成为人们日常生活的组成部分,同时身体锻炼需要科学的指导和不断接受新的体育教育。根据人的生长发育和发展的各个不同时期的身心特点、所从事的工作和职业特点及所处的环境特点,体育锻炼需要科学的指导。终身体育思想是把人一生的身体锻炼看成一个整体,把学校体育看成是人一生身体发展和锻炼的一个阶段,把体育的视角从关注学生的当前扩展到关注学生的未来和终身。终身体育主张在继续提倡掌握体育健康知识、提高体育认识、掌握体育技能、提高体力、增进健康的前提下,强调发展个性、培养能力、养成习惯、注重心理素质和情感的发展。

体育意识和体育能力

体育意识是体育的价值和作用在人脑中的主观反映,是人们关于体育的性质、地位、作用等基本观点的看法。体育意识对体育行为具有较强的导向作用,具有一定体育意识的人,往往表现出与其体育意识相吻合的行为。大学生体育意识的形成既受到社会观念和体育本身功能等客观因素的制约,又受到本人的体育经历的影响。

体育能力是指人在完成体育活动中所表现出来的身体和心理的综合品质,体育能力的形成与体育活动有着密切的关系。一个人只有体育知识与技能,而不具备运用已有体育知识和技能的能力,仍然不能很好地去发展身体、增强体质,也不可能在将来很好地适应复杂的社会环境。

体育能力包括体育实践能力、体育锻炼能力、体育娱乐能力和体育欣赏能力。体育实践能力包括从事运动的能力、与年龄相适应的基本活动能力、一定的运动技能和经验、学习和从事适宜运动的能力。体育锻炼能力是指能准确地判断自己的身体状况和锻炼的需要,为自己制订合理的锻炼计划,并安全从事体育锻炼的能力。体育娱乐能力是指在各种场合和条件下,运用多种运动和身体活动,与同伴进行愉快的体育娱乐的能力。体育欣赏能力是指能理性地和愉快地对体育竞赛和表演进行欣赏,能对有关的社会背景和问题进行洞察和分析的能力。

【复习思考题】

1. 何谓大学体育?
2. 大学体育的目的与任务分别是什么?
3. 实现大学体育目的与任务的主要途径有哪些?
4. 何谓素质教育?大学体育素质教育内容有哪几个方面?
5. 为什么说体育是现代人素质的重要组成部分?

第二章　体育锻炼的科学基础

> **学习目标**
>
> 1. 掌握解剖的基本术语；
> 2. 明确人体的基本结构、功能；
> 3. 明确体育锻炼对人体结构、功能及心理健康的影响。

第一节　体育锻炼的解剖学基础

一、骨

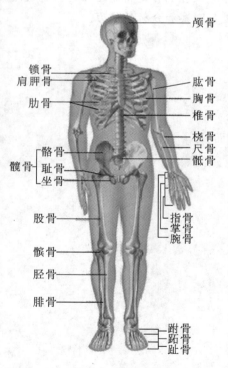

图 2-1　人体骨架

成人骨共 206 块，包括 80 块中轴骨和 126 块四肢骨，人体骨架如图 2-1 所示。中轴骨包括面颅骨、脑颅骨、舌骨和听骨组成的颅骨，以及椎骨、肋骨、尾骨、骶骨和胸骨组成的躯干骨。四肢骨包括上肢带骨和自由上肢骨组成的上肢骨，以及下肢带骨和自由下肢骨组成的下肢骨。椎骨、肋骨与胸骨构成人体胸骨，自由上肢骨及自由下肢骨分别靠上肢带骨和下肢带骨与躯干骨相连。

8 块脑颅骨围成颅腔，分别是：1 块额骨、2 块顶骨、1 块枕骨、1 块蝶骨、2 块颞骨和 1 块筛骨，颅骨如图 2-2 所示。14 块面颅骨围成口腔、眼眶及鼻腔，构成面部，分别是：成对的上颌骨、颚骨、颧骨、鼻骨、泪骨、下鼻甲骨及单个的下颌骨和犁骨。两侧听骨共 6 块，每侧 3 块，分别为锤骨、砧骨和镫骨，依次连接形成听骨链，锤骨与鼓膜相连，镫骨与内耳相连。根据骨形态分类，颅骨大多为扁骨和不规则骨。

26 块椎骨组成人体脊柱的主体，脊柱如图 2-3 所示。脊柱是人体躯干的中轴和支柱，具有支持负重的功能，分别为 7 块颈椎、12 块胸椎、5 块腰椎、1 块骶骨和 1 块尾骨。除第一颈椎和第二颈椎之间外，其他相邻椎骨间存在椎间盘，从而增大脊柱的活动范围。脊柱内的椎管容纳脊髓。从侧面看，脊柱有 4 个生理弯曲，即颈曲、胸曲、腰曲和骶曲，颈曲和腰曲凸向前，胸曲和骶曲凸向后。肋骨与肋软骨连接成肋，共 12 对，胸廓如图 2-4 所示。胸骨长而扁，位于胸前壁正中皮下，可分为胸骨柄、胸骨体和剑突三部分。根据骨形态学分类，椎骨是典型的不规则骨，肋骨和胸骨是典型的扁骨。

第二章 体育锻炼的科学基础

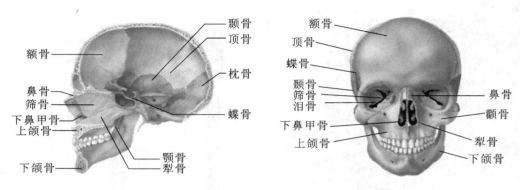

图 2-2 颅骨

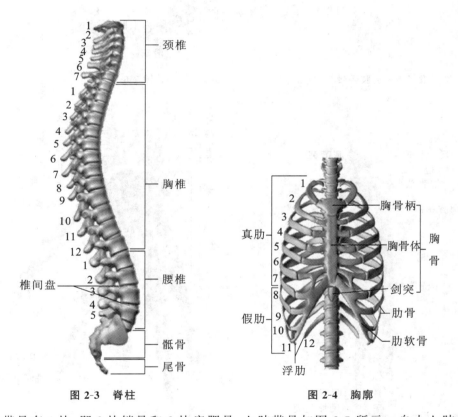

图 2-3 脊柱   图 2-4 胸廓

上肢带骨有 4 块,即 2 块锁骨和 2 块肩胛骨,上肢带骨如图 2-5 所示。自由上肢骨包括左右各一的上臂骨、前臂骨及手骨三部分,上臂骨即肱骨(见图 2-6),前臂骨(见图 2-7)包括位于内侧的尺骨和外侧的桡骨,手骨(见图 2-8)包括 8 块腕骨、5 块掌骨和 14 块指骨。8 块腕骨排成两列,接近上臂骨侧列有 4 块,由外到内依次是手舟骨、月骨、三角骨和豌豆骨,第二列也有 4 块,由外到内依次是大多角骨、小多角骨、头状骨和钩骨。两列腕骨构成一个背侧面凸隆而掌侧面凹陷的腕穹隆。根据骨形态学分类,上肢带骨为扁骨,上臂骨、前臂骨、掌骨和指骨为长骨,腕骨为短骨。

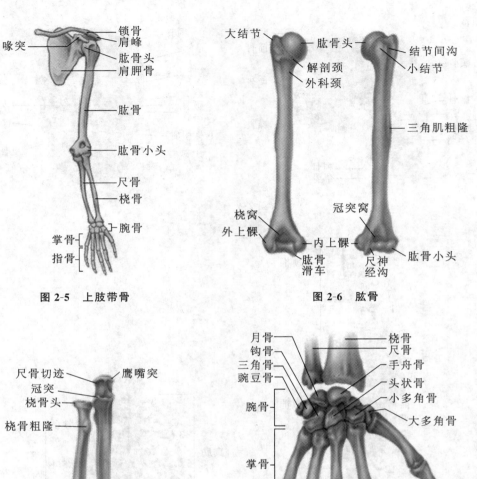

图 2-5 上肢带骨　　图 2-6 肱骨

图 2-7 前臂骨　　图 2-8 手骨

下肢带骨由 2 块髋骨组成,与骶骨及尾骨共同围成拱形结构的骨盆(见图 2-9),骨盆具有承受较大载力,缓冲震动,保护内脏等功能。自由下肢骨包括两侧的股骨(见图 2-10)、髌骨、小腿骨、跗骨、跖骨和趾骨。小腿骨包括外侧的胫骨和内侧的腓骨(见图 2-11)。跗骨共 7 块,分别是距骨、跟骨、足舟骨、骰骨、外侧楔形骨、中间楔形骨和内侧楔形骨。跖骨 5 块,趾骨 14 块。足骨如图 2-12 所示。根据骨形态学分类,下肢带骨为不规则骨,股骨、小腿骨、跖骨及趾骨均为长骨,跗骨为短骨。

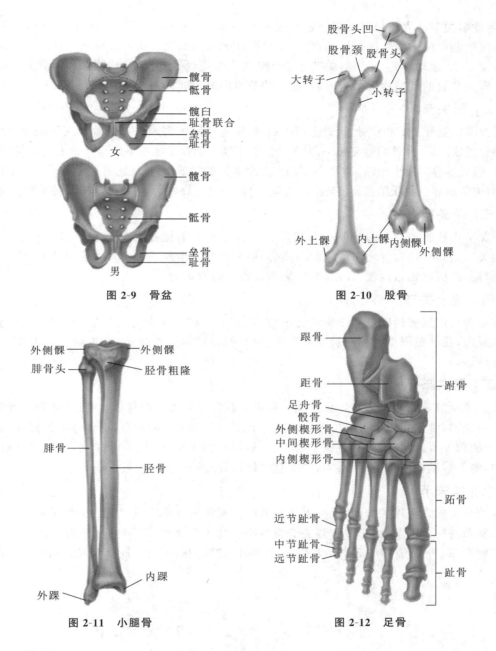

图 2-9 骨盆

图 2-10 股骨

图 2-11 小腿骨

图 2-12 足骨

二、关节

全身各骨之间靠纤维结缔组织、软骨组织相连的部分称为关节。关节的主要结构有关节面、关节囊和关节腔。此外,韧带、滑膜囊、滑膜襞、关节唇及关节内软骨构成关节的辅助结构,进一步稳固和保护关节,增大关节的活动幅度。

(一) 肩关节

肩关节由肩胛骨的关节盂和肱骨头构成,喙肱韧带、盂肱韧带及喙肩韧带加强关节结构。由于肱骨头大、关节盂小而浅,仅能容纳关节头的 1/4～1/3,关节囊薄弱松弛、韧带少,且力量较弱,因此肩关节是人体最灵活但稳定性较差的关节,容易发生脱臼,以向前、向下脱臼最为常见。肩关节能够绕三个轴进行运动,绕额状轴做屈、伸运动,绕矢状轴做外展、内收运动,绕垂直轴做内旋、外旋运动。此外,当肩关节运动伴随着上肢带骨运动时,往往能够加大肩关节的运动幅度。肩关节囊的下壁相对最为薄弱,故肩关节脱臼时,肱骨头常发生前下方脱臼。

(二) 肘关节

肘关节由肱骨下端和桡骨、尺骨上端构成,包括肱尺关节、肱桡关节和桡尺近侧关节。由于肘关节囊前后较薄弱,尺骨的冠突短小,肘关节的稳定性多依赖于肱骨下端与尺骨上端,所以在外力作用下,肘关节容易发生脱臼。3个关节包在1个共同的关节囊内,彼此可独立运动。就整体运动来讲,肘关节能够绕额状轴做屈、伸运动,绕垂直轴做旋内、旋外运动,不能绕矢状轴运动。

(三) 手关节

手关节由桡腕关节和腕骨间关节组成。桡腕关节是由桡骨的腕关节面和关节盘组成的。腕骨间关节是指8块软骨之间的小关节,它们使8块腕骨组成一整块骨。手关节可绕额状轴做屈、伸运动,绕矢状轴做内收、外展运动,绕垂直轴做回旋运动。

(四) 腕掌关节

腕掌关节由远侧列腕骨和5块掌骨组成,除了第一腕掌关节外,其他4个腕掌关节包在1个关节囊内,活动范围小。第一腕掌关节能够绕额状轴做屈、伸运动,绕矢状轴做内收、外展运动及环转运动。

(五) 髋关节

髋关节由髋骨的髋臼和股骨头构成。自由下肢骨在髋关节处与骨盆相连,环绕两侧髋关节共同的额状轴,骨盆相对于下肢可做屈、伸运动;绕一侧髋关节的垂直轴,骨盆可做旋前、旋后运动;绕一侧髋关节矢状轴,骨盆可做上提、下降运动。而下肢骨,相对于骨盆,可绕额状轴做屈、伸运动,绕矢状轴做内收、外展运动,绕垂直轴做回旋运动。

(六) 膝关节

膝关节由股骨下端关节面、胫骨上端关节面及髌骨关节面构成,如图2-13所示。膝关节是人体最复杂的一个关节,由于股骨髁关节面与胫骨髁关节面曲率不吻合,因而在两关节面之间存在内侧C形、外侧O形的2个半月板,2个半月板的存在,不仅使股骨和胫骨间的关节面更好

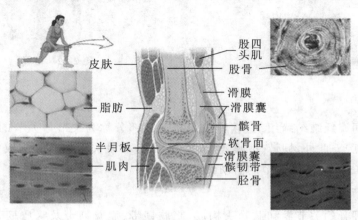

图 2-13　膝关节

地吻合,还能传递负荷、吸收震荡、增强润滑、维持关节的稳定。髌骨是人体最大的籽骨,其关节处发挥着改变力的方向的作用。膝关节能够绕额状轴做屈、伸运动,当处于屈膝位时,小腿还能绕垂直轴做旋内、旋外运动。同时,当膝关节屈曲、回旋再突然伸直时,半月板正好位于胫骨、股骨内外侧髁的突起部位间,易受挤压而损伤。

(七)踝关节

踝关节是由胫骨下端关节面、腓骨下端关节面及距骨滑车的关节头共同构成的。在此关节处,足可绕额状轴做屈、伸运动;当处于屈位时,足能够绕矢状轴做内收、外展运动。当跖屈时,由于较窄的距骨滑车后部进入关节窝内,足骨能够做轻微的侧方运动,但踝关节不够稳定,容易发生扭伤。

三、肌肉

人体骨骼肌有 600 多块,附着于骨或筋膜上。肌肉主要包括躯干肌和四肢肌。躯干肌包括背肌、胸肌、膈肌、腹肌和会阴肌。上肢带肌位于肩关节周围,能够带动肩关节,增强肩关节的稳定性,上肢带肌包括三角肌、冈上肌、冈下肌、小圆肌、大圆肌及肩胛下肌,其中冈上肌、冈下肌、小圆肌和肩胛下肌的肌腱分别从肩关节上方、下方、后方和前方跨过肩关节,并与肩关节囊紧贴,共同形成"肌腱袖",主要发挥稳固和保护肩关节的作用,而对肩关节运动产生的作用相对较小。下肢带肌分前、后两群,前群起自骨盆内面,包括髂腰肌和梨状肌;后群起自骨盆外面,包括臀大肌、臀中肌和臀小肌。全身肌肉如图 2-14 所示。

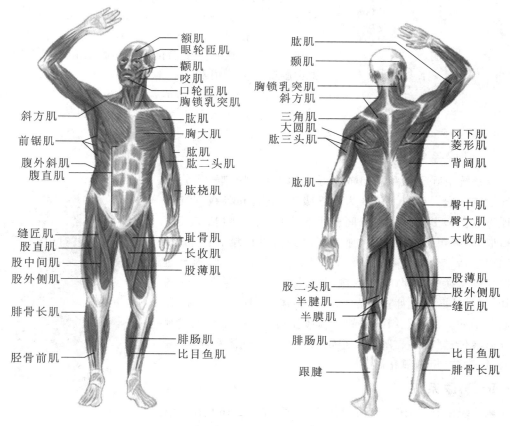

图 2-14 全身肌肉

第二节　体育锻炼的生理学基础

一、人体系统及功能

运动的发生离不开能量的代谢,离不开身体各部的协同作用。人体九大系统各司其职,有条不紊地维系着生命的进程。这九大系统为神经系统、消化系统、脉管系统、生殖系统、运动系统、呼吸系统、内分泌系统、泌尿系统和感觉器。

（一）运动系统

运动系统由骨、关节和骨骼肌组成,约占成人体重的60%。全身各骨靠关节相连形成骨骼,起支持体重、保护内脏和维持人体基本形态的作用。

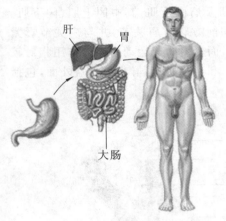

图2-15　消化系统

（二）消化系统

消化系统包括消化管和消化腺两大部分,如图2-15所示。消化道是指从口腔到肛门的粗细不一的管道,可分为口、咽、食道、胃、小肠(十二指肠、空肠和回肠)、大肠(盲肠、结肠和直肠)和肛门。通常把从口腔到十二指肠的这部分管道称为上消化道。消化腺按体积大小和位置不同可分为大消化腺和小消化腺。大消化腺位于消化管外,如肝和胰。小消化腺位于消化管内黏膜层和黏膜下层,如胃腺和肠腺。消化道和消化腺将食物中的营养物质经过机械性及化学性作用,分解成机体能够吸收的维持生命的必要成分,如水、无机盐和维生素等,维系机体生命活动及生长发育。

（三）呼吸系统

呼吸系统由呼吸道和肺组成。呼吸道由鼻、咽、喉、气管和支气管组成。通常称鼻、咽、喉为上呼吸道,气管和各级支气管为下呼吸道。肺由实质组织和间质组织组成,前者包括支气管树和肺泡,后者包括结缔组织、血管、淋巴管、淋巴结和神经等。呼吸过程包括三个部分:外呼吸,即气体进入肺,并在肺内与血液发生气体交换的过程;气体运输,即血液将氧气运输到身体各部,同时将身体各部代谢产生的二氧化碳运送到肺;内呼吸,即毛细血管中的血液在组织细胞间的气体交换。呼吸系统通过呼吸道及血液传送气体,在肺部及组织细胞间进行气体交换,不断地摄入氧气并排出二氧化碳。

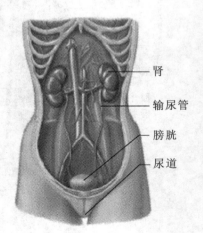

图2-16　泌尿系统

（四）泌尿系统

泌尿系统由肾、输尿管、膀胱和尿道组成,如图2-16所示。肾产生尿液,输尿管将尿液输送至膀胱,膀胱为储存尿液的器官,尿液经尿道排出体外。泌尿系统的主要功能是排出机体新陈代谢过程中产生的废物和多余的液体,保持机体内环境的平衡和稳定;此外,肾脏内产生的促红细胞生成素,能够促进红细胞的产生、成熟,肾脏能够提供激活的维生素 D_3,从而促进钙离子的吸收,维持骨量。

(五)生殖系统

生殖系统由内生殖器和外生殖器组成。内生殖器由生殖腺、生殖管道和附属腺组成。外生殖器是裸露于体表,显示性别差异和实现两性生殖器官结合的器官。生殖系统的主要功能是繁殖后代和形成并保持第二性特征。此外,生殖系统中性腺分泌的性激素还能调节身体多个组织、器官的生理功能。

(六)内分泌系统

内分泌系统由内分泌腺和内分泌组织构成,如图 2-17 所示。内分泌系统是神经系统以外的一个重要的调节系统,它分泌的激素经过血液循环至全身,作用于相应的靶器官,传递信息,参与调节机体新陈代谢、生长发育和生殖活动,维持机体内环境的稳定。内分泌系统能够调节毛发、骨骼、肌肉的生长,促进淋巴细胞成熟,影响大脑的发育,调节肺通气量,促进营养物质的消化和尿液的形成,影响第二性特征的表现及生殖过程。

(七)神经系统

神经系统由脑、脊髓及与脑和脊髓相连的周围神经组织构成,如图 2-18 所示。中枢神经系统包括脑和脊髓;周围神经系统包括脑神经、脊神经和内脏神经。神经系统在人体各个器官系统中居于主导地位,控制和协调各个器官系统的活动,使人体成为一个有机整体,以适应内外环境的变化。神经活动的基本结构是反射弧,反射弧包括感受器、传入神经纤维、神经中枢、传出神经纤维及效应器五个部分。神经系统能够感受来自皮肤、骨、肌肉等身体各部接受的刺激,能够调节心率、呼吸节律、消化道平滑肌的收缩,能够控制排尿、性发育等。此外,神经系统中的下丘脑具有内分泌功能,能够作用于其他腺体,调节激素分泌。

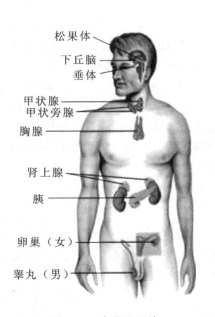

图 2-17 内分泌系统

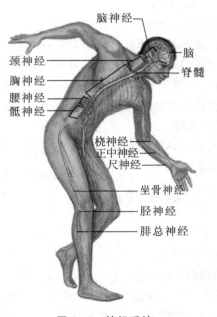

图 2-18 神经系统

(八)脉管系统

脉管系统由心血管系统和淋巴系统组成,是人体内一套封闭的连续管道系统,如图2-19所示。心血管系统由心脏、动脉、静脉和毛细血管组成,淋巴系统由淋巴管和淋巴器官构成。心血管系统中的静脉由体循环静脉和肺循环静脉共同构成。体循环完成内呼吸及气体运输,肺循环完成外呼吸及气体运输。脉管系统将消化系统和肺部摄入的营养物质、氧气,以及内分泌系统分泌的激素运输到身体各部,并将机体代谢产生的废物及二氧化碳运送至肾、肺等器官,以将它们排出体外。

心脏收缩是血液循环的动力与源泉,心脏主要由心肌构成。心肌与骨骼肌不同,除了具有兴奋性、收缩性外,心肌还有自动节律性和传导性,但是具有自动节律性的心肌细胞不具有收缩功能。自动节律性是指心肌在不受外来刺激的情况下,能够自动产生兴奋和收缩的特性。心脏的特殊传导系统包括窦房结、结间束、房室结、房室束及浦肯野氏纤维。具有自动节律性的心肌细胞存在于特殊传导系统内,其中窦房结中心肌细胞的自动节律性最高,为心脏的起搏点。心脏由窦房结开始兴奋,并将兴奋传递至结间束→房室结→房室束→浦肯野氏纤维→心肌细胞,从而使整个心脏发生收缩。

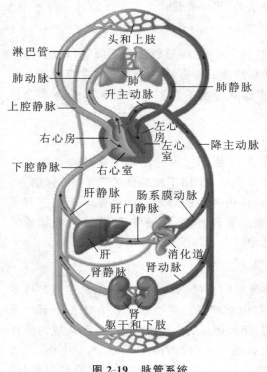

图2-19 脉管系统

(九)感觉器

感觉器是机体感受内、外环境相应刺激并将其转换为神经冲动的结构,包括感受器及其附属结构。神经系统的反射活动是从感觉器官开始的。感受器一般分为四类:外感受器、内感受器、本体感受器、特殊感受器。外感受器分布在皮肤、黏膜处,接受来自外界环境的直接刺激,如痛、温、触、压等化学与物理刺激。内感受器分布在内脏和心血管处,如颈动脉窦、颈动脉小球,接受来自体内环境的压力、渗透压、温度、离子及化合物浓度等物理和化学刺激。本体感受器分布在肌腹、肌腱、关节等处,位于肌腹的为肌梭,位于肌腱的为腱梭,感受肌肉被牵拉的程度及肌肉收缩和关节伸展的程度。特殊感受器是仅分布在头部的能够感受味觉、嗅觉、听觉、平衡觉和视觉的感受器。

二、人体基本代谢过程

(一)气体代谢

当机体吸气时,富含氧气的空气从鼻腔或口腔进入体内,经咽、喉、气管、支气管进入肺,进入肺部的新鲜空气到达肺泡后,气血屏障与肺部毛细血管之间进行气体交换,大量氧气进入肺毛细血管,最后汇集至肺静脉经由左心房进入左心室,伴随着心脏收缩,左心室的血液射入主动脉,经各级动脉分支后,在组织毛细血管处将血液中的氧气释放入组织,并将组织代谢产生的二氧化碳置换进血液里，再由各级静脉汇集成上腔静脉和下腔静脉注入右心房，然后至右心室，同样，伴随着心脏收缩，富含二氧化碳的血液由右心室射入肺动脉，经各级动脉分支，到达肺内毛细血管，经气血屏障与肺内新鲜空气进行气体交换，向肺内释放二氧化碳，之后二氧化碳经肺泡、支气管、气管、喉、咽、鼻腔或口腔排出体外。这一过程的发生，分别在肺内和组织内的毛细血管处经历了气体交换，从而将新鲜空气中的氧气摄入体内，为气体代谢提供原材料，同时将机体内代谢产生的废气二氧化碳排出体外，保证了机体正常的新陈代谢。

（二）营养物质代谢

当机体进食，食物经口腔、咽、喉、食管到达胃，胃内肌层的收缩及胃液的分泌，对食物进行初步消化，水、无机盐、葡萄糖、酒精等经胃黏膜进入血液循环；未经吸收的食物经胃到达小肠，食物在小肠内与胆汁、胰液混合后，其成分得到进一步分解，由小肠绒毛将葡萄糖、氨基酸、脂肪酸、甘油等吸收入血液，而剩余的食物残渣经小肠蠕动推送到大肠，大肠再次吸收食物残渣中的水分和无机盐，并使最终食物残渣形成粪便，排出体外。

进入血液循环的物质，经门静脉到达肝，在肝内进行分解合成，转化为人体自身需要的成分；而代谢产物中或食物中的有毒物质，将分解成溶于水的无毒、低毒物质，随血液循环经肾动脉到达肾，在肾内经过滤和吸收作用，形成含有代谢废物的尿液，经输尿管到达膀胱储存，当膀胱充盈，人体产生尿意，尿液便会经尿道排出体外。

（三）能量代谢

人体所需的主要营养物质包括糖类、脂肪、蛋白质、水、无机盐和维生素。其中，糖类、脂肪、蛋白质三种营养物质在机体新陈代谢过程中，所蕴含的化学能以三磷酸腺苷（ATP）的形式被释放出来，成为机体各种生命活动及运动的能源，而ATP是肌肉活动的直接能源物质。

吸收入体内的糖均为单糖。血液中的单糖，一部分在肝内合成肝糖原，一部分在肌肉内合成肌糖原，一部分被直接氧化利用，一部分用于维持血糖浓度，多余部分转化为脂肪和蛋白质被储存。1 mol 葡萄糖完全有氧氧化，产生 36 mol 或 38 mol ATP；无氧酵解产生 2 mol ATP。脂肪在脂肪酶的作用下，分解为甘油及脂肪酸，然后在氧气充足的情况下，氧化分解为二氧化碳和水，同时合成 ATP 释放能量。蛋白质是细胞的主要构成成分，作为能源物质，蛋白质首先被分解为氨基酸，氨基酸再进而分解为相应的 α-酮酸及氨，酮酸经过三羧酸循环彻底氧化成二氧化碳和水，释放 ATP。三种能源物质，只有糖能够在无氧条件下经过无氧酵解释放 ATP。在运动过程中，糖的利用速率最快，当运动强度大于 50% 最大运动强度时，糖的分解功能显著加强；在安静时脂肪为主要的功能物质，运动达 30 min 左右时，脂肪输出功率达到最大；蛋白质在运动中作为能源物质这种情况，通常发生在持续 30 min 以上的耐力项目中。

人体运动过程中所需能量由三种不同的能源系统供给，分别是磷酸原系统、酵解能系统和氧化能系统。磷酸原系统主要由结构中带有磷酸基团的 ATP（包括 ADP）和磷酸肌酸（CP）构成，在功能代谢中发生磷酸基团的转移。运动时，肌肉中储备的 ATP 直接分解，为了维持 ATP 水平，肌肉中的 CP 在肌酸激酶作用下合成 ATP。该过程十分迅速，不需要氧气也不会产生乳酸，但磷酸原系统维持的运动时间仅为 6~8 s，为极量运动的能源。酵解能系统是运动中骨骼肌糖原或葡萄糖在无氧条件下酵解，生成乳酸并释放能量供肌肉利用的能源系统。该能源系统一般在极量强度运动的开始阶段就参与供能，但由于酵解能供应不足或体内乳酸堆积，酵解能系统维持的运动时间为 2~3 min。氧化能系统是指糖、脂肪和蛋白质在供氧充足的条件下，氧化分解并提供能量的能源系统,虽然其功能速率较酵解能系统慢,但是能够持续供能,维持较长的运动时间。

三、体育锻炼的影响

"生命在于运动",锻炼不仅可以促进机体的新陈代谢,增强呼吸、循环系统的功能和发育,增强身体各系统的协调性,在充足的营养保证下,还可以提高体格发育水平,但是过量的运动会给人体带来一定的负面效果。

(一)体育锻炼对骨的影响

长期、系统、合理的运动训练和劳动,能够促使骨密度增加,骨密质增厚,骨变粗,骨面肌肉附着处突起明显,骨小梁顺应张力和压力变化方向规律排列,骨结构清晰,且使骨具有更好的抗折、抗弯、抗压缩和抗扭转的能力;同时,运动训练和劳动还能够降低或延缓骨量的丢失。不同的运动项目对骨的影响效果不同,从事具有较大冲击力运动项目的运动员,即使年龄相对较大也具有较高的骨密度值。研究发现,柔道和抗阻运动能够改善骨密度。

青少年儿童处于骨代谢的旺盛时期,适当地进行合理的体育锻炼,有助于骨的健康生长;过量运动或不正确的运动方式,则会导致骨内结构异常、骨畸形等现象。因此,青少年儿童要保持坐、立、走的正确姿势,在运动过程中,也要注意全面发展,做到左右结合、动静结合。随着年龄的增大,骨量会逐渐丢失,美国运动医学学会推荐有骨质疏松症风险的个体,可以根据骨骼的承受力,从中等强度逐渐增加到高强度,进行每天 30~60 min,每周 3~5 天的负重有氧运动和抗阻训练相结合的规律性运动;而有骨质疏松症的个体,一般进行每周 3~5 天,每天 30~60 min 的中等强度的负重有氧运动和抗阻活动相结合的规律性运动。

(二)体育锻炼对骨骼肌的影响

肌肉力量和肌肉耐力统称为肌肉适能,是评价机体健康相关体适能的一个重要方面。肌肉力量有绝对肌力、相对肌力及肌肉爆发力等多种表现形式。绝对肌力是指能够克服的最大阻力;相对肌力是指单位横截面积骨骼肌纤维做最大收缩时所能克服的阻力。绝对肌力大的运动员,其相对肌力不一定大,正如举重运动员的相对肌力不一定比体操运动员大。肌肉爆发力是指骨骼肌在最短时间收缩时所能产生的最大张力。肌肉耐力是指肌肉持续收缩的能力或者重复收缩的次数。

合理的运动训练能够使肌肉体积增大,从而达到增强肌肉适能的目的。不同的训练方法或训练目的,肌肉体积增大的原因也不同,较小强度长时间训练能够使肌纤维中非收缩蛋白成分含量增加,如线粒体、肌糖原、肌红蛋白等,这种类型的肌肉体积增大称为肌浆型肥大,有助于增加肌肉耐力;而长期合理的大负荷力量训练可导致肌纤维内收缩成分含量增加,该类型的肌肉体积增大称为功能性肥大,肌肉耐力增加不明显。长期的运动训练还有助于增强神经对肌肉的控制,迅速有效地动员更多的运动单位参与收缩,改善原动肌和对抗肌之间的协调关系,增加运动关节的活动范围。此外,运动训练时,肌肉反复收缩、拉长,引起肌腱、韧带增粗,关节面软骨增厚,可进一步加强肌肉附着性,增强关节的稳固性,虽然这些改变往往会减小关节活动幅度,但是,合理的柔韧性练习能使肌肉适能和柔韧性均得到适当的发展。

由于骨骼肌本身具有黏滞性,故在运动前应进行适当的准备活动,使体温升高,肌肉黏滞性下降,预防运动损伤的发生。过量运动会引起肌肉疲劳,动作变形,严重者导致肌肉拉伤、肌腱断裂、肌腱撕裂等危险的发生。对于青少年儿童,由于其骨骼尚未发育完全,不宜过早的进行负重练习来增加肌力,10岁以前多进行抗体重练习,如徒手跑、跳等,之后可适当增加一些阻力练习。

(三) 体育锻炼对心血管功能的影响

1. 运动员心脏

运动对心脏的作用一直以来都是备受关注的热点问题。目前,人们对运动给正常或病理心脏带来的影响已经有了比较深刻的认识。1899年,瑞典医生Henschen通过叩诊发现越野滑雪运动员心脏肥大,并把这种运动员特有的大心脏称为运动员心脏。运动员心脏是运动员适应运动训练的结果,一般来讲,长期从事耐力训练的运动员,如长跑及游泳,其心脏呈现左室壁肥厚,左室显著性增大;而长期从事力量训练的运动员,如举重和摔跤,其心脏呈现左室壁显著性肥厚,左室轻微增大;既有耐力训练又有力量训练的运动员,如自行车、划船等,其心脏呈现左室壁及左室都有显著性的增厚和增大。这与各种心血管相关疾病所导致的病理心脏形态结构的改变有明显的不同。大量研究发现,运动员心脏产生时,心脏内显微形态、酶组织、神经-内分泌、微循环、心肌细胞等都发生了适应性改变,随着运动员心脏在停训后可复性转归的发生,这些适应性改变又逐渐消退。将现代细胞学理论、分子生物学理论和技术的发展应用到运动员心脏的研究,人们认为运动员心脏肥大的发生不仅仅是由于血液动力学超负荷所致的细胞体积增大及相应亚细胞结构的改变,神经体液调节作用在心脏重塑过程中,也发挥着重要作用,但其作用机制尚未明确。

2. 体育锻炼在心血管疾病中的临床应用

在临床上,运动也作为一种辅助手段来改善各种心血管疾病的临床治疗效果。流行病学调查证实,规律的运动能够降低缺血性心肌病的死亡率。有研究认为,有氧运动能够改善心肌的收缩功能,增强心肌再灌注及血管形成能力,稳定心内交感-副交感神经间的平衡,改善心肌能量代谢能力,降低心肌过氧化反应,改善心肌内钙离子浓度等,从而达到抗心肌缺血、心律失常等疾病的目的。也有研究认为,运动对心肌的急性保护作用是通过阿片肽类物质实现的,并通过这些物质调节心肌内核酸的表达及炎症和凋亡的发生。此外,有氧运动不仅能够降低心血管疾病危险因子(例如,降低身体脂肪含量,降低非胰岛素依赖性糖尿病的发病率,降血脂等),而且还能够通过改善自主神经系统对心脏的调节作用来防止猝死。

3. 体育锻炼与心血管运动风险

随着人们对生命质量要求的提高及运动意识的加强,运动成了人们生活中必不可少的部分,但运动中也存在着心血管运动风险,大量研究表明,长期剧烈运动会导致心肌损伤,伴发左心室收缩和舒张功能的降低。肥厚性心肌病是青年运动员心源性猝死的主要因素,这种心肌肥厚与临床上心肌肥厚不同,是长期训练所致,可能与运动员长期训练过程中交感肾上腺素能频繁刺激有关。尽管如此,调查发现,每年100 000人中大概有0.4—2.3个人由于心律失常而发生运动性心源性猝死,而除去患有先天性心脏病的人,单纯由运动导致的心源性猝死的概率就更小了。因此,尽管存在着这样或那样的可能,但是无论是具有较高风险的患者还是正常人都能从规律的体育锻炼中获益。

(四) 科学的体育锻炼

1. 运动量

进行科学的体育锻炼,必须根据自身机能水平及锻炼目的,制订出合理的运动量。运动强度、运动频率及持续时间是运动量的三个要素。运动强度是指单位时间位移的距离或速度,或者肌肉单位时间所做的功。最便利的运动强度的评价指标为心率,通过运动时心率与最大心率的比值,可以了解运动的强度,中老年人一般以其本身的 60%~75% 最大心率的运动强度进行运动较为适宜,个体差异比较大。持续时间是指每次的运动时间。运动频率是指每周运动的次数。运动效果是运动量的累积,只有达到了一定的运动量,才能在机体内留下痕迹,从量变到质变才能达到锻炼的目的。

2. 运动技能

人体在体育锻炼过程中所掌握的有效完成专门动作的能力称为运动技能,它包括大脑皮质主导作用下的肌肉协调能力。每一项运动条件反射的形成,都必须经历泛化、分化、巩固和自动化四个过程,这是大脑皮质兴奋和抑制区域逐渐集中的过程。

3. 身体素质训练

身体素质是人体各个器官系统的功能在肌肉工作中的综合反映,主要表现为力量、速度、耐力、灵敏性和柔韧性,拥有良好的身体素质是在竞技运动中取得成绩的基本保障。

【复习思考题】

1. 试述人体主要运动关节的基本构成。
2. 试述体育锻炼对人体基本结构及功能的影响。
3. 试述运动过程中的气体代谢和能量代谢。

第三章　体育锻炼与健康

学习目标

1. 理解健康的概念及标准；
2. 了解体育锻炼对人体身心的影响；
3. 掌握体育锻炼的基本原则及其方法；
4. 能够在体育锻炼中科学地应用健身运动处方。

第一节　健康的概念与标准

体育锻炼可以使人在身体、精神和社会适应方面达到健康状态。所谓体育锻炼,是指人们运用各种身体锻炼的内容、手段及方法,结合自然力和卫生因素,以发展身体、增强体质、增进健康、陶冶情操、丰富文化知识为目的的身体活动。体育锻炼可以增进健康、增强体质,促进青少年儿童的正常发育和健康成长。坚持体育锻炼可以达到"健身、健美、健心"的三重效果。

健康是人类赖以生存和发展的基本条件,是人类创造物质财富和精神文明的基础,是人的生命力的重要标志,也是社会进步的象征。但健康也不是人人都能拥有的,据统计,约有 50% 的人虽不像病人那样受着病痛的折磨,容颜憔悴、萎靡不振,但也不能像健康的人那样体力充沛、精力旺盛、充满生机活力,这就是所谓的亚健康状态。

长期以来,人们把健康理解为:"无病、无残、无伤即健康"。随着社会的进步和人们认识水平的提高,人们对健康的认识越来越深入,也越来越全面、准确和科学。健康观的发展经历了神灵医学观(认为生命和健康是神灵所赐,是上帝给予人的恩惠,疾病是鬼神附身,是神灵对人的惩罚)、自然哲学观(疾病是人体内部各构成元素间失去平衡、发生紊乱的结果,如阴阳五行学、四根说、体液说等)、生物医学观(以有无生理性的、器质性的病变和有无临床症状为甄别健康与疾病的标准,重视生物、理化因素和人体的结构功能,无病、无残、无伤即健康)、生理-心理-社会三维健康观(健康应该是个体在生理、心理和社会适应三个方面都处于良好状态,健康不仅受生物、理化因素的影响,也受心理和社会因素的影响)。三维健康观是对健康认识的突破,认识到了人具有多重属性,健康是人多重属性的综合反映和体现。

一、健康的概念

现代健康的含义并不仅仅是传统所指的身体没有疾病而已,世界卫生组织(WHO)1948年提出了健康的定义:"健康不仅是免于疾病和衰弱,而且是保持身体上、精神上和社会适应方面的完善状态"。1989 年,世界卫生组织将健康重新定义为:"心理健康、身体健康、道德健康和社会适应良好。"一个人只有在身体健康、心理健康、社会适应良好和道德健康四个方面都健全才能算是完全健康的人。身体健康（生理健康）是指身体结构和功能正常，具有生活自理能力；心理健康是指个体能够对自己有正确认识，及时调整自己的心态，使心理处于良好状态，以适应外界的变化；社会适应良好是指个体能够以良好的思想和行为去适应社会生活的各种变化；道德健康是指能够按照社会规范的准则和要求来支配行为，能为人类的幸福作贡献。

二、健康的内涵和标准

（一）健康的内涵

健康的内涵由身体健康、精神健康和社会健康三方面因素构成，涵盖体力、技能、形态、卫生、保健、精神、人格、环境等八个方面。以上是就个体健康而言的，而群体健康还涉及卫生政策、预防性卫生服务、社会经济、生活水平、寿命状况等。可见，健康不仅是指没有疾病或病痛，而且是一种身体、精神和社会的完全良好状态。健康的人要有强健的体魄、乐观向上的精神状态和良好的心理素质，并能与其所处的社会及自然环境保持协调关系。

（二）健康的标准

（1）处事乐观，态度积极，乐于承担任务而不挑剔。
（2）精力充沛，能从容不迫地应付日常工作。
（3）良好的休息习惯，睡眠良好。
（4）应变能力强，能适应各种环境的各种变化。
（5）对一般感冒和传染病有一定抵抗力。
（6）体重适当，体态均匀，身体各部位的比例协调。
（7）眼睛明亮，反应敏锐，眼睑不发炎。
（8）头发光泽，无头屑。
（9）牙齿清洁，无缺损、无疼痛；牙龈正常，无出血。
（10）肌肤有光泽、有弹性，走路轻松，有活力。

按照以上健康标准，只有少数人处于完全健康的状态，而大部分人都处于健康与疾病的中间状态，即处于没有疾病又不完全健康的亚健康状态：机体无明确疾病，但活力降低，适应能力出现不同程度减退的一种身心状态。

（三）心理健康标准

一般来说，心理健康的人都能够善待自己，善待他人，适应环境，情绪正常，人格健全。心理健康的人并非没有痛苦和烦恼，而是他们能适时地从痛苦和烦恼中解脱出来，积极地寻求改变不利现状的新途径。为了教育和引导公众主动关注心理健康，美国心理学家马斯洛和米特尔曼提出了十条经典的心理健康的评价标准：

（1）充分的安全感；
（2）能充分了解自己，并能对自己的能力做出适度的评价；
（3）生活理想与目标切合实际；
（4）不脱离周围现实环境；
（5）能保持人格的完整与和谐；
（6）善于从经验中学习；
（7）能保持良好的人际关系；

(8) 适度的情绪表达与控制;
(9) 在符合社会规范的前提下,能适度地发挥个性;
(10) 在不违背社会规范的前提下,能恰当地满足个人需求。

(四) 体质健康标准

中国体育科学学会体质研究会将体质定义为人体的质量,是指在先天遗传和后天获得的基础上所形成的,个体在形态结构和功能活动方面所固有的、相对稳定的特性,与心理性格具有相关性。影响体质的因素是多方面的,其中遗传、环境、体育锻炼这三个方面起了重要作用。体质的综合评价指标主要包括以下五个方面:

(1) 身体形态发育水平,如体型、姿势及身体成分等;
(2) 生理生化功能水平,如机体的新陈代谢功能及各器官、系统的工作效能;
(3) 身体素质和运动能力水平,即身体在运动中表现出来的速度、耐力、灵敏性等素质及走、跑、跳等身体运动能力;
(4) 心理发展水平,如本体感知能力、判断能力等;
(5) 适应能力,即对内外环境的适应能力、应急能力和对疾病的抵抗能力。

新中国成立以来,国家高度关心和重视青少年的体质健康工作。在新中国成立之初,我国先后颁布了《青少年体育锻炼标准》《国家体育锻炼标准》《大学生体育合格标准》《中学生体育合格标准》《小学生体育合格标准》等一系列关注国民体质的规章制度,促进了全社会对学校体育的关注,对督促学生积极地参加体育锻炼,养成良好的体育锻炼习惯,保证学生身体良好发育和增强体质起到了积极的促进作用。但随着时代的发展和人们对健康认识的提高,原有的标准和评价体系已经不能完全适应社会发展的需要。为了全面贯彻《中共中央 国务院关于深化教育改革全面推进素质教育的决定》,树立"健康第一"的指导思想,促进学生积极参加体育锻炼,养成经常锻炼身体的习惯,提高自己保健能力和体质健康水平,教育部和国家体育总局于2002年颁布了《学生体质健康标准(试行方案)》(简称《标准》)和实施办法。

《标准》在认真总结过去经验的基础上,参考了国际上有关研究的成功经验和先进做法,建立了以健康素质为主要指标的新的评价体系。《标准》采用个体评价标准,可以使学生清晰地看出自己的个体差异与某些方面的不足,这样有利于通过测试促进学生积极参加体育锻炼,改善健康状态,弥补差距,促进身体健康的全面发展。《标准》突出了对发展和改善学生健康有直接影响且关系密切的心肺循环系统的功能、身体成分、肌肉的力量和耐力及柔韧性等指标,测试指标由"运动技术指标"向"健康指标"转变。

三、亚健康状态

健康是人体最佳状态,称为第一状态。失去健康的疾病状态是由致病因素引起的对人体正常生理过程的损害,表现为人体对外界环境变化的适应能力降低,劳动能力受到限制或丧失,并出现一系列的临床症状,称为第二状态。亚健康是指人体介于健康与疾病之间的边缘状态,无器质性病变,但有功能性改变,称为第三状态,它与脑疲劳有密切的关系,也称"疲劳综合征"。大学生"亚健康"主要表现为两个方面:身体方面主要是持续的疲劳、四肢乏力、多梦失眠、易患感冒等;精神方面则是注意力难以集中、感觉迟钝、记忆力减退、兴致低落和情绪躁动等。随着社会经济的快速发展,人们的竞争压力与日俱增,为了适应市场竞争和人才变化的需求,大学生心理素质和体能的要求越来越高。大学生的身心健康不仅关系到个人的成长,而且关系到民族素质的提高。因此,预防和改善大学生亚健康状态,加强大学生身心健康教育,已成为高校教育工作者的一个重要使命。应当指出的是,第三状态在很大程度上是慢性疾病的潜伏期。人的机体有一定范围的适应能力,第三状态既可趋向健康,也可带来疾病。如果已处于或即将进入第三状态,只要采取科学的生活方式,通过饮食、心理的调养和环境的改变,可祛除疾病因素,从而改善和消除第三状态且成为一个健康的人。

健康生活方式"八注意"

所谓生活方式,简单地说就是怎样生活,是指人们长期受一定的民族文化、经济、社会习惯、规范及家庭影响所形成的一系列生活意识、生活习惯和生活制度的总和。世界卫生组织(WHO)曾向世界宣布,个人的健康和寿命60%取决于自己,15%取决于遗传,10%取决于社会因素,8%取决于医疗条件,7%取决于气候影响;而在取决于个人的因素中,生活方式是主要因素。良好的生活方式可以促进人体的健康,反之,则会危害人体的健康。

目前,在我国威胁人们生命健康的主要疾病已由过去的传染病转变为慢性非传染病。医学工作者通过大量反复的研究表明:生活方式和行为不健康、不科学是最主要的发病原因。如我国学者研究了四类因素在死因中的构成比例,结果是生活方式和行为因素占48.9%,环境因素占17.6%,生物因素占23.2%,保健服务因素占10.3%。可见,树立文明、健康、科学的生活方式,克服和改变不良的生活方式是十分重要的。因此,2000年世界卫生组织提出了"合理膳食、戒烟限酒、心理平衡、体育锻炼"的促进健康新准则。我国卫生部门参照国外经验,汇集我国大多数保健专家、学者的意见,结合我国的特色,总结出了健康生活方式,就是要做到"八注意":合理膳食、规律起居、保证睡眠、劳逸结合、性爱和谐、戒烟限酒、适量运动、心理平衡。

第二节 体育锻炼的身心效应

适量体育锻炼,结合日光、空气、水等自然因素,配合卫生措施,可以促进人体生长发育和形态结构的发展,提高有机体工作能力,调节人的心理,消除疲劳,振奋精神,以及预防与治疗某些疾病。这对改善整个民族体质,提高健康水平,有着重要的作用。

一、适量体育锻炼对身体健康的影响

人体由神经系统、脉管系统、呼吸系统、运动系统、消化系统、泌尿系统、生殖系统、内分泌系统和感觉器组成。体育锻炼由人体各器官系统协调配合所完成,同时,体育锻炼又对各器官系统产生良好影响。

(一)体育锻炼与消化系统的改善

消化系统由消化管与消化腺组成。消化系统可把食物转化为身体所需要的营养物质,将营养物质送入淋巴和血液,以供身体生长和维持生命,并将代谢过程中的残渣排出体外。经常参加体育锻炼,对消化系统的机能有良好影响,可增强胃肠的蠕动,加快消化液的分泌,可以提高

消化和吸收的能力,也能增加人体的食欲需求量,有利于增强体质。

(二) 体育锻炼与神经系统的改善

神经系统包括中枢神经系统和周围神经系统。中枢神经系统是指挥整个机体活动的"司令部"。人体的一切活动,其本质都是神经系统的反射活动,都是经过感知、分析、判断、作出反应这个过程来完成的。经常参加体育锻炼可以使神经系统的反应能力得到改善和提高,思维更加敏捷,调控身体运动更准确、协调;还能有效地消除脑细胞的疲劳,提高学习和工作效率。

(三) 体育锻炼与运动系统的改善

运动系统又称骨骼肌肉系统,由骨骼、关节和肌肉构成。经常参加体育锻炼可促进骨骼的生长发育,使骨密质增厚,骨变粗,骨面肌肉附着处突起明显,骨小梁的排列根据张力和压力的变化而更加整齐和有规律。经常参加体育锻炼可使肌肉体积明显增大,还可以消除多余脂肪,防止肥胖。经常参加科学的体育锻炼,可提高人体关节的机能,促使关节面骨密质增厚,促使关节面软骨增厚,促使关节囊增厚,促使关节周围肌腱和韧带增粗,加强了关节的稳固性,提高运动能力。

(四) 体育锻炼与脉管系统的改善

在人体的各器官系统中,由呼吸系统与心血管系统组成的人体氧运输系统(即脉管系统),对人的健康及生命活动有十分重要的作用。人体通过脉管系统将氧气和营养物质源源不断地输送到人体的各个细胞,同时将人体代谢的最终产物向体外运输与排出,这是维持人体新陈代谢的基础。

二、适量体育锻炼对心理健康的影响

体育锻炼可以对人的心理产生影响。现代心理科学已经证明,心理是脑的机能,是脑对客观现实的反映。马克思主义认为,只有在实践活动中,才能发展人的心理。巴甫洛夫认为:人的一切心理现象都是条件反射的形成。综合这两种观点我们可以理解为:一切条件反射都是在实践活动中形成的,没有实践活动就没有条件反射,也就不会有心理。因此,人根据自身和社会的需要而进行的社会生活实践活动就是心理发展的动力,离开了实践活动,人的心理发展也就无从谈起。

(一) 体育锻炼与认知的正相关

体育锻炼是促进人类认知发展的重要因素,对学习、记忆乃至人际交往、工作表现的效果都起着重要的作用。体育锻炼可以促进智力的发展,有利于建立完整、正确的动作表象;可以使人分散对忧虑和挫折的注意力;对自我效能、自我概念有显著性提高作用。

(二) 体育锻炼对情绪的积极影响

体育锻炼可以诱发积极的思维和情感,这些积极的情绪对抑郁、焦虑、困惑等消极情绪具有抵抗作用。体育锻炼不但可以转移不愉快的意识、情绪,使人从烦恼和痛苦中摆脱出来,而且可以使不良情绪得到宣泄,有利于对大脑活动的调节。体育锻炼有助于人保持良好的心态,降低焦虑水平、应激水平;可使人产生运动的快感。

(三) 体育锻炼可以提高应激能力

应激是指个体对应激源或刺激所作出的反应。应激能力不仅能产生和强化社会适应的能力,还能在一定程度上增强参与者克服障碍的信心和勇气,增强人体对生活节奏的应变能力。

体育锻炼不但使个体适应环境能力增强,而且可以通过积极的社会交往促进个体的心理健康发展。

(四)体育锻炼可以促进人格的完善

坚强的意志品质可以通过体育锻炼来获得。通过体育锻炼,不断克服客观困难和主观困难,锻炼者能培养良好的意志品质。有关学者认为,体育锻炼在全面提高学生修养、完善个性方面有重要作用,能影响学生的荣誉感、责任心、独立性、自制力、坚定性等多方面意志品质。

三、体育锻炼的社会效应

人有着生命的生物性,又表现出丰富情感和独立人格的社会性。对人进行培养与教育的最终目的是使其成为社会所需要的人才。现代人更应具备各方面的能力,成为全面发展的高质量的新人。体育作为教育的一个重要组成部分,在培养人的社会综合能力方面有着其他学科无法替代的优势。

我国著名的医学心理学家丁瓒教授说:"人类的心理适应,最主要的就是对于人际关系的适应,所以人类的心理病态,主要是由于人际关系的失调而来。为了保持身心健康,人们既有生理方面的需要,也需要安全、友谊、爱情、亲情、理解、归属和尊重等心理方面的满足。"有研究表明,外向性格者比内向性格者的社交需要更强烈,这种社交需要通过集体性的体育活动可得到满足。内向性格者则更应该参与集体性的体育活动,这可使自己的性格得到改善。坚持体育活动者要比中途退出体育活动者更能与人形成亲密关系。由此可见,体育活动能促进人的社会交往活动,增进人与人之间的复杂的情感交流,增进友谊。

体育运动过程是一个自然的潜移默化的教育过程,是在公平原则下实现竞争、合作、协调的过程。学会在竞争中合作、在合作中公平竞争,是体育竞赛活动的生存准则。在激烈的竞争中,人们为寻求胜利,需要集结成团队,通过活动培养群体意识与协作精神。个体在群体性的体育活动中需要明确自己的角色、责任与作用,体验合作效益与同伴的友谊,从而健全自己的人格。

体育的社会情感功能与人的社会心理稳定性有直接联系。在正常情况下,人的心理与社会情感保持着平衡。但是快节奏的社会生活会造成人的心理失调,从而引起人的心理状态的异常变化,参加体育运动能获得多种的情感体验。这些情感体验往往能够移情于学习、工作、生活,使人精神振奋,奋发向上,充满信心,勇往直前,产生积极的情感变化。体育在调节社会情感方面的作用也是非常明显的。体育锻炼是一个磨炼人的意志的过程,这样为人应对在社会中遭受的挫折和困难打下了基础,也为培养人勇于克服困难、承受挫折的品质提供了良好的机会。

体育锻炼能增进人的身体健康、心理健康与社会适应能力,可达到健康的目的,对人类的健康起到了积极的主导作用。因此,为了健康,踊跃参加体育锻炼是一条重要的途径。

盛夏锻炼六忌

一忌在强光下锻炼。中午前后,烈日当空,气温最高。除游泳外,忌在此时锻炼,谨防中暑。夏季阳光中紫外线特别强烈,人体皮肤若受长时间照射,可发生灼伤。紫外线还可以透过皮肤、骨头,辐射到脑膜、视网膜,使大脑和眼球受损伤。

二忌锻炼时间过长。一次锻炼时间不宜过长,一般20~30 min为宜,以免出汗过多,体温上升过高而引起中暑。如果一次锻炼时间较长,可在中间安排1~2次休息。

三忌锻炼后大量饮水。夏季锻炼出汗多,如这时大量饮水,会给血液循环系统、消化系统,特别是心脏增加负担。同时,大量饮水会使出汗更多,盐分进一步丢失,从而引起痉挛、抽筋等症状。

四忌锻炼后立即洗冷水澡。夏季锻炼体内产热量增加快,皮肤的毛细血管也大量扩张,以利于身体散热。突然过冷刺激会使体表已开放的毛孔突然关闭,造成身体内脏器官紊乱,大脑体温调节失常,以致生病。

五忌锻炼后大量吃冷饮。体育锻炼可使大量血液涌向肌肉和体表,而消化系统则处于相对贫血状态。大量的冷饮不仅降低了胃的温度,而且也冲淡了胃液,轻则可引起消化不良,重则会导致急性胃炎。

六忌锻炼后以体温烘衣。夏季运动汗液分泌较多,衣服湿透,有些年轻人自恃体格健壮,经常懒于更换汗衣,极易引起风湿病或关节炎。

第三节 体育锻炼的基本原则与方法

要想使体育锻炼能够有效地增强体质,提高健康水平,提高生活质量,达到预期的最佳效果,就必须按照科学的原理,遵循一定的原则,讲究锻炼的方法。

一、体育锻炼的基本原则与要求

体育锻炼的原则,是身体锻炼过程中客观规律的反映,是人们在长期从事体育锻炼过程中成功经验的总结和概括,是每个参加体育锻炼的人必须遵循的准则。

(一) 自觉性原则

自觉性原则是指进行体育锻炼是出自锻炼者的内在需要和自觉的行动及明确的锻炼目的。学校是培养人才的地方,一个人只有树立起远大目标,才能使体育锻炼具有长久的动力和自觉性。另外,参加体育锻炼也是为了丰富文化生活、调节情绪、活泼身心、陶冶情操、锻炼意志和增进健康、促进身体正常发育和造就一个健美的形体,以及防病治病等。

(二) 个别对待性原则

体育锻炼要想取得良好的效果,必须有一定的运动负荷量,必须根据个人实际状况进行负荷选择。负荷过小不能对机体产生积极的影响,机体能力提高不大。负荷过大,超过了机体的负荷极限又有损于机体。只有负荷适当地略超过机体原先已经适应的水平,才能取得良好的效果。适当的负荷量一般采用心率法(有氧锻炼以本人最高心率的70%强度为标准)进行计算。

(三) 安全性原则

体育锻炼的最终目的是促进健康,所以,必须注重体育锻炼的安全性。任何形式的体育锻炼都应做到安全第一,如果锻炼安排、组织不合理,违背科学原则,就可能出现伤、病事故,甚至危及生命。为了保证锻炼的安全,锻炼者应该做到以下几点:充分的准备活动,各器官系统的机能进入活动状态后,再进行较剧烈的运动;要全身心投入锻炼,疏忽可能受伤;锻炼最好不要在水泥地面上进行,以防止长期运动后出现关节劳损,如不可避免,选择穿弹性好的运动鞋;对于身体虚弱或慢性疾病患者,进行锻炼时切忌盲目增加运动量或运动强度。

(四) 循序渐进原则

循序渐进原则是指在体育锻炼安排运动负荷时,要由小到大,由简到繁,由易到难,逐步推进。体育锻炼必须遵循人体生理机能的活动规律,因为人的体质增强是一个不断积累提高的过程,体育锻炼带给人的好处不能长期储存或保留,必须通过不间断的锻炼才能促进人体发展。所以安排运动量、负荷、时间、难度、内容和方法等要有计划、有步骤地进行,运动量要由小到大,运动内容由易到难逐步增加。

(五) 全面锻炼原则

体育锻炼的主要目的之一是促进人体的身体形态、机能、各器官系统机能得到全面的发展,并使各种身体素质及基本活动能力得到全面发展。如锻炼时不注意对身体各部位、各系统的全面发展,就会导致身体发展的不平衡性和不协调性。因此,进行体育锻炼时要注意内容和手段的多样化。但全面发展身体不等于没有重点地发展,要根据自身的需要与要求,在全面的基础上重点发展。安排锻炼内容时应该选择一种使身体较多部位得到锻炼的运动形式,以确保整体机能的全面提高。

二、体育锻炼的基本方法

体育锻炼方法是指运用各种体育锻炼的手段和自然因素,有效地增强体质的途径和方法。它是贯彻体育锻炼原则、实现体育锻炼目的的桥梁,是人类根据人体发展规律,长期科学实践的经验总结。

(一) 体育锻炼的基本方法

1. 重复练习法

重复练习法是一种要求在不改变动作结构及其外部运动负荷数据的情况下,按照既定要求进行练习,各次练习间的间歇时间较充分并能使机体基本恢复或超量恢复的训练方法。它的主要功能:多次重复同一动作,不断强化运动条件反射的过程,有利于练习者掌握和巩固技术动作;相对稳定的负荷强度的多次刺激,可使机体尽快产生较高的机能适应能力,有利于练习者发展和提高身体素质;不同类型的重复训练,可分别使磷酸原系统、乳酸能系统、有氧供能系统的供能能力得以发展和提高。在采用重复练习法进行练习时,运动强度可达到极限强度的90%～100%,从而达到锻炼负荷的有效价值范围。采用重复练习法时应注意以下问题。

(1) 保证充分的间歇时间。间歇时间的确定应以机体基本恢复为准,机体基本恢复后再进行下一次(组)的练习。间歇时间一般为练习时间的2～3倍以上,心率应降至100次/min以下,使机体得到充分的恢复。

(2) 保持预定的负荷强度。应切实保证每次重复练习的质量,不能因为重复次数多、运动强度大而降低要求。负荷强度的确定应以练习者本人所能承受的最大负荷强度为限。重复次数的确定,应以练习者按照预定负荷强度进行练习并不使技术动作出现过多错误为基本条件。

(3) 合理确定重复要素。重复要素包括重复练习的总次数及每次重复练习的距离、时间和强度。

2. 间歇练习法

间歇练习法是一种对练习动作结构和运动负荷强度、间歇时间具有严格的要求,使机体在不完全恢复状态下,反复进行训练的练习方法。它受五种因素的制约,即每次练习的负荷强度、重复练习的次数或组数、每次练习的时间和距离、各次练习的间歇时间、间歇期间的休息方式。采用间歇练习法进行练习时,人体在运动时心率保持在 120～140 次/min 为最理想,在这个心率范围内,每搏输出量及氧气运载量均达到最佳效果。在进行间歇训练时应注意以下问题。

（1）合理安排运动负荷。运动负荷的大小应根据练习者的实际情况而定,身体状态好,运动水平高,负荷可大些;反之,身体状态差,运动水平低,负荷应小些。

（2）确保一定的适应过程。在实施间歇训练方案时,应在机体逐步适应后再通过变换各因素参数来确定新的方案。从而达到机体的适应—提高—再适应—再提高的目的。

（3）掌握科学的间歇时间。训练过程中间歇时间的控制是该训练方法的关键因素,间歇时间影响着负荷强度、负荷量及组数的安排,同时也影响着练习的质量。间歇时间的长短要依据自己的身体状态和锻炼的负荷而定。一般以 40～90 s 为宜。通过间歇,不要使脉搏低于 120 次/min 即可再次锻炼。

3. 变换练习法

变换练习法是一种对运动负荷、练习内容、练习形式进行变换,以提高练习者的积极性、趣味性、适应性及应变能力的练习方法。变换练习法通过采用不同的动作要素、不同运动负荷、不同间歇时间、不同外界环境、不同的器材重量等对运动负荷有效地调节,使机体产生适应性变化,可激发锻炼者的兴趣和提高锻炼者的积极性,达到增强机体能力,提高锻炼效果的目的。变换运动负荷,可使机体各机能产生与有关运动项目相匹配的适应性变化,从而使之具有能够迅速进入运动状态的应激能力,以及具有承受专项比赛时不同运动负荷刺激的能力;变换练习内容,可使练习者各种运动素质、运动技术、运动战术得到系统的训练和协调的发展,从而使之具有多种运动能力和实际应用的应变能力;练习形式的变化,可使练习者在不同的状况下,高质量、高数量、高效率地完成某一训练内容和任务。

4. 连续练习法

连续练习法是一种负荷强度较低、负荷时间较长、练习过程不中断的练习方法,重点发展有氧代谢水平。该方法十分强调一次持续运动的负荷时间应该长些,负荷强度适中,平均负荷心率指标应为 130～170 次/min。这是因为机体器官的功能惰性较大,约需运动 3 min 后才能发挥出最高功能水平。因此,为了提高器官的功能水平、有氧工作能力,一次负荷运动的持续时间至少应在 5 min 以上,甚至更长的时间。只有这样,才能最大限度地发展有氧代谢水平及其工作能力。就运动负荷安排特点而言,连续练习法与重复练习法、间歇练习法相比,最明显的不同之处:负荷强度较低,负荷时间较长。该方法常用于一般耐力练习,如较长时间的匀速跑;在非周期项目中巩固某一技术动作和发展专门耐力,如篮球投篮训练中连续作原地起跳投篮练习等。连续练习法的功能:对负荷强度不高但过程细腻的技术动作的条件反射具有独特的作用,有利于该类技术动作技巧化;可使机体运动技能在较长时间的负荷刺激下,产生稳定的训练适应,内脏器官产生适应性的变化;可提高有氧代谢系统的供能能力及该供能状态下有氧运动的强度;可为进一步提高无氧代谢及无氧工作强度奠定坚实的基础。

5. 综合练习法

综合练习法的基本结构因素有每练习站的练习内容、每练习站的运动负荷、练习站的安排顺序、练习站之间的间歇、每练习站循环之间的间歇、练习的站数与循环的遍数。

(1) 各种练习法的综合运用要因人、因时、因任务而异。在采用综合练习法时应注意练习手段、练习量和强度、练习间歇及练习程度的安排,要从实际出发。

(2) 循环练习法是综合练习法的一种形式,是一种根据训练具体任务,建立若干练习站(点)后,练习者按照既定顺序、路线依次完成每练习站(点)任务的周而复始、循环往复进行训练的练习方法。

6. 游戏和比赛法

游戏法是指在身体练习过程中以游戏的方式组织练习的方法。该方法具有竞争性和娱乐性,可充分发挥个人与集体的才智和创造力。在紧张、活泼、愉快的气氛中使身心得到锻炼和发展,提高人们对体育知识、技能的运用能力。在采用游戏法进行练习时,应注意场地环境的要求,按规定和要求进行,以防止运动损伤。

比赛法是指在近似、模拟或真实、严格的比赛条件下,按照比赛的规则和方法,以提高训练质量为目的的练习方法。该方法能最大限度地发挥机体能力,有效地提高身体素质,巩固、提高技术,提高中枢神经系统的协调性和灵活性,培养良好的意志品质和道德作风。

(二) 合理地制订体育锻炼计划

制订计划的目的在于加强锻炼的科学性,便于检查和总结锻炼效果,提高锻炼质量。制订计划时,要结合自己的学习和生活情况,做到有利于调节脑力劳动,提高学习效率,使锻炼与学习互相促进,相得益彰。既要全面锻炼,又要考虑自己的兴趣爱好,发挥个人的特长。因此,需要制订具体的锻炼计划。锻炼计划可分为阶段锻炼计划和每一天锻炼计划两种。

1. 阶段锻炼计划

首先要确定锻炼阶段,通常以一个学期为一个阶段。其次是确定锻炼内容,以《国家体育锻炼标准》为例,感觉比较难合格的项目,应为重点锻炼内容。最后是合理安排运动负荷,当天有体育课可安排小一些,周末则应安排大一些,其他时间以中等运动负荷为主。

2. 每一天锻炼计划

早晨以晨跑、做操为主,活动强度不宜太大。下午课外活动是最好的锻炼时间,可进行比较剧烈的运动,按照阶段锻炼计划确定的内容和强度进行锻炼,运动量以不影响晚自习为原则。每次锻炼必须做好准备活动和整理活动。晚饭后或睡觉前不宜做剧烈运动,可适当散步或进行棋类活动。

3. 自我医务监督

医务监督是为了观察锻炼后的身体状况,以便及时发现问题和及时调整、完善计划。自我医务监督分主观感觉和客观检查两方面。

(1) 主观感觉指自我感觉(精神状态、身体感觉、伤病反应)、睡眠(熟睡程度,是否失眠、多梦)和食欲(良好、正常、减食、厌食)三个方面。如主观感觉不正常,说明锻炼计划不合理,就要调整计划,调整锻炼次数或时间,调整运动负荷。

(2) 客观检查时最简单易行的方法是测定脉搏和体重。脉搏测定一般需测基础脉搏和运动时脉搏。基础脉搏即起床时的晨脉,可在腕部或颈侧颈动脉处进行触诊,以 10 s 为计算单位,连续测定两次,两次测定数值应相同,否则重测,然后换算成 1 min 的脉搏数。如果锻炼安排合理,休息得好,疲劳及时消除,晨脉是相对稳定的;如果运动负荷较高,基础脉搏略有增加也属正常;如果运动负荷过大,基础脉搏增加太多,必须及时调整锻炼计划。运动时脉搏测定,包括在每次运动前、准备活动后、运动中强度最大时、运动结束后测定,同样以 10 s 为计算单位,将测定数值换算成 1 min 的脉搏数,以观察身体机能的变化和运动负荷的大小。体重测定应在每周的同一天、同一时间和同一情况下进行。在一般情况下,锻炼后体重稍有下降,经过适当休息就会恢复。如果体重持续明显下降,说明锻炼安排不合理,必须及时调整。

(三)适宜的运动负荷

运动负荷是指人体在体育锻炼中所承受的生理负荷,它反映出锻炼过程中身体的生理变化。承受不同的运动负荷,身体会出现不同程度的疲劳现象。体育锻炼是在不断与疲劳作斗争的过程中,提高和发展人体机能水平的,但必须清楚疲劳与过度疲劳的生理界限。利用疲劳标准可以检查运动负荷的大小,如表 3-1 所示。

表 3-1 疲劳程度的标志

内 容	轻度疲劳	中度疲劳	非常疲劳	过度疲劳
面色	微红	较红	非常红或明显苍白	苍白、发青
呼吸	稍快	较快	非常快或用嘴呼吸	用嘴喘气、呼吸困难
排汗量	较少	较多	全身汗湿并有盐迹	全身汗湿,出虚汗
注意力	非常集中	比较集中	分散	严重分散
自我感觉	无任何不适感	有点疲劳,一般感觉良好	有不适感、肌肉酸痛	失眠、食欲不振、无力继续运动
动作协调性	动作协调	动作较稳定	动作不稳定、失误增多、反应迟钝	动作明显紊乱
运动负荷	小负荷	中等负荷	大负荷	过度负荷

决定运动负荷的因素有很多,如练习强度、练习时间、练习密度、练习数量等,它们之间密切相关,互相制约,任何一种因素都有可能直接影响运动负荷的大小。

1. 练习时间

练习时间指一次体育锻炼的总时间。在确定练习强度和练习密度后,练习时间持续的长短直接关系到运动负荷的大小。

2. 练习强度

练习强度一般以心率量度作为强度指标。心率与人体内的耗氧量成正比。运动时耗氧越多,心脏跳动越快,而运动负荷越大,机体对氧气的消耗就越多。根据这个规律,练习时以 10 s 心率次数计算,然后换算出 1 min 心率次数,即可知道练习强度的大小。

3. 练习数量

练习数量用次数、重量和距离等表示。它与运动负荷成正比。

4. 练习密度

练习密度指实际练习时间占总练习时间的比例。

调整运动负荷的方法包括:调整练习的重复次数,改变练习时间,改变动作的速度、幅度或强度,改变动作的难度或练习条件,调整练习的距离,调整竞赛因素等。

跑步的好处

跑步是一种健身运动,但对于跑步的好处,很少有人能够对其有全面的了解。跑步的好处有以下十一个方面。

(1) 提高睡眠质量。通过跑步,大脑的供血量、供氧量可以提升25%,夜晚的睡眠质量也会跟着提高。

(2) "通风"作用。在跑步的过程中,肺部的容量从5.8 L上升到6.2 L,同时,血液中氧气的携带量也会大大增加。

(3) "泵"力大增。运动中,心脏跳动的频率和功效都大大提高,心跳、血压和血管壁的弹性也随着升高。

(4) 促进白细胞和热原质的生成。它们能够消除体内很多病毒和细菌。

(5) 促使运动组织更加稳固。经常慢跑练习,肌腱、韧带和关节的抗损伤能力会有所加强,减少运动损伤的概率。同时,皮肤、肌肉和结缔组织也可以变得更加牢固。

(6) 消除紧张感。慢跑可以抑制肾上腺素和皮质醇这两种造成紧张的激素的分泌,同时机体可以释放让人感觉轻松的"内啡呔"。

(7) 保持年轻。经常运动,生长激素HGH的分泌量增多,可以延缓衰老,延年益寿。

(8) 储存能量。通过跑步,肌肉肝糖原的储存量从350 g上升到600 g,同时线粒体的数量也会上升。

(9) 塑形。跑步是减肥、塑形的好方法。通过跑步,女性体内的脂肪含量可以减少12%~20%。

(10) 提高"性"致。有氧运动能提高女性的雌激素、男性的睾丸激素,因此,跑步对提高性生活的质量很有帮助。

(11) 锻炼意志。长期坚持跑步的人,意志品质将得到很大的提高,而且疲劳恢复亦快,能迅速恢复到平静水平。

第四节　健身运动处方

现代运动处方是在20世纪50年代以健康为目的开始研究和应用的。1960年,日本猪饲道夫教授首先使用"运动处方"这一术语,1969年世界卫生组织采用了prescribe exercise(运动处方)这一术语,从而此术语在国际上得到确认。

一、运动处方的概念

处方在医学上是指医生给病人开的药方,世界卫生组织对"运动处方"的概括:对从事体育活动的锻炼者,根据医学检查资料,包括运动实验及体力测试,按其健康、体力及心血管功能状况,结合生活环境条件和运动爱好等个体特点,运用处方的形式规定适当的运动项目、时间及频率,并指出运动中的注意事项,以便有计划地经常性锻炼,达到健身或治病的目的。简单地说,运动处方即用处方的形式规定体疗患者或健身运动参加者的锻炼内容、运动量和运动强度,它是指导人们有目的、有计划、科学锻炼的一种形式。一般运动处方多指以提高心肺功能为主要目的运动处方,但实际上,进行肢体功能锻炼、矫正体操锻炼等也应以处方形式规定锻炼内容及运动量。

二、健身运动处方制订的基本原则

(一) 实事求是原则

制订运动处方要根据个人的情况,制订出符合个人身体客观条件及要求的运动处方。不同的疾病,运动处方不同;同一疾病在不同的病期,运动处方不同;同一个人在不同的功能状态下,运动处方也应有所不同。应该以体力作为制订运动处方的依据,合理安排运动强度和运动量。参与者应该自己把握自己,双方结合才能获得最有效、安全、愉快的处方。

(二) 循序渐进原则

制订运动处方时,要根据不同人的不同情况,将长期目标和短期目标相结合,逐步地使机体适应,保证在安全有效的范围内进行活动。

(三) 区别对待原则

在制订运动处方时,应考虑不同人群的不同特点。每个人的情况不同,他们的运动处方也不会完全相同。要有一定的安全界限和有限界限,体力差别比年龄差别更大。

(四) 全面的原则

健身运动处方应遵循全面身心健康的原则,在运动处方的制订和实施中,应注意维持人体生理和心理的平衡,以达到"全面身心健康"的目的。

三、健身运动处方的内容

健身运动处方包括运动目的、运动项目、运动强度、持续时间、运动频度及注意事项等。

(一) 运动目的

治病、防病、减肥、健身、娱乐及提高运动成绩等。

(二) 运动项目

健身运动处方的运动项目可分为三类:有氧(耐力性)运动、力量性运动及伸展运动和健身操。有氧运动是耐力性的运动项目,如步行、慢跑、游泳、滑冰、跳绳、骑自行车、上下楼梯及操纵室内活动平板(跑台)等。有氧运动是运动处方中最基本、最主要的锻炼方式。力量性运动可以增强肌肉力量、改善神经肌肉协调性、增加关节灵活性。伸展运动和健身操包括广播操、五禽戏、八段锦、太极拳、健身迪斯科、舞蹈及各种医疗体操和矫正体操等,可以用于治疗、预防疾病,又可以用于健身和健美,能有效地消除疲劳、放松神经、改善体形、改善机体的柔韧性。

(三) 运动强度

运动强度是运动处方的核心及制订运动处方中最难执行的部分,是单位时间内完成的运动量,即运动强度=运动量/运动时间,而运动量是运动强度和运动时间的乘积,即运动量=运动强度×运动时间。运动强度可用最大吸氧量、代谢当量(MET)、心率、自感用力度等表示。由于运动强度对锻炼者的机体影响最大,因此,它的安排恰当与否是影响运动处方效果的关键。运动强度与心率基本成正比关系,所以经常用心率作为运动强度的定量指标。而心率在人体运动中与年龄成反比,表 3-2 是根据年龄推算出相应的运动强度(心率)。

表 3-2　根据年龄划分的运动强度　　　　　　　　　单位:次/min

强度	年龄	20～29 岁	30～39 岁	40～49 岁	50～59 岁	60 岁以上
大强度	100%	190	185	175	165	155
	90%	175	170	165	155	145
中等强度	80%	165	165	150	145	135
	70%	150	150	140	135	125
	60%	135	135	130	125	120
小强度	50%	125	125	115	110	110
	40%	110	110	105	100	100

(四) 持续时间

运动持续时间是指每次运动持续多长时间,即运动处方要求运动强度的持续时间。运动持续时间的长短要根据个人资料、医学检查、运动频度的大小等具体条件而定。运动持续时间的长短对锻炼效果有很大影响。

(五) 运动频度

运动处方中,运动频度即每周的运动次数。运动间隔时间过长或过短都会影响运动处方的效果。在运动处方中,运动频度一般由每周锻炼的次数来表示。运动频度的确定取决于运动强度和每次运动的持续时间。一般认为:每周锻炼 3～4 次,即隔一天锻炼一次,这种运动频度的锻炼效率最高。最低的运动频度为每周锻炼 2 次。运动频度更高时,锻炼的效率增加并不多,且有增加运动损伤的倾向。

(六) 注意事项

明确运动的禁忌征或不宜进行运动的特征;进行力量练习时,以不引起明显疼痛为度;力量练习前后应做好准备活动和整理放松运动;运动时要尽量保持正确姿势,按照动作要领正确完成动作;必要时要给予保护和帮助;运动时要循序渐进,量力而行;在运动中损伤或出现运动性疾病时要停止运动。

四、实施健身运动处方

健身运动处方是在指导教师或医生的指导下制订的。它是体育健身的主要依据,运动的形式必须是运动者易接受的,其次,运动处方的制订必须具体、严密,让参加者没有偷懒的机会,同时在实施的过程中要切合实际作出调整,以取得成效。健身运动处方如表 3-3 所示。

表 3-3 健身运动处方

姓名		性别		年龄		指导医生或教师		（签字）	
健康检查	病史及运动史								
	身高/cm			体重/kg			安静脉搏/(次/min)		
	血压	收缩压 舒张压		尿检查		尿蛋白 尿糖		心电图 检查	
体力检查 （12 min 跑）	第一次 第二次			测试日期 月 日 月 日		测试 距离 m m		体力评价等级	
运动处方	体育锻炼 内容	运动强度（脉搏,次/min）				一次运动时间		一周锻炼次数	
		安全界限		效果界限					
	1. 2. 3.								
	百分比运动强度（脉搏数）	最大脉搏数 80%强度 70%强度 60%强度 50%强度 次/min				最大脉搏数计算方法：$b=210-0.8x$（其中，b 为最大脉搏数，x 为年龄） 百分比运动强度脉搏数计算方法：$Q=(b-a)y+a$（其中，Q 为该百分比运动强度脉搏数，b 为最大脉搏数，a 为安静脉搏数，y 为百分比运动强度）			
备注									

青春期健身需要注意的问题

第一，不宜盲目追求运动量。年龄处于青春初期的少年儿童，身体尚未充分发育。在生理方面，肌肉纤瘦、骨骼细嫩、内脏器官不成熟；在心理方面，则是人小心大、自我估计不足。若凭一时冲动或兴趣，骤然进行强度大、负荷重、对抗激烈的大运动量活动，会造成运动损伤，如骨折、肌肉拉伤、关节扭伤等。

第二，不宜缺乏针对性。人体各器官组织的发育都有各自的最佳期，健身锻炼应选择最有针对性的项目。如男性12～15岁（女性11～13岁）是身高的突增期，此时进行球类、游泳、奔跑等伸展性练习，有助于长高。又如男性15～17岁（女性13～15岁）是肌肉迅速增长期，进行体操、负重等力量性练习，有助于强健肌肉。若是过度，健身的效果反而大大降低。

第三，项目不宜单一片面。各种运动项目对青少年健康发育都有优点和不足，应全面锻炼。一般说来，足球运动对下肢和心脏的锻炼效果较好，对上肢和躯干的锻炼效果就差些；进行器械体操运动时，对上肢和躯干锻炼多，对心脏和下肢的锻炼相应较少。因此，根据个人的兴趣爱好特点，以一两项运动为主，辅以多项目的练习，是青少年进行身体锻炼的理想途径。

第四，不宜逆反"生物钟"。人体的兴奋与抑制的生理和心理特征，与人们常说的"生物钟"有关。早晨6时、上午9时和下午4时以后是青少年进行健身锻炼并促进学习效率的最佳运动时间，运动量可根据当时的心理和生理状态自己把握。如果颠倒运动量次序，扰乱"生物钟"，就会使内分泌和生活节奏不协调，于健康发育不利，于学习生活无益。

第五，不宜环境污浊。清静幽雅的运动环境是人体在运动过程中进行"吐故纳新"的良好条件。不注意运动条件和体育卫生的锻炼，会给身体带来危害。如在水泥路等坚硬的场地上运动，吸入雾中混杂的多种化学物质，易引起呼吸系统的疾病和眼角膜炎；在尘土多、空气混浊的环境里运动，会妨碍肺泡的气体交换，造成人体供氧不足。

第六，不宜急起急停。自我控制能力较差，是青少年在进行健身锻炼时存在的主要缺点之一。有的人运动前不做准备活动，有的人在剧烈运动后不做整理活动，甚至在运动后大汗淋漓时，跑进室内后便马上就餐或学习。前者易造成肌肉、关节的拉伤和扭伤，并引起腹痛，后者则会因大脑缺血发生头晕、呕吐甚至昏厥现象。此外，饭前饭后半小时进行剧烈运动有碍消化。

【复习思考题】

1. 健康的概念和标准是什么？怎样理解亚健康状态？
2. 体育锻炼对身心健康有何影响？
3. 什么是体育锻炼？体育锻炼的基本原则与方法是什么？
4. 何谓运动处方？健身运动处方包括哪些？

下 篇
运动技能篇

YUNDONG
JINENGPIAN

第四章 田径运动

> **学习目标**
> 1. 了解田径运动的基本概念、历史和分类;
> 2. 掌握部分田径项目的动作方法。

第一节 田径运动的历史

田径运动是由田赛、径赛、公路赛、竞走和越野赛组成的运动项目。它包括人们走、跑、跳、投等基本活动方式,因此很容易被人们接受和掌握。目前,田径运动是世界上最为普及并易于开展、推广的体育运动项目之一。田径运动以发展和表现人们的体能为主,同时以众多的单个项目的不同技术体现出自身独特的体育技艺。虽然它包括了竞走、各种奔跑、跳跃、投掷及全能等项目,且各个项目都有自己的技术特点,但是人们还是以多年的传统习惯把它们概括起来统称为田径运动。

迄今为止,发现的相关记载着田径运动的最早的史料物品是珍藏在埃及金字塔神庙中的一件前2650多年赛跑动作的石浮雕塑像。据文字记载,每一届古代奥运会都有田径项目的竞赛内容。然而,那时的人们只是把田径运动看成是一种人体技能操练,是提高生存能力的锻炼手段,并且把这项运动放在体操运动中。直到1793年,近代体育的倡导者、德国体操运动的先驱古茨·穆茨在所著的《青年体操》中第一次描述了田径运动部分项目的技术,并且于1804年将田径运动从体操运动中划分出来,分为步行、跑、跳跃、投掷四类。此后,世界各国的学校、军队逐渐把田径运动作为锻炼身体、增强体质的重要内容。

1896年第一届现代奥运会上,在8类运动42个项目的比赛中,田径运动以12个项目,占35%的项目比例确立了其在奥运会的重要位置,以此揭开了现代田径运动发展的序幕。古代奥运会的比赛场地如图4-1所示。对于很多人来说,田径运动代表了奥运会。从诞生"世界飞人"令人窒息的100 m角逐到考验运动员耐力并成就"世界最伟大运动员"的十项全能,男子24个项目,女子20个项目,所有这些项目都需要不同的身体力量和技巧,代表了人类最古老的生存技能和最朴素的精神力量。在1896年第一届现代奥运会中,一位希腊农民赢得了马拉松这项最折磨人的比赛。而1896年注定会成为令人追忆的一年,美国人托马斯·布尔克最终赢得了100 m赛跑,成为第一位"世界飞人"。奥运会男子100 m比赛如图4-2所示。

图 4-1　古代奥运会的比赛场地

图 4-2　奥运会男子 100 m 比赛

之后,田径运动中很多个人和团体的成绩被记录了下来。1932 年洛杉矶奥运会,巴贝·蒂德里克森成为那个时代最伟大的女性,她不仅在洛杉矶奥运会中征服了对手,更是在之后的三届奥运会中打败了所有的对手。1936 年柏林奥运会,杰西·欧文斯夺得四枚金牌。1960 年罗马奥运会,阿贝贝·比吉拉这位埃塞俄比亚人赤着脚震惊了整个田径界,他光脚赢得了马拉松金牌,接着又在 1964 年东京奥运会上再夺冠军。1960 年,威尔玛·鲁道夫克服了小儿麻痹症,赢得三枚奥运会金牌。1964 年东京奥运会,来自美国田纳西州的韦奥米亚·泰厄斯成为全世界跑得最快的女"飞人",4 年之后,她又在墨西哥奥运会上证明了自己的实力。1968 年是迄今为止田径史上伟大的年份之一,那一年总共创造了 10 个世界纪录,30 个奥运会纪录中的 26 个纪录被刷新。两位大学生,唐米·史密斯和约翰·卡洛斯在短跑 200 m 比赛中分别赢得金牌和铜牌,他们在跑道上取得的成就将永久地被留存,因为从这一刻起,黑人在跑道上发出了自己的声音,在领奖台上证明了自己的力量。发明"福斯贝利式跳高"的迪克·福斯贝利革新了跳高技术,背越式跳高沿用至今。鲍勃·比蒙重新定义了跳远,他以惊人的 8.9 m 的成绩刷新了世界纪录,且该纪录保持长达 23 年。1984 年洛杉矶奥运会,一位名叫卡尔·刘易斯的年轻人开始追逐永垂田径史的梦想,他在奥运会中独得四枚金牌,让人仿佛看到了当年的欧文斯。1996 年亚特兰大奥运会,百年奥运见证了迈克尔·约翰逊的创纪录成就,刘易斯也在夺得自己最后一块金牌后,告别了完美的令人难以置信的田径生涯。2004 年雅典奥运会,我国著名田径运动员刘翔在男子组 110 m 跨栏比赛中以 12.91 s 平世界纪录的成绩一举打破我国运动员在国际田径比赛短距离赛场上金牌"零"的纪录。2008 年北京奥运会,我们又一次见证了田径比赛经典的历史时刻,牙买加运动员尤塞恩·博尔特在男子组 100 m 比赛中以惊人的 9.69 s 的成绩第一个冲过终点线,创造了新的世界纪录。男子 100 m 世界纪录历史性地首次被"浓缩"到了 9.70 s 以内。

田径运动是增强人民体质的重要手段之一。经常从事田径运动,能促进机体的新陈代谢,改善与提高内脏器官的机能,全面、有效地发展人的身体素质和运动技能,对其他各项运动技术的发展和成绩的提高都有很好的作用。因此,各项体育运动都把田径运动作为提高身体素质的训练手段。实践证明,许多优秀运动员,特别是球类运动员,都有较高的田径运动能力和素质水平。可见,田径运动是各项运动的基础,是对体育运动的科学总结,正确地反映了各项体育运动之间的内在联系。田径运动的项目较多,锻炼形式多样,场地、设备和器材比较简单,练习时不易受到性别、人数、时间和季节等条件的限制,便于广泛开展。

第二节 田径运动的分类

田径运动可分为田赛和径赛两大类。田赛项目是在专门的场地上进行的以测量高度和丈量距离为单位计算成绩的项目,如跳远、三级跳远、跳高、撑竿跳高、铅球、标枪、铁饼、链球等;径赛项目是在正规跑道或者专用公路上进行的以时间为单位计算成绩的项目,如短跑、中长跑、跨栏跑、竞走、马拉松等。

一、奔跑运动

跑步能磨炼人的意志和毅力,增强韧性和耐心,提高灵敏度,促进人对环境的适应能力。长期坚持运动的人,在完成定量工作时有三大特点:一是行动快;二是潜力大,能发挥最大的机能潜力去完成任务;三是恢复快,疲劳消除快又彻底,能迅速恢复到平静水平。心脏是全身血液供应的总枢纽,是生命的动力。长期坚持跑步,会使心肌强壮有力,蛋白和肌红蛋白量增加。

在 X 射线透视下可以清楚地看到运动员的心脏比一般人大,运动员的心脏外形丰满,搏动有力。一般人心脏容血量为 765～785 mL,而坚持跑步的人心脏容血量可达 1 015～1 027 mL,心跳可比正常人减慢 10～20 次/min,这样就减轻了心脏的工作。另一方面,跑步能增强心脏的耐受力,一般人当心跳超过 100 次/min 时,就会感到头昏、心慌、气喘;而长期跑步的人,可忍受到心跳 150 次/min。骨骼是身体的支架,人体活动的杠杆。处在生长发育期的青少年,坚持跑步能改善血液循环,增加骨细胞营养物质的供应,提高骨细胞的生长能力,从而促进了骨的正常发育。老年人,新陈代谢减弱,肌肉逐渐萎缩,骨骼出现退行性改变,骨与关节疾病也越来越多,坚持跑步能加强新陈代谢,延迟骨骼的退行性改变,预防老年性骨与关节病的发生,从而延缓衰老。

(一) 短跑

短跑是田径运动中距离短、速度快、人体运动器官在大量缺氧的情况下完成的高强度的周期性运动项目。现在国际比赛中常见的短跑项目包括 100 m、女子 100 m 跨栏、男子 110 m 跨栏、200 m、400 m、400 m 跨栏、4×100 m 接力、4×400 m 接力等项目。男子 100 m 世界纪录保持者、牙买加人博尔特如图 4-3 所示。

图 4-3　男子 100 m 世界纪录保持者、牙买加人博尔特

1. 短跑的健身价值

短跑不仅是奥运会中出现的竞技运动项目,而且是具有很高的健身功能的项目。经常进行短距离加速跑,能够提高人体的最大摄氧能力和人体器官在缺氧情况下的工作能力,同时还能发展人的速度、力量、耐力、灵敏性、柔韧性等身体素质,还可以培养练习者的竞争意识、坚韧不拔的拼搏精神。

2. 短跑的动作方法

田径运动中的短跑可以分为起跑、起跑后加速跑、途中跑、终点冲刺跑四个过程。

1) 起跑

起跑如图4-4所示。

图4-4 起跑

短跑项目采用蹲踞式起跑,正式比赛中必须使用起跑器,在一般的教学过程中,更要强调动作的完整性。起跑分为三个步骤:各就各位、预备、鸣枪后的起动。听到"各就各位"口令后,双手撑地,双脚依次一前一后蹲地,后膝跪地,双臂伸直,双手间隔比肩膀宽撑地于起跑线后端,四指并拢和大拇指成"八"字,颈部放松。听到"预备"口令后,缓慢抬起臀部,重心前移,身体重心处于双手和前脚上,后腿的大腿和小腿间夹角大于90°。听到发令枪声后,双手迅速离地,两臂曲肘用力前后摆动,两腿迅速蹬地向前迈步,使身体向前方运动。

2) 起跑后加速跑

起跑后加速跑是指起跑后立即转入加速跑段。运动员身体前倾角度大,两腿快速交互做后蹬与摆动动作。最初2～3步支撑腿应着地于身体重心投影点的下后方,构成较小的后蹬角,使后蹬反作用力大部分用来提高跑速。上体随着步频加快和步幅加大逐渐抬起,同时两臂配合两腿做积极有力的摆动,加快跑速,直至高速转入途中跑。短距离跑时,加速跑段距离为20～25 m;中长距离跑时,为12～15 m。

3) 途中跑

途中跑如图4-5所示。

途中跑是指经起跑、起跑后加速跑转入高速度跑的一段跑程,是全程跑中距离最长的阶段。一般100 m跑项目中,其距离为55～60 m;400 m跑项目中为300～320 m。跑的周期由支撑阶段和腾空阶段组成。支撑腿的有力后蹬,为身体重心快速腾起和摆动腿的充分摆动创造有利的条件。同时摆动腿的快速摆动又能给予后蹬动作以积极的影响。前进时,上体保持正直,或稍

图 4-5 途中跑

前倾,两臂做前后摆动,配合腿部动作,保持跑动中的平衡。短跑的途中跑表现为明显的快速并富有力感;中长跑则表现为自然、协调,富有节奏感。

4) 终点冲刺跑

终点冲刺跑如图 4-6 所示。

图 4-6 终点冲刺跑

终点冲刺跑指全程跑中最后一个跑程,包括终点跑和撞线技术两部分。跑进中运动员应尽全部力量,加强后蹬力和加快摆腿与摆臂的速度,在离终点线前约 1 m 距离,上体迅速前倾以胸部或肩部撞线,并顺势跑过终点。

3. 学习短跑的方法和手段

(1) 小步跑,前脚掌落地,双手积极摆动,踝关节放松进行 30 m 来回跑练习,这样可以提高踝关节的支撑能力。

(2) 高抬腿跑,双腿高抬到水平位置以上,双手配合上肢积极摆动以保持重心在前面,前脚掌落地进行 30 m 练习,这样可以提高抬腿能力进而使步幅变大。

(3) 蹲踞式起跑各种听信号练习,提高反应能力。

(4) 起跑后的加速跑练习,距离 30 m,注意双手的摆动和双腿的协调。控制好重心的变化。可以提高起跑的加速能力。

(5) 跨步跑练习,跑的过程中大腿尽量抬起,使身体在空中腾起并保持一段距离,后腿伸直。距离 60～100 m。

(6)沙坑收腹跳练习,20～30次/组,4～6组练习。原地跳起后双腿收到腹部位置最佳。提高腹部肌肉收缩能力进而在短跑过程中可以最大限度地确保上肢和下肢的协调和用力过程。

4. 进行短跑练习时的注意事项

(1)一定要做好充分的准备活动,包括活动上下肢韧带、颈关节、肩关节、髋关节、膝关节、踝关节等。

(2)短跑练习应该在塑胶跑道上进行,不要在水泥地面上进行练习,以免踝关节受伤。

(3)进行短跑练习时一定要预先设定好训练目标,这里主要是指距离的设定,由进而远,这样练习者的运动强度逐渐提高,可以最大限度地避免出现受伤的情况。

(二)中长跑

中长跑是一项需要速度和耐力的综合性运动项目。一般把800～10 000 m跑步统称为中长跑项目。王军霞、曲云霞领衔的中国最优秀的一代长跑运动员如图4-7所示。

图4-7 王军霞、曲云霞领衔的中国最优秀的一代长跑运动员

1. 中长跑的健身价值

中长跑属体能类运动,是发展耐力的项目,是长时间的连续的肌肉活动。长期进行中长跑锻炼,能增强与提高心血管系统、呼吸系统、消化系统和神经系统等的功能,并有助于培养坚定的意志,顽强的斗志,塑造完善的个性心理特征。

坚持中长跑锻炼能提高心血管系统功能,促进血液循环,使心脏、血管系统发达。平常人安静时的摄氧量为200～300 mL/min,长跑时为3 000～5 000 mL/min;长期坚持中长跑锻炼的人,其最大摄氧量能获得明显的改善,且心跳次数增加,增加由心脏送出的血液量,从而使输送到身体各个器官的氧量大大增加,各个器官的工作质量自然大大提高。另外中长跑会加速血液循环,使冠状动脉有足够的血液供给心肌,从而预防各种心脏病。下肢的运动,促使静脉血流回心脏,预防静脉内血栓形成。身体对长期中长跑发生的适应性改变可改善新陈代谢,降低血脂和胆固醇水平,有利于控制体重。

坚持中长跑锻炼能提高呼吸系统功能。长期进行中长跑锻炼使肺功能变强,增大肺活量。进行规律性的长期中长跑可发达肺部呼吸肌,使每次换气量变大,肺功能增强。平常人换气量为60～120 L/min,经常中长跑者为100～150 L/min。

坚持中长跑锻炼能提高消化系统功能。中长跑使人情绪饱满乐观,有助于增进食欲,加强消化功能,促进营养吸收。

坚持中长跑锻炼能增加肌肉的强度。长期中长跑可增强肺部呼吸肌、心脏肌肉、颈部肌肉、胸腔肌肉、手臂肌及腰部、臀部、大腿、小腿、足部等处的肌肉,使各处肌肉不易堆积乳酸或二氧化碳等代谢物。

坚持中长跑锻炼能增加关节柔软度及强化骨骼。长期中长跑可提高各关节的强度和韧带的柔软度,并增加骨骼的强度、密度,避免人到老年患退化性骨质疏松症。

坚持中长跑锻炼有利于防病治病。中长跑使血液循环加快,对排泄系统中有害物质起到清洗作用,从而使有害物质难以在体内停留和扩散。

2. 中长跑的动作方法

(1) 基本动作的控制。跑步时一定要放松、协调。跑步过程中,头要正、肩部肌肉要放松、适当加大摆臂、维持出色的前倾角,脚的着地应用全脚掌着地、屈膝缓冲过渡到前脚掌蹬地,腿部的后蹬和前摆要充分合理,腾空动作协调放松、上体姿势正确、摆臂动作舒展有力以维持好上体平衡。

(2) 呼吸节奏的控制。中长跑过程中,人体消耗能量大,对氧气的需要量也大。因此,掌握正确的呼吸方法是很重要的。为了加大肺通气量,呼吸时要注意加大呼吸深度。呼吸时采用口、鼻同时进行呼吸的方法,注意嘴不要张太大,否则吸入冷气后肚子痛。呼吸节奏应和跑步节奏相配合,一般采用两步一呼、两步一吸,或者三步一呼、三步一吸(就是向前跑三个单步,一直保持吸气,再跑三个单步,一直呼气)。

3. 学习中长跑的方法和手段

(1) 根据个人情况设定跑的距离(1 000～3 000 m)或时间(5～10 min)。

(2) 走、跑交替进行,弯道走直道跑。

(3) 变速跑(400 m 匀速跑＋100 m 慢跑＋400 m 匀速跑＋100 m 慢跑,反复交替进行练习)。可以学会掌握自己的跑步节奏,得以更好地控制自己的步频。

(4) 定向越野跑(从一个起点到达另外一个目的地)。

4. 进行中长跑练习时的注意事项

(1) 要尽量选择塑胶的场地,不要在很坚硬的水泥地面上跑步。上坡跑时,利用前脚掌着地,上体稍前倾,步幅稍小些,加强后蹬;下坡时,上体稍后仰,脚跟先着地,然后过渡到全腿掌,并要随时注意安全,不要随惯性猛跑,以免发生危险。

(2) 不要穿硬底鞋,尽量穿底子较软、较厚的鞋,最好穿胶鞋或富有弹性的跑鞋。

(3) 跑步的姿势要科学、合理。脚着地时应避免脚跟先着地,应该用前脚掌着地,充分发挥足弓的弹性,以利于作好缓冲动作,减小着地时的阻力。腿的后蹬要舒展,脚落地时要利用好缓冲力量,不要太猛。这样跑起来人感到两脚轻巧而富有弹性,还可以减轻膝的负担,避免伤痛。

(4) 跑步时,鞋带不宜系得太紧,否则会妨碍脚部的血液循环。经常用热水泡脚,能降低下肢脚部肌肉的黏滞性,增强关节韧带的弹性和伸展度,也可防止发生伤痛。养成勤洗脚的卫生习惯也能对脚进行保健。

(5) 在训练过程中,应该先做准备活动,再穿钉鞋,这样可以减少受伤的概率。

(三) 跨栏跑

我国著名跨栏跑运动员刘翔在男子 110 m 跨栏比赛中如图 4-8 所示。

跨栏跑起源于英国,由牧羊人跨越羊圈栅栏的游戏演变而来。跨栏跑最早使用的栏架是掩埋在地面上的木支架或栅栏,1900 年出现可移动的倒 T 形栏架。1935 年有人将 T 形栏架改成

图 4-8　刘翔在男子 110 m 跨栏比赛中

L 形栏架，L 形栏架支脚的另一端朝向运动员的跑进方向，稍加阻力即可向前翻倒，减轻了运动员过栏时的恐惧心理。奥运会比赛项目分男子 110 m 跨栏跑、400 m 跨栏跑（1896 年列入）；女子 100 m 跨栏跑（1932 年列入，当时为 80 m 跨栏跑，1972 年改为 100 m 跨栏跑）、400 m 跨栏跑（1984 年列入）。男子 110 m 跨栏跑的栏高为 106 cm，400 m 跨栏跑的栏高为 91.4 cm；女子 100 m 跨栏跑的栏高为 84 cm，400 m 跨栏跑的栏高为 76.2 cm。比赛时，运动员必须跨越 10 个栏架，除故意用手推或用脚踢倒栏架外，身体其他部位碰倒栏架不算犯规。

（四）接力跑

以博尔特领衔的牙买加队在男子 4×100 m 接力比赛中如图 4-9 所示。

图 4-9　以博尔特领衔的牙买加队在男子 4×100 m 接力比赛中

接力跑是田径运动中唯一的集体项目，以队为单位，每队 4 人，每人跑相同距离。其起源有多种说法，有的认为起源于古代奥运会祭祀仪式中的火炬传递，有的认为与非洲盛行的"搬运木料"或"搬运水坛"游戏有关，也有的认为是从传递信件文书的邮递演变而来。

奥运会比赛项目分男、女 4×100 m 接力跑和 4×400 m 接力跑。1908 年第 4 届奥运会首次设立接力项目，但 4 名运动员所跑距离不等。1912 年第 5 届奥运会改设 4×100 m 接力跑和 4×400 m 接力跑。女子 4×100 m 接力跑和 4×400 m 接力跑分别于 1928 年、1972 年被列入奥运会比赛项目。接力跑运动员必须持棒跑完各自规定的距离，并且必须在 20 m 的接力区内完成传接棒。

（五）障碍跑

障碍跑于19世纪在英国兴起，最初在野外进行，跨越的障碍是树枝、河沟，各障碍间的距离也长短不一，19世纪中叶开始在跑道上进行。有的研究报告指出，19世纪时障碍跑的距离不统一，具有很大的随意性，短的440码，长的可达3英里。1900年第2届奥运会首次设立障碍跑，分2 500 m和4 000 m两个项目。从1904年第3届奥运会起，障碍跑的距离确定为3 000 m，并沿用至今。女子障碍跑开展很晚，国际田联1997年才开始推广。障碍跑全程必须跨越35次障碍，其中包括7次水池。障碍架高91.1～91.7 cm，宽3.96 m，重80～100 kg。400 m的跑道可摆放5个障碍架，各障碍架的间距为80 m。运动员可跨越障碍架，也可踏上障碍架再跳下，或者用手撑越。

（六）马拉松

马拉松原为希腊的一个地名。公元前490年，希腊军队在马拉松平原击退波斯军队的入侵。传令兵菲迪皮德斯从马拉松跑到雅典城，在报告胜利的消息后，因体力衰竭倒地而亡。1896年举行首届现代奥运会时，顾拜旦采纳了历史学家布莱尔以这一史事设立一个比赛项目的建议，并定名为"马拉松"。比赛沿用当年菲迪皮德斯所跑的路线，距离约为40 km。此后十几年，马拉松跑的距离一直保持在40 km左右。1908年第4届奥运会在伦敦举行时，为方便英国王室人员观看马拉松赛，特意将起点设在温莎宫的阳台下，终点设在奥林匹克运动场内，起点到终点的距离经丈量为26英里385码，折合成42.195 km。国际田联后来将该距离确定为马拉松跑的标准距离。女子马拉松运动开展较晚，1984年才被列入第23届奥运会。1896年首届现代奥运会后，马拉松赛在世界各地广泛举行，美国从1897年起举行波士顿马拉松赛，至2000年已举办了104届，成为世界上历史最悠久的马拉松赛。马拉松在公路上举行，可采用起、终点在同一地点的往返路线或起、终点不在同一地点的单程路线。比赛时，沿途必须摆放标有已跑距离的公里牌，并要每隔5 km设一个饮料站提供饮料，两个饮料站之间设一个用水站，提供饮水或用水。赛前需经身体健康检查，合格者方可报名参加比赛。因比赛路线、条件差异较大，故国际田联不设世界纪录，只公布世界最好成绩。

（七）竞走

竞走起源于英国。19世纪初，英国出现步行比赛的活动。19世纪末，部分欧洲国家盛行从一个城市到另一个城市的竞走旅行。1866年英国业余体育俱乐部举行首次冠军赛，距离为7英里。竞走分场地竞走和公路竞走两种。场地竞走设世界纪录；公路竞走因路面起伏等不可控因素较多，成绩可比性差，故仅设世界最好成绩。竞走运动的运动员行进时，两脚必须与地面保持不间断接触，不准同时腾空，着地的支撑腿膝关节应有一瞬间的伸直，不得弯曲。比赛时，运动员出现同时腾空或膝关节弯曲，均给予严重警告，受3次严重警告即取消比赛资格。竞走于1908年首次被列入奥运会，当时的距离是3 500 m和10英里。此后几届奥运会距离有所不同，有过3 000 m、10 km等，从1956年奥运会起距离定为20 km。女子竞走于1992年才被列入奥运会，距离为10 km，2000年奥运会将距离改为20 km。

二、跳跃运动

跳跃运动也是一种良好的健身方法。经常进行跳跃性锻炼，可使体内器官得到保健性振荡按摩，从而增进身体健康，增强体质，提高运动素质水平。重复持续练习跳跃动作，使人体承担一定的运动负荷，有利于提高身体机能水平、平衡能力，发展协调用力和灵敏素质。

（一）跳远

跳远如图 4-10 所示。

图 4-10　跳远

跳远又称急行跳远，由助跑、起跳、腾空和落地这四个动作组成。运动员沿直线助跑(30~50 m)，在起跳板前沿线后用单脚起跳，经过身体腾空阶段，然后用双脚在沙坑落地。起跳腿在起跳板上要经历放脚、缓冲、蹬伸三个阶段。在起跳腿蹬离地面的同时，摆动臂和摆动腿要协调配合做摆动动作，其要领是抬头、挺胸、提肩、拔腰。空中姿势一般分为蹲踞式、挺身式、走步式三种。无论采用哪种空中姿势，双腿在起跳离地的瞬间都有一个跨步姿势的"腾空步"动作。蹲踞式空中姿势要求在落地前，尽量将双腿提至胸前并高举落地。

1. 跳远运动的健身价值

跳远是人们常见的田径比赛项目之一，不管是在奥运会赛场还是在高校的田径比赛中都是必不可少的比赛项目。虽然跳远的竞技性比较强，但是跳远也有很高的健身价值。经常练习跳远可以有效地提高短距离的速度能力、爆发力及下肢的力量，还可以提高上下肢的协调能力及心脏和心血管功能。

2. 跳远运动的动作方法

1) 蹲踞式跳远的动作方法

蹲踞式跳远是最常见的跳远方式，包括以下四个技术环节：助跑，放松自然，逐渐加速，最后几步加大步频，步点准确；起跳，起跳脚踏上起跳标志后，蹬伸用力起跳快，摆臂摆腿配合快；腾空，腾空步后，起跳腿向前上方提举，身体呈团身蹲踞姿势；落地，两腿前伸落沙坑，屈膝缓冲安全着地。

2) 挺身式跳远的动作方法

挺身式跳远是技术环节较多的复杂跳远技术动作。其技术要领是单腿起跳进入腾空步后，摆动腿的膝关节伸展，小腿自然由向前、向下到向后方而成弧形摆动，此时留在体后的起跳腿与后摆腿靠拢，挺胸展髋，成展体姿势。快落地时，双脚、双手向身体前方合拢落地。

3) 立定跳远的动作方法

立定跳远不受场地限制，很容易掌握技术动作，在大学生中容易普及和开展。立定跳远的动作方法：两腿自然分开与肩同宽站立，两膝弯曲成半蹲姿势，上肢前倾，双手前后预摆 2~3 次后，集中全身力量依靠双手的带动由静止状态起跳，腾空后收腹，收腿后双脚落地。

3. 学习跳远的方法和手段

(1) 原地徒手跳跃练习：就是不用任何器械进行原地向上连续重复练习跳的动作。例如，直腿跳，从深蹲开始摆臂蹬地向上跳起，下落缓冲还原到深蹲，如此反复练习 5~10 次/组，每周练习 2~3 次；收腹跳，从半蹲开始摆臂跳起收腿收腹，下落还原后，再连续重复练习，每周 2 次，每次练 3 组，每组 10~20 个，对腹部减肥很有效；原地跳起旋转练习，从半蹲开始摆臂跳起旋转 90°~360°，下落还原后再重复练习，每周 2 次，每次 5~10 个，对提高人体平衡协调能力十分有效。还有原地单脚跳、交替腿跳、抱膝跳、拍手跳等练习方法。应在较松软的地上练习，如沙地、草地比较好，练习后要注意放松按、摩小腿部位，防止小腿受损，影响健康。

(2) 行进间跳跃练习：有双腿连跳（又称为蛙跳）、单腿向前连跳、交替腿向前跨跳等练习，都是在行进中练习跳跃。这种练习一般固定练习距离，通常取 10~30 m，连续重复练习，每周

1~2次,每次2~3组,可以达到健身效果。

(3) 立定跳远练习:就是原地两脚蹬地,同时摆臂向前猛力一跳的练习。这种方法可以重复数次练习,一般重复3~10次。立定跳远水平可以用来评价自己的弹跳能力、腿部力量、协调能力。

(4) 负重跳跃练习:在身体上附加一定重量的物质,如沙袋,进行原地或行进间的连续跳跃练习。这种练习增加了运动的难度和负荷,对锻炼身体有良好作用,但要根据自己身体条件,灵活掌握练习的次数和时间。

(5) 跳绳练习:利用前脚掌支撑来完成跳绳动作。有单人跳、双人跳、多人跳、单脚跳、双脚跳、交叉跳等多种跳绳方法。对锻炼身体、提高身体机能、改善协调能力都有良好作用。练习安排应根据自身条件而定,每次练习10~20 min,灵活掌握练习的运动量,以使身体感到疲劳为度,可以提高踝关节的支撑能力。

4. 练习跳远时的注意事项

(1) 由于跳远练习通常是在高速度、高强度的情况下完成动作,所以在练习前一定要做好充分的准备活动,以免受伤。

(2) 进行练习前及时检查跳远沙坑和起跳板。

(3) 练习起跳动作时,速度不易过快,以掌握动作为主。

(4) 练习腾空动作时,一定要注意把重心控制在身体偏后方而不能太靠前,否则容易造成头和上肢先着地而受伤。

(二) 跳高

跳高如图4-11所示。

图 4-11 跳高

跳高是人体通过快节奏的助跑、单脚起跳、越过横杆落地等动作组成,以越过横杆上缘的高度来计算成绩的比赛项目。在田径运动各个项目中,跳高是技术比较突出的一个项目。1800年,跳高就是苏格兰高地运动会的比赛项目之一;1864年,在第一届"牛津-剑桥运动会"上首次出现了"跨越式"跳高的方法。1896年第1届现代奥运会上男子跳高被设为正式比赛项目;1928年第9届奥运会上,女子跳高也被设为正式比赛项目。经过长期的实践,跳高技术在实践—认识—再实践—再认识过程中不断发展,跳高姿势也经历了跨越式—剪式—滚式—俯卧式—背越式的演变过程。

1. 跳高的健身价值

跳高虽然也是奥运会和正式比赛中常见的竞技性项目,但是它也具有很高的健身价值。与跳远类似,经常练习跳高能有效地提高上下肢肌肉的协调能力,极大提高下肢的力量,改善人体的灵活性、协调性和神经系统的支配能力,培养勇敢、果断、勇于挑战等优良品质和积极进取、拼搏到底的精神。

2. 跳高的动作方法

就运动形式而言,跳高是一项克服垂直障碍的运动项目。在跳高动作的历史演变中有很多的跳高姿势,下面主要以跨越式跳高、背越式跳高为主来进行叙述。

1) 跨越式跳高

跨越式跳高是跳高过杆技术中最早采用和最简易的。从侧面直线助跑,用离杆较远的腿起跳。腾空后,摆动腿越过横杆后内旋下压,两臂稍后摆,使臀部迅速移过横杆,同时上体前倾并向横杆方向扭转,接着起跳腿高抬外旋,完成过杆动作。过杆后身体立对横杆,用摆动腿先着地。

2) 背越式跳高

背越式跳高的助跑步数为8~12步,前段跑直线,后段跑弧线,用离横杆较远的腿起跳。起跳离地后,保持伸展姿势向上腾起,并在摆动腿及其同侧手臂的带动下,加速身体围绕纵轴旋转,使身体背对横杆。当头、肩越过横杆后,及时仰头、倒肩、展体、挺胸,并稍向后收双腿,形成杆上背弓姿势,同时身体重心尽量靠近横杆,以充分利用腾空高度。当身体重心移过横杆后,应加速向上甩腿越过横杆。过杆后以背部落垫。

3. 练习跳高的方法和手段

1) 跨越式跳高的方法和手段

(1) 垂直起跳后空中转体90°单手摸高。

(2) 助跑后起跳摸高练习。

(3) 助跑3~5步跨越横杆练习,由低到高逐渐提高高度。

(4) 全程助跑完成起跳、跨越横杆练习,设定固定高度。

2) 背越式跳高的方法和手段

(1) 弧线助跑踩步点练习,掌握和控制好起跳点。

(2) 原地跳起后摆腿转体练习。

(3) 垫子上挺髋背弓练习,是背越式跳高的核心动作练习。

(4) 助跑3~5步背越式过杆练习。

(5) 全程助跑完成起跳、背越过杆练习。

4. 学习跳高时的注意事项

(1) 检查跳高场地和器材。

(2) 在进行跳高练习前做好充分的准备活动。

(3) 大学生在初次练习跳高时,一定要先掌握助跑动作,再进行过杆练习,最后才能进行完整动作练习。

(4) 在练习跳高时,安排同学或者老师在场地边辅导和协助,并观察动作的完整性。

三、投掷运动

投掷运动是田径运动的重要组成部分,是人体通过运动自身的力量将手中的规定器械进行投射,并且尽可能获得最大远度的运动项目。它是以力量为基础,以速度和爆发力为核心的项目。常见的投掷项目非常多，如铅球、铁饼、标枪、链球、前抛(后抛)实心球等，它们都有同样的运动节奏：准备阶段(手持规定器械和做好准备姿势)、预备阶段(助跑、滑步、旋转等)、结束阶段(利用全身的力量和规范的动作将规定的器械投掷出去)。为了与高校体育课内容及大学生体育基础相结合，本节主要以前抛(后抛)实心球、推铅球、掷铁饼为主来叙述。

(一)前抛和后抛实心球

1. 前抛实心球的动作方法

(1)持球阶段：十指自然分开，两手的食指、中指、无名指和小指放球两侧，将球夹住，视手大小而定，两拇指成"八"字。

(2)预备阶段：两腿前后开立，左右脚间距离以自己感觉舒适为宜，前脚掌离起掷线20~30 cm，两手自然持球。

(3)准备抛球阶段：整个身体后挺，尤其上身形成反背弓，双手持球位置位于头顶上方，双臂屈成大约90°，后腿微屈，重心落在后脚，前脚可伸直利用前脚尖点地，临近出手瞬间，上身继续加大反背弓深度，同时双臂后拉。

(4)抛球动作：首先后腿用力蹬地，然后急振用力收腹、收胸，以胸带动大臂发力，大臂带小臂，最后拨手腕和手指将球抛出，整个身体和手臂进行自下而上的鞭打动作。抛球出手时要注意角度，一般为高出水平面约30°。

2. 后抛实心球的动作方法

(1)持球阶段：握球的方法是两手十指自然分开把球放在两手掌，两手的食指、中指、无名指和小指放在球的两侧将球夹持(男生两食指接触，女生两食指间距离为1~2 cm)，两大拇指紧扣在球的后上方成"八"字，以保持球的稳定。握球后，两手自然下垂于身体前下方，这样可以节省力量，利于预摆时增大摆动幅度。握球和持球时应注意：球应握稳，两臂肌肉放松；在完成动作过程中能控制好球并有利于充分发挥两臂、手指和手腕的力量。

(2)预备阶段：两脚前后开立，前脚掌离起掷线20~30 cm，前后脚距离约一脚掌，左右脚距离半脚掌，后脚脚跟稍微离地，两手持球自然，身体肌肉放松，重心落在两脚中间偏前，眼睛看前下方。

(3)预摆阶段：预摆是为最后用力提高实心球的初速度创造良好条件，预摆次数因人而定，一般是1~2次，当最后一次预摆时，球依次从身体前下方经过胸前至头后上方，加快球的摆速，此时上体后仰，身体形成反弓形，同时吸气。

(4)最后用力：最后用力是投掷实心球的主要环节，动作是否正确直接影响球的初速度及抛球角度。最后用力动作：当预摆结束时，两手握球用力积极从头后上方向身体前上方前摆，此时的动作特点是蹬腿、送髋、腰腹急振用力，两臂用力前摆并向前拨指和腕，旨在提高手臂的鞭打速度。

图 4-12　推铅球

(二)推铅球

推铅球如图4-12所示。

1. 原地背向推铅球的动作方法

背对投掷方向,躯干和肩带向右转,上体前倾(根据腿部力量而定),重心在右腿上,左臂和左肩前伸并稍向内扣。滑步前先做一两次预摆,预摆时左腿自然弯曲,大腿用力平稳并向上摆起,右腿伸直,上体前屈。左臂微屈前伸或下垂并稍向内,头与背保持一条直线。高姿势持球后,背对投掷方向,站在投掷圈内靠近后沿处,两脚前后站立,相距20~30 cm,右脚尖靠近投掷圈内沿(脚也可稍向内转),左腿在后并自然弯曲以前脚掌或脚尖着地,上体正直放松,左臂自然上举,重心落在伸直的右腿上。低姿势持球后,背对投掷方向,站在投掷圈内靠近后沿处,两脚前后站立,相距50~60 cm(根据身高和下蹲的程度而定)。左脚在后,以前脚掌或脚尖着地,右脚尖贴近投掷圈(脚也可稍内转)。左臂自然下垂,左肩稍向内扣,两腿弯曲,上体前屈。预备投掷2~3次后将球投出去完成动作。

2. 滑步式推铅球的动作方法

背对投掷方向,单手持球并将球贴近颈部,高姿站立,左腿向投掷区摆到一定的高度后,在回收过程中,右腿逐渐弯曲,降低重心。当左腿回收到接近右腿时,完成屈膝团身,待身体稳定后,立即开始作滑步动作,动作熟练后可作连续滑步。持较轻铅球滑步:教学实践中,学生虽然已初步掌握徒手滑步的技术,但是持球后往往由于负荷了一定重量,较难完成滑步。为了保证动作的协调,刚开始持球滑步时,可用较轻的铅球,以后逐渐增加重量。滑步推铅球:滑步推铅球是在初步掌握了滑步和最后用力的基础上进行的。最后用力滑步结束时,右脚比左脚先着地。右脚着地后,右腿积极蹬伸,推动右髋向投掷方向转动。上体在转动中逐渐抬起,同时躯干的肌群积极收缩。左臂和左肩高于右肩,铅球尽可能保持较低位置,大部分体重仍在弯曲而压紧的右腿上。右腿蹬伸,进一步将右髋向投掷方向送出,右臂迅速而有力地将球推出。铅球快出手时,手腕稍向内转同时屈腕,快速而有力地推球,使铅球从手指离开。

(三)掷铁饼

掷铁饼如图 4-13 所示。

图 4-13　掷铁饼

铁饼运动起源于前12—前8世纪古希腊人投掷石片活动。前708年第18届古代奥运会将掷铁饼列为五项全能项目之一。铁饼最初为盘形石块,后逐渐采用铜、铁等金属制作。现代奥运会史上,曾有过双手掷铁饼的比赛项目(左手+右手)。掷铁饼技术经历过原地投、侧向原地投、侧向旋转投、背向旋转投的发展过程。铁饼可用木料或其他适宜材料制作,男子铁饼重2 kg,直径22 cm;女子铁饼重1 kg,直径18.1 cm。比赛时,运动员要在直径2.50 m的圈内将铁饼掷出,铁饼落在40°的角度线内方为有效。男、女铁饼分别于1896年和1928年被列为奥运会比赛项目。

(四)练习投掷运动的方法和手段

1. 身体素质练习

(1) 仰卧在斜度为56°～60°的凳子上,头在低端,头后负杠铃片或其他重物做仰卧起坐。
(2) 轻重量杠铃负重屈腕。
(3) 肩负中等重量杠铃半蹲起或跳起。
(4) 杠铃挺举时做大幅度弓箭步动作。
(5) 肩负杠铃向前屈体。
(6) 跳跃练习,负重(穿沙衣或扛沙袋)五级蛙跳。
(7) 背部肌肉练习。
(8) 快速卧推杠铃片。
(9) 向斜上方推举杠铃。

2. 技术练习

(1) 徒手或持实心球,做原地推球练习,主要体会正确的发力顺序。
(2) 用轻铅球(练习速度)、超重铅球(练技术力量)做练习。
(3) 负轻杠铃做侧向的"蹬、转、送"练习。
(4) 左脚支撑在跳箱盖侧向原地推铅球,发展右腿的蹬伸力量和改进蹬、转技术。
(5) 右脚支撑在跳箱盖上推铅球,强化左腿蹬伸力量。
(6) 推拨球技术练习。向下、前、上蹬腿推拨球。
(7) 髋部发力练习。两脚左右开立与肩同宽,双手平持大杠铃片尽量向右转,重心在弯曲的右腿上,右腿蹬地转送髋,使右髋先于右肩快速向前转动。
(8) 在圈内用轻于、等于、重于标准重量的铅球进行完整技术练习。

(五)练习投掷项目时的注意事项

(1) 投掷练习禁止在人群较多的地方进行,以免发生伤害事故,最好在老师或同学的帮忙下在专门的场地进行练习。
(2) 投掷练习前做好充分的准备活动,特别是手臂、肩关节、髋关节一定要活动开,以免拉伤肌肉。
(3) 为了提高大学生对投掷项目的兴趣,可以多人进行"投准"或"投远"练习。

【复习思考题】

1. 概括田径运动发展的历史。
2. 短跑的特点是什么?短跑的健身价值体现在哪些地方?进行短跑锻炼可以提高哪些身体素质?
3. 大学生进行中长跑练习有哪些作用和影响?进行中长跑练习时应当注意哪些事项?
4. 背越式跳高的技术动作有哪些?如何提高背越式跳高的成绩?
5. 投掷铅球有哪两种基本投掷方法?对这两种投掷方法进行比较分析。

第五章　球类运动（一）

> **学习目标**
> 1. 了解篮球、足球、排球运动的起源和发展；
> 2. 掌握篮球、足球、排球运动的基本技术；
> 3. 能够将篮球、足球、排球运动的基本战术应用于实践。

第一节　篮　球

一、篮球运动概述

篮球运动起源于美国，最初是美国马萨诸塞州斯普林菲尔德基督教青年会训练学校体育教师奈史密斯在体育馆内组织学生进行的游戏。

1936 年第 11 届奥运会，篮球被列为正式比赛项目。自 1992 年巴塞罗那奥运会开始，职业选手可以参加奥运会篮球比赛。奥运会的篮球比赛采用上、下半场各 20 min 的赛制。如果打平，进行 5 min 的加时赛。奥运会篮球比赛的三分线距离篮圈的垂直距离为 6.25 m。

新中国成立后，篮球运动在我国得到了蓬勃发展。我国的篮球运动形成了"积极、主动、快速、灵活、全面、准确"的发展方向，技术水平有了很大的提高。在现代篮球运动中，美国的篮球运动发展得最快，美国篮球职业联赛（NBA）代表了世界的最高水准。我国的篮球运动以中国篮球职业联赛（CBA）的水平最高，同时涌现出了姚明、易建联、巴特尔、刘玉栋等一批优秀的球员。而中国大学生篮球联赛（CUBA）则丰富了广大大学生的业余生活，为热爱篮球运动的学子提供了一个展现自我的舞台。

二、篮球的基本技术

（一）移动

移动是在篮球比赛中为了争取攻守主动权所采用的各种脚步动作的总称。移动的基本目标就是攻守双方努力争取时间上、位置上和空间上的优势。随着运动水平的不断提高，篮球运动对移动质量的要求逐渐升级，移动成为评价篮球意识的重要组成部分之一。

1. 基本站立姿势

移动是队员在比赛中为了改变位置、方向、速度和争取高度所采用的各种脚步动作的统称。队员在球场上需要保持一个既稳定又便于移动的站立姿势，以利于迅速、协调去完成各种攻守技术。走、跑、滑、转，主要是由前脚掌内侧蹬地、碾地动作来完成的。跨步急停则是用前脚的根部先着地,用力加以制动,然后上步控制重心,维持身体平衡。动作完成后,要迅速恢复基本站立姿势,以便转换下一个动作。走、跑、滑、转的共性为:①脚掌用力蹬地、碾地;②膝关节保持弯曲;③要保证身体各部分协调用力。

2. 分类

移动主要包括基本姿势、起动、跑(加速跑、直线跑、曲线跑、变向跑、变速跑、侧身跑、后退跑等)、跳(单脚跳、双脚跳、原地跳、助跑跳等)、急停(跳步急停、跨步急停等)、转身(前转身、后转身)、防守步(平滑步、斜滑步、上下滑步、滑步结合交叉步、追步)等。

3. 主要方法及特点

(1) 基本姿势:做好随时向各个方向迅速起动的准备。与日常个人习惯的突然起动前的准备姿势没有太大的区别。

(2) 起动:突然加速。面对防守者向两边的侧前方突然起动时,最好能在起动前有虚晃的动作,让对手无法判断自己的起动时机与移动路线,更好地摆脱对手的纠缠。

(3) 跑:跑的种类很多,篮球场上的各种跑与通常的跑区别不大,关键是要随时注意场上的球、对手、队友等的情况变化,突然、及时地出现在最需要、最合适的位置。

(4) 跳:主要指向各个方向的助跑及原地起跳等。与通常的跳跃不同的是:篮球场上需要随时随地能向各个方向(前、后、左、右、上)跳起及连续跳跃的能力,并且这些起跳往往是在对手的干扰、对抗和破坏下完成的。

(5) 急停:分为跨步急停和跳步急停。持球急停时,要控制好身体重心、明确中枢脚,以防止由于重心不稳或变换中枢脚而造成走步违例。

(二) 传、接球

传接球技术是篮球比赛中队员之间有目的地传球的方法。它穿针引线般把各项技术、各个队员连为一体,是比赛中运用最多的一项技术。

传接球的好坏,直接影响着战术质量的高低。比赛中为了给同伴创造有力的得分机会,队员之间要组织各种战术配合。但这些配合,不管设计得多么巧妙,如果没有及时地传接球,都将前功尽弃。当今篮球运动员普遍身材高大,移动能力强,控制范围广,各队普遍重视防守,特别是在加强了攻击性防守的情况下,给传接球造成了极大的困难,同时也促进了传接球技术向更高水平发展。纵观国内外高水平的篮球比赛,不少运动员,特别是一些球星的助攻妙传,不仅在比赛中发挥了重要作用,而且具有很高的观赏性。

1. 传球

采用何种方式传球取决于实际情况,方式虽然不同,但有几点是一致的:所有的传球都是用手指完成的,而不是用手掌;为控制球的速度、方向,手指应该尽可能地张开(但不能太僵硬),手腕要有弹性。

(1) 持球:双手自然分开,两拇指相对成"八"字,用指根以上部位握住球的两侧后下方,手心空出,两臂弯曲,肘关节下垂,持球于胸前。

(2) (双手)击地传球:通常用来将球从防守队友张开的手臂下传出。双手击地传球的技术要领与从胸前传球一样,只是球传出时手指向下用力,使球碰地板反弹后,到达接球队友的腰部位置,如图 5-1 所示。

(3) (双手)头上传球:经常看到在篮球比赛中抢到篮板球的队员用这种方式将球传给位于

远处前场有利位置的队友。双手头上传球可以越过防守队员,并且可以传得很远。双手从球的两侧面持球(手指尖朝上),置于头顶,肘部微屈,向传球方向跨一步的同时手腕向后转,球移至脑后,将球向前抛出,手腕向下转发力,如图5-2所示。

图5-1　击地传球　　　　　　　　　图5-2　头上传球

（4）单手肩上传球：篮球中常用的中远距离传球方法。单手肩上传球,用力大,球飞行速度快,利于抢到篮板球后迅速组织快攻。单手肩上传球与双手胸前传球的持球手法相同。两脚平行开立,右手传球时,左脚向传球的方向或侧前方跨出半步,同时将球引至右肩上,左手扶球,右手持球的后下方,上臂和地面近乎平行,手腕后屈,重心在后腿上。传球时,在右脚蹬地的同时,转腰、转肩带动右肘向前摆臂,当右肘绕过体侧时,前臂加速前摆,并迅速向前扣腕,食指、中指、无名指拨球,将球传出,如图5-3所示。

图5-3　单手肩上传球

（5）双手胸前传球：两手的五指自然分开,握在球的外侧后方,两拇指相对成"八"字,用指根以上部位触球,手心空出,两肘自然弯曲于体侧,将球置于胸前位置,两腿微屈,上体前倾。传球时,后腿蹬地、身体重心前移的同时,前肘迅速向传球方向伸直,手腕由下向上转动,再由内向外翻动,进行急促的抖腕,食指和中指用力弹拨,将球传出,如图5-4所示。球出手后迅速调整身体成基本站立姿势。

（6）单手体侧传球：单手体侧传球的握球和持球手法同于双手胸前传球。以右手传球为例,两脚开立,两腿微屈,双手持球于胸前。传球时,左脚向左侧跨出一步,右手引球至身体右侧,出球的一刹那,右手拇指向上,手心向前,手腕后屈,前臂前摆,急促用力扣腕,食指、中指、无名指用力拨球。

图 5-4　双手胸前传球

2. 接球

篮球的接球技术是传接球的重要部分。接球有双手接球和单手接球两种。双手接球的优点是握球比较牢、稳，易于转换其他动作；单手接球的优点是控制的范围大，能接不同方向的来球。单手接球不如双手接球牢、稳，因此一般情况下应尽量用双手接球。

（1）双手接球：双手接胸以上高度来球时，用灵活的脚步调整好位置，手臂自然放松地向前伸出迎球，肘关节微屈，身体稍向前，当手指触及球时，把球接稳；如果来球高度较低，要及时上步，以屈膝来调整位置。

（2）单手接球：单手接球范围大，能接不同方向和位置的来球，有利于快速进攻，但是没有双手接球牢靠。在原地右手接球时，两眼注视来球，右手伸向来球方向，五指自然张开，掌心正对来球，手腕、手指放松。当手指触球时，顺球的来势迅速收臂，置球于身体前方或体侧，左手迅速扶球，保持身体平衡。

（3）双手接反弹球：接球时，迎球跨步，上体前倾，十指自然分开，眼睛注视来球方向，两臂向前方伸出迎球，掌心斜对来球的反弹方向，十指放松自然张开，手触球后，两手握球，顺势将球移至胸腹之间，保持身体平衡，如图 5-5 所示。

图 5-5　双手接反弹球

（三）投篮

投篮是进攻队员为了将球投入篮筐而采用的各种专门动作方法的总称，是篮球运动的主要进攻技术，是得分的唯一手段。投篮得分的多少决定一场比赛的胜负。战术的运用都是为了创造更多、更好的投篮机会，想取得比赛的胜利，就必须正确和熟练地掌握投篮技术，提高投篮命中率。

1. 双手胸前投篮

依照双手持球手法，置球于胸前，肘关节自然下垂，两脚自然开立，两膝微屈，略微降低身体重心于两脚之间。投篮时，用力应该自下而上，首先是下肢蹬地发力，带动身体重心向上方伸展。同时，双臂向前上方伸出，前臂内旋，拇指下压，手腕前屈，食指、中指拨球，通过手指、手腕的快速抖动，球从指端自然产生向后的旋转，如图5-6所示。

图5-6 双手胸前投篮

2. 原地单手肩上投篮

以右手为例，依照单手持球的手法，由准备姿势开始，右手持球于肩膀的前上方，左手辅助在球的左侧，右臂屈肘，上臂与地面接近平行，两脚自然开立，重心稍降落在两脚之间。投篮时，下肢蹬地发力，带动身体向上方伸展，右臂向前上方伸出，同时左手自然撤离球，右手的手腕顺势前屈，手指拨球，使球通过指端后产生自然向后的旋转。球离手时，身体及手臂随投篮出手方向自然伸展，如图5-7所示。

图5-7 原地单手肩上投篮

3. 行进中单手高手投篮

以右手投篮为例，在跑动中跨右脚的同时接球，左脚跨出一小步并用力向上起跳，右腿屈膝上提，双手向前上方举球，当身体接近最高点时，辅助手离球，投篮臂充分向球篮方向伸手腕并前屈，用食、中指力量柔和地将球投出，球出手后，落地屈膝缓冲，如图5-8所示。动作要点：一跨二跳举球高，指腕柔和用力巧。

4. 跳投

跳投的好处是不像原地投篮那样容易被对手封盖。青少年选手如果因为腿、手臂、肩部及背部的肌肉力量不足而做不好跳投，可以暂时放弃，否则因力量不足而造成的错误动作会影响

图 5-8 行进中单手高手投篮

自信心,致使日后力量达到要求后也难以获得理想的跳投技术。

跳投的技术要领:双手持球,非投篮手置于球侧方,投篮手置于球的后部,双膝微屈,双手持球从胸部上移到眼睛上方,然后双脚向上弹跳;跳起时,屈肘(前臂向后),手腕也向后翻;跳至最高点时,前臂前伸,手腕向前扣将球投出,随球动作要充分,眼睛要始终盯住篮筐。

(1)运球急停跳投:运球过程中及时降低重心,用跨步急停,持球屈膝跳起投篮,投篮出手动作同原地单手肩上投篮,如图 5-9 所示。

图 5-9 运球急停跳投

(2)接球急停跳投:移动中跳起腾空接球后,两腿同时或先后落地,两膝弯曲,迅速跳起投篮,投篮出手动作同原起单手肩上投篮,如图 5-10 所示。

图 5-10 接球急停跳投

(四)运球

持球队员在原地或移动中,用单手连续拍按从地面反弹起来的球称为运球。运球是篮球比赛中个人进攻的重要技术。它不仅是个人攻击的有力手段,而且是组织全队进攻战术配合的桥梁。有目的的运球可以突破防守、发动进攻、调整位置、寻找有利时机进行传球和投篮,是进攻紧逼、人盯人防守的有力武器;盲目的运球会贻误战机,造成被动局面。

1. 运球动作

运球动作是由身体姿势、手臂动作、球的落点、手脚协调配合四个环节组成的。

(1)身体姿势:运球时应保持两脚前后自然开立,两膝微屈,上体稍前倾,头抬起,眼睛平视。非运球手臂屈肘平抬,用于保护球。脚步动作的幅度和下肢各关节的屈度随运球速度和高度的不同而有所变化。

(2)手臂动作:运球时,五指张开,用手指的指根以上部位及手掌的外缘触球,掌心不触球。低运球时,主要以腕关节为轴,用手腕、手指的力量运球;身前高运球和变向高运球时,主要以肘关节为轴,用前臂和手腕、手指的力量运球;体侧或侧后的提拉式高运球主要以肩关节为轴,用上臂、前臂、手腕、手指的力量运球。拍按球时,手应随球上下迎送,尽量延长控制球的时间,这样有利于保护球和根据场上情况改变动作。

(3)球的落点:运球时应控制球的落点,使球完全保持在自己所能控制的范围内,以便随时利用自己的上体、臂、腿来保护球,而且也要便于技术运用。例如,运球向前推进无防守时,球的落点应控制在身体的侧前方,并根据推进速度保持适当距离。在对手紧逼防守时,应使球远离对手,采用侧对防守的运球方法,将球的落点控制在身体的侧后方,以便更好地保护球和及时抓住战机变换运球方法,突破防守。

(4)手脚协调配合:运球时既要使移动速度和运球速度协调一致,又要保持合理的动作节奏。保持脚步动作和手部动作协调一致,其关键在于拍按球的部位、落点的选择和力量大小的运用。脚步移动越快,拍按球的部位越靠后下方,落点越远,拍按球及反弹起来的力量越大。运球时,手拍按球的动作和脚步动作要保持一定的比例关系和节奏。直线运球,一般拍一次球跑两步。

2. 运球技术动作方法

(1)高运球:运球时,球反弹的高度在腰、胸之间的运球。它是在没有防守队员阻挠情况下,为了加快向前推进的速度或在进攻中调整进攻速度和攻击位置时所采用的一种运球方法。动作方法:上体稍前倾,抬头看前方,以肘关节为轴,用手拍按球的后上方,把球的落点控制在身体侧前方。手脚协调配合,使球有节奏地向前运行,如图5-11所示。

图5-11 高运球

(2) 低运球：运球时，球反弹的高度在膝关节以下的运球。当受到对手紧逼或接近防守队员时，常采用这种运球方法保护球和摆脱防守。动作方法：两膝迅速弯曲，重心降低，抬头看前方，上体前倾，靠近防守队员一侧用上体和腿保护球。同时，用手腕、手指力量短促地拍按球，以便更好地控制球和摆脱防守，继续前进，如图5-12所示。

图5-12 低运球

(3) 运球急停急起：运球时利用速度的突然变化来摆脱防守的一种方法。多用在对手防守较紧的情况下，在快速运球中突然停止前进，迫使防守队员被动减速停住，趁其重心不稳时，再突然加速起动运球，摆脱防守，如图5-13所示。

图5-13 运球急停急起

(4) 体前变向换手运球：运球队员利用突然改变运球方向来突破防守的一种运球方法。这种方法多在对手堵截运球前进路线时运用。动作方法：以运球队员右手运球向对手右侧突破为例，先向对手左侧快速运球，当对手向左侧移动堵截时，运球队员突然变向，用右手拍按球的右侧后上方，并靠近身体向左侧送球，使球落在身体的左侧前方反弹，右脚迅速向左侧前方跨出，上体左转并前倾探肩，换手拍按球的后上方，加速运球，突破防守，如图5-14所示。

图5-14 体前变向换手运球

(5) 运球转身：运球队员被防守堵截运球的一侧并且距离对手较近时，运用后转身改变运球方法，借以突破防守的一种方法。动作方法：以右手运球为例，运球转身时，侧对防守，左脚在前做中枢脚,将球控制在身体右侧,右手按球的右侧上方,随着后转身右脚蹬地后撤的同时,将球拉向身体后侧方落地反弹,即换左手运球,从对手的右侧突破。

3. 运球技术的运用

运用运球技术时,应根据场上的具体情况,因时因地机动灵活地进行。一般在下列情况下可以运用运球技术。

(1) 快攻中,当前面无防守队员时,可快速运球上篮。

(2) 二攻一、三攻二时,可运用运球吸引防守,再传球给无人防守的队员进行攻击。

(3) 当同伴被对方严密防守不能传球时,可以运用运球寻找传球机会或突破上篮。

(4) 在组织和发动快攻而又无法将球传给快攻队员或接应队员时,可运用运球突破对手的封堵。

(5) 当对手移动较差或对方犯规总次数已达7次、个人犯规4次,可运用运球突破打法,杀伤对手。

(6) 在阵地进攻中,当对方扩大防区时,可运用运球压缩对手防区,创造中、远距离投篮机会;当进攻位置不好时,可运用运球调整位置,寻找配合机会;当对方采取紧逼防守时,可应用运球突破,打乱对方的防守部署;在采用控制球战术时,可运用运球拖延时间。

(五) 持球突破

持球突破是持球队员运用合理的脚步动作与运球技术,快速超越防守队员的一项攻击性很强的进攻技术。在比赛中,及时地把握突破时机,合理地运用突破技术,是直接切入篮下得分的重要手段。持球突破还可打乱对方的防御部署,为同伴创造更多更好的投篮机会。突破若能巧妙地与投篮、传球等结合运用,使突破技术灵活多变,就能更好地发挥突破技术的攻击力。持球突破技术是由蹬跨、转体探肩、推按球和加速四个环节组成的。

1. 持球突破技术

(1) 蹬跨:队员在突破前,两脚左右开立,略宽于肩,屈膝降低身体重心,重心落在两脚之间,两脚踵稍提起。双手持球于胸腹之间,注意保护球。突破时,用虚晃或瞄篮等假动作吸引对手,用移动脚前掌内侧蹬地的同时,中枢脚用力碾地,上体前倾并转体,重心前移,以带动移动脚迅速向突破方向跨出。跨出的第一步要稍大,以缩小后蹬腿与地面所成的角度,增加后蹬力量,争取第一步就接近甚至超越对手。第一步落地后,膝关节要保持弯曲,脚尖指向突破方向,以便第二步蹬地加速。

(2) 转体探肩:在蹬地跨步、上体前移的同时,转体探肩,使身体重心继续前移,加快突破速度,同时占据空间有利位置和保护球。

(3) 推按球:在蹬跨、转体探肩的同时,将球由体前推引至远离防守队员一侧,并在中枢脚离地前推按球离手,球落于跨出脚前的外侧,用远离对手一侧的手运球,使球反弹高度在腰膝之间。

(4) 加速:在完成上述动作后,已获得起动的初速度,这时中枢脚要积极、有力地蹬地,加速超越对手。

2. 持球突破技术的动作方法

(1) 原地持球交叉步突破:这种突破方法的优点是跨步后与防守队员接触面较小,能更好地利用跨步抢位保护球。以右脚做中枢脚从防守队员左侧突破为例。突破时,左脚向左侧前方迈出一小步,把防守队员引向自己左侧的同时,用左脚前掌内侧迅速蹬地,向右侧前方跨一大步,上体稍右转,左肩向前下压,重心向右前方移动,将球推引至右侧,用右手推按球于左脚右侧前方,接着右脚蹬地加速超越对手。

(2) 原地持球同侧步突破:这种方法也称顺步突破,其优点是突破时起动突然,初速度快,但球暴露较多,容易被对手将球打掉。以左脚做中枢脚从防守队员左侧突破为例。突破时,上体积极前倾的同时,右脚迅速向右前方跨一大步,同时上体右转,左肩积极下压。左脚内侧用力蹬地,在左脚离地前,用右手推按球于右脚外侧前方,然后左脚迅速跨步抢位,加速运球超越对手。

(3) 行进间突破:在同伴传球的配合下,利用突然移动中的接球急停,抢占或主动制造有利位置,然后结合运用持球突破进行攻击的一种方法。其优点是突然性和攻击性都较原地持球突破强。在快速移动中,看到同伴传来的球,应迅速向来球方向伸臂迎球,同时用一脚(侧向移动时用异侧脚)蹬地,两脚稍离地腾起,向侧方或前方跃出接球,制造与防守队员的位置差,两脚先后或同时落地。落地后,屈膝降重心,保持身体平衡并注意保护好球。根据防守队员的位置和情况,迅速选择交叉步或同侧步突破。

(4) 转身突破。后转身突破:以左脚做中枢脚为例,背向球篮站立,两脚平行或前后开立,两膝弯曲,重心降低,双手持球于腹前;突破时,以左脚为轴后转身,右脚向右侧后方跨步,脚尖指向侧后方,上体后转并压右肩;右手向右脚前方推按球,左脚内侧迅速蹬地,向球篮方向跨出,换左手运球突破防守。前转身突破:以左脚做中枢脚为例,突破前的准备动作与后转身突破相同;突破时,重心移至左脚,右脚前脚掌内侧蹬地,左脚为轴碾地,右脚随着前转身而向球篮跨步时,上体左转并压左肩;右手向右脚侧前方推按球,球离手后左脚蹬地,向前跨出突破对手。

3. 持球突破技术的运用

(1) 应根据对手在防守距离、位置、步法、身体重心控制等方面出现的漏洞,抓住时机进行突破。

(2) 运用持球突破要与投篮、传球、假动作等技术结合,善于调动对手,制造和利用突破时机。

(3) 突破前要观察了解双方队员在场上的位置,正确选择突破方向。既要考虑个人攻击,也要注意配合。遇有意外阻挠,应及时变换动作。

(4) 根据本队进攻战术的需要或为了扭转场上被动的局面,可有目的地利用持球突破打乱对方防御部署,创造良好的攻击机会。

(5) 根据对手情况,有意识地攻击薄弱环节,在局部地区形成一对一局面,利用持球突破攻击防守能力较差或犯规较多的对手。

(六) 防守

防守是防守队员合理运用脚步、身体和手臂的动作限制和破坏对手的进攻意图和行动,造成对方失误,并以争夺控球权为目的的一种基本技术。一个球队防守体系的形成,必须建立在个人防守技术的基础上。攻守快速转换,防守面积的扩大,"以防球为主、球、人、区三位一体"防守原则的运用,对进攻队进行紧逼、夹击等防守战术的普遍采用,给个人防守提出了更高的要求。因此,必须重视防守技术的教学与训练,加强防守意识的培养,提高个人防守的能力,促进全队防守技术、战术水平的提高。防守战术基础配合是指在篮球竞赛中,两三个防守队员之间所采用的协同防守配合的方法,有抢过配合、穿过防守、交换配合、夹击配合、补防配合、"关门"配合及围守中锋。

1. 防守无球队员

防守无球队员(见图5-15)的基本要求如下。

(1)抢占有利的防守位置,注意人球兼顾。对离球和球篮近的对手防守要紧,对远离球和球篮的对手可适当放松。

(2)防止对手摆脱,当对手向篮下切入时,要积极堵截其移动路线,切断其接球路线。

(3)在必要时,应及时果断地进行协防、补防,或与相邻的同伴组织夹击和"关门",积极干扰、阻截对手的进攻。

(4)不让对手在限制区及附近范围内接球。

图5-15 防守无球队员

2. 防守有球队员

防守有球队员(见图5-16)的基本要求如下。

(1)要站在对手与球篮之间的有利位置上。

(2)比赛中迅速摸清对手的主要技术特点,以便采取有针对性的防守策略。如对手中远距离投篮较准,则应紧逼,以防投篮为主;如对手善于突破,则应保持适当距离,以防突破为主。

(3)当对手运球停球后,应及时迎上严密防守,并和同伴伺机进行夹击。

图5-16 防守有球队员

(七)抢篮板球

抢篮板球是指投篮不中后,双方争夺从篮板或篮圈上反弹球的技术,包括抢占内线有利位置、判断球的落点、起跳、空中抢球和得球后动作等,是篮球比赛攻防战术的重要组成部分。抢篮板球是攻守转换的重要手段,是争夺控球权的重要方式,对比赛胜负有直接的影响。

三、篮球基本战术

(一) 篮球战术概念

篮球战术是比赛中队员所运用的攻守方法的总称,是队员个人技术的合理运用和队员相互协同配合的组织形式。其目的是个人能够合理地运用和更好地发挥技术水平,取得协同配合、整体作战的效应,力争比赛的主动和最后获得胜利。

(二) 攻防的基础配合

攻防的基础配合是组成全队整体攻防战术的主要基础,它是由两三个队员组成的一种简单配合。

(1) 传切配合:进攻队员之间利用传球和切入技术组成的简单配合。对进攻人盯人防守、区域紧逼及联防等均有较好效果。

(2) 突分配合:进攻队员利用持球或运球技术吸引防守队员"关门""补位"等,从而打乱防守阵势,给同伴创造无人防守机会,及时将球传给同伴的简单配合。

(3) 掩护配合:习惯称之为"挡人",是进攻队员有目的地选择适当的位置,用身体挡住对方的去路,使同伴能摆脱防守并获得进攻机会的一种配合。掩护配合一般有前掩护、侧掩护、后掩护和反掩护。

(4) 策应配合:处于内线的队员背对或侧对球篮接球,以他为"枢纽",与外线队员的空切相配合而形成的一种里应外合的进攻方法。

(三) 防守的基础配合

防守基础配合是两三名队员在防守中运用协同防守配合的方法,它包括挤过、穿过、绕过、交换防守、"关门"、夹击、补防等防守配合,是组成全队防守战术的基础。

(1) 交换配合:防守队员相互交换看守自己的对手所采用的一种配合方法。

(2) 穿过配合:当对方进行掩护时,防守去做掩护的队员,在对方即将到达掩护位置时后撤一步,让同伴由自己的身前穿过去。这种配合一般在对方运球掩护、无球队员之间掩护等无投篮威胁的情况下运用。

(3) 绕过配合:当对方进行掩护时,防守去做掩护的队员,在对方即将到达掩护位置时,适当贴近自己的对手让同伴由自己的身后绕过去,一般在对方无投篮威胁时运用。

(4) 挤过配合:挤过是破坏对方掩护的有效方法之一,一般在紧逼防守或对方有投篮威胁时运用。

(5) "关门"配合:当进攻队员运球突破时,防守队员及其邻近的同伴,向突破队员靠拢,形成一道封闭防线,像两扇门一样关闭起来,堵住运球突破者的路线。一般在区域联防或缩小人盯人防守时运用。

(6) 补防配合:在同伴漏人后,两三名防守队员之间进行补漏交换的配合方法,补漏一定要与交换有机地联系在一起。

(7) 夹击配合:一种主动的、有攻击性的防守配合。运用夹击在局部地区以多防少,其他地区以少防多,通过对球的争夺,争取控制球权。夹击的目的是迫使对方传球失误,断球反击;或者是造成对方持球 5 s、球回后场等违例。

（四）快攻与防守快攻

1. 快攻

快攻是由防守转入进攻时，以最快的速度、最短的时间在人数上造成以多打少的优势，或者在人数相等及人数少于对方的情况下，趁对方立足未稳，果断而合理地进行攻击的一种进攻战术。实践证明，由防守转入进攻时，积极创造快攻战机，充分发挥快攻威力，能给对方很大的压力，并能争取主动，达到较好的进攻效果。

（1）发动快攻时机：抢到防守篮板球时发动快攻；抢球、打球、断球、获球时发动快攻；掷界外球时发动快攻；跳球、获球后发动快攻。

（2）快攻战术的形成和组织结构。快攻的形式分为长传快攻、短传快攻和运球突破快攻三种。长传快攻是队员在后场获球后，立即把球传给迅速摆脱对方进行偷袭的同伴的一种配合，是由一两个进攻队员利用自己奔跑的速度和同伴长传球的速度超越防守来完成的。短传快攻是队员在防守中获球后，立即以快速的奔跑和短促的传接球迫近对方篮下进行攻篮的一种配合。短传快攻虽然在速度上比长传快攻慢，参加的人数多，但比长传快攻配合灵活而且变化多。运球突破快攻：在防守中获球后，在不便于传球的情况下，应快速运球推进，创造或寻找配合机会，以提高快攻的速度和威力。这是一种个人攻击在快攻中的积极行动，在推进时，运球和传球要密切配合。注意防止盲目的个人运球，以免影响快攻战术的质量。

2. 防守快攻

防守快攻是由攻转守的刹那间，快速抢占有利的防守位置，利用强有力的个人防守行动和配合，以限制对手的速度、破坏对方攻击，使对方转入阵地进攻的一种防守战术。防守快攻最根本的方法是提高本队进攻的成功率，减少对方发动进攻的机会，减少不必要的失误，组织拼抢篮板球，以利于本队部署防守。防守快攻战术是一个有机的整体，必须根据快攻攻势的展开，有针对性地去防守，力求延缓对方进攻的速度，打乱对方进攻的节奏，推迟对方进攻攻击时间，以利于本队迅速组织阵地防守。

3. 区域联防

篮球区域联防是由进攻转为防守时，防守队员迅速退回后场，每个队员分工负责防守一定的区域，严密防守进入该区域的球和进攻队员，并与同伴协同防守，用一定的队形把每个防守区域有机地联系起来而组成的防守战术。它的特点是在每个人防守一定区域的基础上，随着球的转移和进攻队员的穿插移动而不断地调整防守的位置和队形（简称为球动人动，人随球动），重点防守有球区域和篮下。这种防守战术的位置固定，分工明确，重点突出，有利于保护篮下、组织后场篮板球和发动快攻。但由于受区域分工的限制，各种联防都存在一定的薄弱区域，容易被对方在局部区域以多打少。

依据防守队员的站位形式，常把区域联防分为 2-1-2 联防、2-3 联防、3-2 联防、1-3-1 联防及对位联防等几种，其中 2-1-2 联防是最基本的区域联防。

4. 半场人盯人

半场人盯人防守战术，是在篮球比赛中由进攻转入防守时，全队有组织地迅速退回后场，在半场范围内进行盯人防守的一种全队战术，它是篮球运动中各种防守战术的基础。从运用的角度看，它能有效地控制对手，制约对手的特长，并能根据对方的配合范围和攻击的侧重点，及时调整防守位置和配备防守力量。因此，它是一种攻击性较强的防守战术。

中国大学生篮球联赛

中国大学生篮球联赛(CUBA)在中国体育史上是第一个面向高校、面向社会,以培养高素质、高水平篮球后备人才为目标,采取社会化、产业化模式运作的大学生专项运动联赛。从1998—2011年,CUBA 已经成功举办了 13 届。

CUBA 的开始,为高校打开了一扇展示形象的窗口,为大学生精英提供了一个释放活力的舞台,也为有篮球梦想的少年铺就了一块进入大学殿堂的跳板,更为社会带来了更加时尚、多元素的篮球文化。

CUBA 蓬勃开展以来,始终立足于"培养人才,以教育为本,淡化功利,强调篮球运动的重要功能——团队精神",这有利于培养学生的竞争意识、合作精神和坚强毅力。与此同时,中国大学生篮球联赛的开展,对于参赛高校及全国其他高校来说,都将产生积极且深远的影响,进一步拓展了高校素质教育的空间,形成了良好的契机。

【复习思考题】

1. 篮球的基本战术有哪些?
2. 简述篮球单手肩上投篮动作要领。
3. 结合自身的情况谈一谈如何提高篮球技术水平。

第二节 足 球

一、足球运动概述

足球运动是一项古老的体育活动。它最早起源于我国古代的一种球类游戏"蹴鞠",后来经阿拉伯人传到欧洲,发展成现代足球。所以说,足球的故乡在中国。据说,希腊人和罗马人在中世纪以前就已经从事一种类似足球的游戏了。他们在一个长方形场地上,将球放在中间的白线上,用脚把球踢滚到对方场地上,当时称这种游戏为"哈巴斯托姆"。现代足球的起源地是英国。19 世纪初叶,足球运动在当时欧洲及拉美一些国家,特别是在英国已经相当盛行。直到 1848 年,足球运动的第一个文字形式的规则"剑桥规则"诞生了。

所谓的"剑桥规则",即在 19 世纪早期的英国伦敦,牛津大学和剑桥大学之间进行足球比赛时制订的规则。因为当时学校里每套宿舍住有 10 个学生和 1 位教师,因此他们就以每方 11 人进行宿舍与宿舍之间的足球比赛,现在的 11 人足球比赛就是从那时开始的。1863 年 10 月 26 日,英国足球协会在英伦召开了现代足球史上十分重要的会议,草拟了比赛规程,但有些条文与现在的规则相去甚远。

二、足球的基本技术

(一) 踢球

踢球是指运动员有目的地用脚把球击向预定目标的技术。踢球是足球技术中最重要的技术,主要用于传球和射门。踢球的方法有脚内侧踢球、脚背正面踢球、脚背内侧踢球、脚背外侧踢球、脚尖踢球和脚跟踢球等。

1. 脚内侧踢球

脚内侧踢球又称脚弓踢球,是足球比赛中运用较多的踢球技术,由于脚内侧接触球的面积大,容易控制出球的方向,故准确性较强。常用于近距离的传球和射门,以及"二过一"的战术配合。

动作要领:踢球时,支撑脚踏在球的侧后方 15 cm 左右处,膝盖稍弯曲,踢球脚稍向后提起,膝盖外转,脚尖稍翘起,前摆时小腿加速,脚迅速外转 90°,脚掌与地面平行,脚腕要用力,用脚内侧(踝骨下面、跟骨前面)触球的后中部,将球向正前方踢出,如图 5-17 所示。

图 5-17　脚内侧踢球

(1) 向左传球时,传球脚内侧对正出球方向,由右向左侧摆,用推送或敲击动作将球传出。向右传球时,以支撑脚前脚掌为轴,身体向右扭转,使传球脚内侧对正出球方向推送球。空中球直接传递时,大腿在踢球前先抬起,小腿拖在后面,脚内侧对正出球方向,利用小腿摆动平敲球的中部。

(2) 如要踢出低球或高球,可触球的中上部或中下部。初学者在练习脚内侧踢球时,往往容易出现踢球腿膝部外转不够、脚尖没有跷起或脚部过度放松,未能用脚内侧的正确部位触球,踢球腿过分紧张而导致动作变形等不良动作。这样往往会使踢出的球方向不准,力量掌握不好,或者应用小腿加速前摆踢球变成了直腿扫球。因而在练习中要特别注意动作的正确性。

2. 脚背正面踢球

在足球踢球技术中,脚背正面踢球是用脚背正面的楔骨和跖骨的末端构成部位触球的一种踢球方法。此踢法力量大,但出球方向单一,出球的性能变化较少。比赛中,常用脚背正面踢定位球、空中球、反弹球及倒钩球等。

动作要领:踢定位球时,最后一大步稍大并积极着地,支撑脚踩在球的侧方 12～15 cm 处,脚尖正对出球方向,膝关节微屈,两臂自然张开,如图 5-18 所示。

(1) 使用脚背正面踢球,踢球腿的摆幅一定要大,摆速要快,踢球的力量要大。确定以上因素,踢出的球的性能变化就会很小。脚背正面踢出的球,出球方向比较单一。在足球场上,脚背正面踢球技术被使用得很多,大部分用于传球等。

(2) 使用脚背正面踢球,脚尖正对出球方向,膝关节微屈,踢球腿在支撑脚前跨和助跑的最后一步蹬高地面时,顺势向右摆起,小腿屈曲。在支撑脚着地的同时,以髋关节为轴,大腿带动小腿由后向前摆,当膝盖摆至接近球正上方的刹那,小腿做爆发式前摆,脚背绷直,脚趾扣紧,以脚背的正面击球的后中部,踢球腿随球继续提膝前摆。

图 5-18　脚背正面踢球

3. 脚背内侧踢球

在足球踢球技术中,脚背内侧踢球技术比较常用,它是用脚背内侧的几个楔骨、趾骨末端部位接触球的一种踢球方法。脚背内侧踢球技术运用广泛的原因是踢球腿的摆幅大,摆速快,踢球的力量大,助跑方向、支撑脚选位灵活性较大,出球方向的变化幅度较大。因此,脚背内侧踢球技术可踢出平直球、远距离弧线球等,也便于转身踢球。

动作要领:使用脚背内侧踢球技术踢定位球时,斜线助跑,助跑方向与出球方向成45°。支撑脚以脚掌外沿积极着地,踏在球的侧后方 20~25 cm 处,屈膝,支撑脚脚尖指向出球方向,身体稍向支撑脚一侧倾斜,如图 5-19 所示。

(1) 在支撑脚着地的同时踢球腿以髋关节为轴,大腿带动小腿由后向前摆,当身体转向出球方向,膝盖摆到接近球的内侧正上方的刹那,小腿做爆发式前摆,脚尖稍向外转,脚面绷直,脚趾扣紧,脚尖指向斜下方,以脚背内侧踢球的后中部(踢高球时,击球的中下部),踢球腿随球继续前摆。

(2) 使用脚背内侧踢球时,很多学生喜欢让支撑脚的位置偏后,这样会导致踢球时上体后仰,进而把球踢高。同时,在踢球的时候,脚尖外转不够,接触部位不正确。

图 5-19　脚背内侧踢球

4. 脚背外侧踢球

脚背外侧踢球是用脚背外侧部位接触球的踢球方法。它除具备脚背正面踢球的特点外,还有踢球时脚腕灵活性较大和摆腿方向变化较多等优点,它是踢各种距离弧线球和弹拨、削球的主要方法。

动作要领:踢定位球(平直球)时,助跑、支撑脚的位置和踢球腿的摆动,基本与脚背正面踢球相同,只是用脚背外侧接触球;在踢球腿的膝盖摆到接近球的正上方的刹那,小腿做爆发式前摆,膝盖和脚尖内转,脚面绷直,脚趾扣紧,以脚背外侧部位踢球的后中部,踢球腿随球继续前摆,如图 5-20 所示。

图 5-20 脚背外侧踢球

5. 脚尖踢球

脚尖踢球是用脚尖部位接触球的踢球方法。踢球腿的摆幅大,摆速快,踢球的着力点集中,出球快而有力,但因脚尖与球的接触面小,出球的准确性较差。

基本动作要领:脚尖踢球与脚背正面踢球动作大致相同,支撑脚踏在球的侧后方;击球时,脚尖翘起,趾踝关节紧张用力并保持稳固以脚尖击球的后中部,如图 5-21 所示。

图 5-21 脚尖踢球

(二)接(停)球

接球方式是指运动员有目的地用身体的合理部位把运行中的球接下来,控制在所需要的范围内,以便更好地衔接下一个技术动作。接球是为下一个动作服务的,接球质量的好坏直接影响下一个动作能否顺利完成。比赛中来球性质、状态不同,所以接球应根据不同情况,采用不同的动作方法。

接球方式有很多种,常用的有脚内侧、脚背正面、脚背外侧、脚底、大腿、腹部、胸部、头部等部位的接球。接球可以用脚的内侧(脚弓)部分去接膝盖以下较低的球,如果球比较高,则可以用大腿或胸部来停球。接球的时候,脚、腿和胸的力道要准确,最好是随着球把球的冲力慢慢化解,不可以迎着球去用力,否则球很容易停得不好或干脆飞走。

1. 脚内侧接球

由于脚接触球的面积大,容易把球停稳,脚内侧接球是接球技术动作中最容易掌握的动作,并且又便于改变接球方向和衔接下一个动作,所以是接球技术中运用最多的动作。用脚内侧可以接地滚球、反弹球和空中球。

(1)脚内侧接地滚球:根据来球的路线和选择的接球位置,及时移动到位。支撑脚正对球,膝关节微屈。接球腿屈膝外展并前迎,脚尖翘起,脚与球接触前的刹那开始后撤,在后撤过程中用脚内侧接触球,把球控制在衔接下一个动作需要的位置上,如图 5-22 所示。

图 5-22　脚内侧接地滚球

(2) 脚内侧接反弹球：根据来球的落点和落地时间及时移动到位，支撑脚踏在落点的侧前方，膝关节微屈，上体稍前倾并向停球方向微转，同时停球脚提起，踝关节放松，脚内侧对准球的反弹路线。当球落地反弹刚离地时，用脚内侧挡压球的中上部，如图 5-23 所示。

图 5-23　脚内侧接反弹球

(3) 脚内侧接空中球：根据来球的速度及运行轨迹，及时移动到位，若为抛物线较小的空中球，则应根据临场的实际情况选择适当高度的接球点，将接球腿抬起，脚内侧部位对准来球的方向并前迎，在接触球的一瞬间后撤，将球接在所需要的位置上，如图 5-24 所示。

图 5-24　脚内侧接空中球

2. 脚底接球

(1) 脚底接地滚球：身体正对来球方向，移动前迎，支撑脚站在球的侧面（前后均可），脚尖正对来球方向，膝关节微屈。同时接球腿提起，膝关节微屈，脚略背屈，使脚底与地面形成小于 45°的角（且脚跟离开地面），一般以前脚掌接触球的后上部为宜。在触球瞬间接球脚可轻屈（前脚掌下点）将球停住，也可根据需要在接球的同时将球推向前方或拉向身后，如图 5-25 所示。

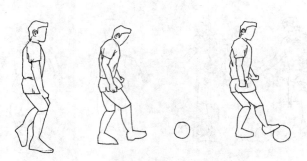

图 5-25　脚底接地滚球

（2）脚底接反弹球：支撑脚站在落点侧后方，脚尖正对来球方向，在球落地瞬间，用前脚掌去触球的中上部，微伸膝，用脚掌将球接在身体前。若需将球接在身后则应在触球瞬间继续屈膝，将球拉回，并伴随支撑脚以前脚掌为轴旋转 90°以上，如图 5-26 所示。

图 5-26　脚底接反弹球

3．脚背外侧接球

（1）脚背外侧接地滚球：将接球点放在接球腿一侧，支撑腿膝关节微屈；接球腿提起微屈，使小腿和脚背外侧与地面成一锐角，并对着接球后球运行的方向，脚离地面的高度应大致等于球的半径，然后大腿向接球后球运行的方向推送，同时身体随球移动，如图 5-27 所示。

图 5-27　脚背外侧接地滚球

（2）脚背外侧接反弹球：支撑脚站在来球点的后方，除触球部位外，其他环节均与脚背外侧接地滚球相同。

4．脚背正面接球

大腿、膝关节、脚趾要保持适度的紧张，脚尖微翘将球接到需要的地方。根据来球的落点，及时移动到位,以脚背正面上迎、下落球,当脚背与球接触的一刹那,接球脚以球下落的速度同时下撤,如图 5-28 所示。

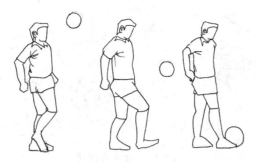

图 5-28 脚背正面接球

5. 大腿接球

大腿接球法一般可以用来接抛物线较大的高空球和略高于膝的低平球。

(1) 大腿接抛物线较大的下落球:面对来球方向,根据球的落点迅速移动到位,接球腿大腿抬起,当球与大腿接触的瞬间,大腿下撤将球接到需要位置上。

(2) 大腿接低平球:面对来球方向,根据来球的高度,接球腿大腿微屈,腿送前迎来球,当球与大腿接触瞬间收撤大腿,使球落在所需要的位置上。

6. 腹部接球

在激烈比赛中为了抢点控制球,根据比赛的需要也可用腹部接球。

(1) 腹部接反弹球:接球者的身体上对来球方向跑动,判断好球的落点,身体前倾,腹部对准落地反弹的球,腹大肌保持紧张,推压球前进,也可在触球瞬间身体侧转,将球接向所需要的侧面。

(2) 腹部接空中球:来球较突然且与腹部同高时,先挺腹,在腹与球接触瞬间迅速含胸收腹,将球接下来。

7. 胸部接球

胸部接球部位较高,加之胸部有面积大、肌肉较丰满等特点,易于掌握接球,故胸部接球是接高球的一种好方法。胸部接球包括挺胸式接球、收胸式接球两种方法。

(1) 挺胸式接球:面对来球站立,两脚左右或前后开立,两膝微屈,重心落在腰间,上体后仰,下额微收,两臂自然张开。接球的瞬间,两脚蹬地,膝关节伸直,用胸部迎接球的下部,使球微微弹起于胸部的前上方,如图 5-29 所示。

图 5-29 挺胸式接球

(2) 收胸式接球：面对来球，两脚左右或前后开立，两臂自然张开，挺胸迎球，当球至胸前的刹那，迅速收胸收腹，臀部后移，如图5-30所示。接球要注意力量缓冲，以免受伤。

图5-30 收胸式接球

（三）头顶球

头顶球是指运动员有目的地用前额将球击向预定目标的技术动作。足球在运用头顶球技术方面，在正面与侧面技术上，会有明显的区别。头顶球技术的种类主要以顶球时运用头的部位来区分。正确的部位只能是前额骨的正面和侧面。在每一种技术中，由于顶球前的准备动作不同，顶球又可分为原地顶球和跳起顶球，跳起顶球又可分为单脚起跳顶球和双脚起跳顶球。由于出球方向的不同，顶球又可分为向前顶球、向后顶球和向两侧顶球。在进行头顶球技术练习的时候，必须记住，头顶球是一种全身自下而上、协调有序的发力过程，消除用头去顶球的错误认识。同时，在练习的时候，应消除惧怕心理，掌握蹬地、摆体和甩头的用力顺序和动作过程，以及触击球的位置。同时，还得掌握做原地顶球动作时的身体准备姿势。

1. 前额正面顶球

前额正面坚硬平坦，触球面积大，它处于头的正前方和两眼上方，便于在顶球时观察来球周围情况，使击球准确有力。

（1）原地顶球：顶球时先选好站位，使身体正对来球方向，两脚前后开立，膝关节微屈，重心在后，两眼注视来球，判断好来球的速度，做好准备工作，两腿前后开立、腰部前挺、胸部上提、下颌平收、两臂自然张开，上体后倾、身体重心放在右脚上，顶球时后脚迅速蹬地，上体由后向前摆动，在即将触击球的刹那，两腿迅速用力蹬伸，以腰腹和颈部的快速摆动主动迎击来球。击球时，颈部肌肉保持紧张，两眼注视出球方向，如图5-31所示。

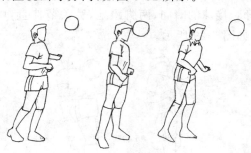

图5-31 前额正面原地顶球

（2）跳起顶球。①原地双脚起跳顶球：身体正对来球，两脚左右开立15～20 cm，脚尖稍内转，膝关节微屈，上体稍前倾，两臂屈肘后伸，身体重心平均落在两脚上，两眼注视来球。起跳时,两臂由后方向前上方振臂,同时弓身、提胸、收下颌、两脚积极用力蹬伸,在跳起上升过程中挺胸展腹,两臂自然张开,两眼注视来球,当跳到最高点准备顶球时,身体成背弓,当球运行到身体垂直部位前的刹那,快速收腹,折体前摆并且甩头,用前额正面将球顶出,顶球后两腿自然屈膝,屈踝落地,如图 5-32 所示。②单脚起跳顶球:可做 3～5 步助跑,在助跑过程中判断来球运行路线和起跳方向,起跳时,有力脚迅速蹬地,另一腿屈膝上摆,两臂自然上提,使身体向上跃起,成原地顶球预备姿势。③鱼跃顶球:在顶离身体较远的平直球时,为了争取时间射门或解救门前危机,可以运用鱼跃顶球的方法。动作方法:判断好来球的路线和选择好顶球点后,以单脚或双脚蹬地,身体呈水平状态前跃出,两臂微屈稍前伸,两眼注视来球,利用身体向前跃起的冲力,以前额正面顶球。顶球后,身体成背弓形,两臂屈肘前伸,两手着地,接着胸部、腹部和大腿依次着地。

图 5-32　前额正面原地双脚起跳顶球

2. 前额侧面顶球

前额侧面顶球技术的顶球部位是前额的两侧。这个部位虽坚硬,但不平坦,面积亦小,又在两眼的侧前方,顶球时摆体用力方向又与来球方向不是迎而相遇,出球力量较小。故其在击球时间、出球方向方面都难于前额正面顶球。其优点是动作突然,能变换出球方向,特别是前锋队员中在门前的边锋传中球射门时威力更大。

(1) 原地顶球:顶球前与出球方向同侧腿向前跨出一步,两膝微屈,身体重心放在后脚上,上体和头稍向异侧倾斜并转体约 45°,两眼斜视来球,两臂自然张开。顶球时,后脚蹬地,上体和头向出球方向迅速扭转,屈体甩头,在与出球方向同侧肩的前上方,用额骨侧面顶球,如图 5-33 所示。

图 5-33　前额侧面原地顶球

(2) 跳起顶球：一般用单脚起跳。起跳动作与前额正面顶球的单脚起跳动作相同。在跳起上升的过程中，上体侧屈，侧对来球。在跳到最高点顶球时，急速转体、甩头，用额骨侧面将球顶出。顶球后，两膝微屈缓和落地，图5-34所示。

图 5-34　前额侧面跳起顶球

（四）运球

运球是运动员在跑动中用脚的推拨动作，使球保持在自己控制范围内的连续触球动作。在足球运球技术中，由足球与脚部接触的不同位置将运球分为脚背正面运球、脚背内侧运球、脚背外侧运球。

1. 脚背正面运球

自然放松跑动，上体稍前倾，步幅适中。运球腿提起时，膝关节微屈，脚尖向下，在向前迈步的过程中用脚背正面推球前进。

2. 脚背内侧运球

自然放松跑动，步幅稍小，上体稍前倾并向运球方向扭转，运球腿提起，脚尖稍外转，在迈步前伸着地前，以脚背内侧推、拨球前进，如图5-35所示。

图 5-35　脚背内侧运球

3. 脚背外侧运球

自然放松跑动，上体稍前倾，步幅适中，运球脚提起，脚尖稍内转，在迈步前伸着地前，用脚背外侧推、拨球前进，如图5-36所示。

（五）抢截球

抢截球是指运动员有目的地运用身体相应的部位，用合理的动作把对方控制的球或对方传、射的球，夺过来或者破坏掉的技术。其包括正面跨步堵抢、合理冲撞抢球、正面铲球、异侧脚铲球、同侧脚铲球，如图5-37、图5-38所示。

图 5-36　脚背外侧运球

图 5-37　抢截球 1

图 5-38　抢截球 2

1. 断球

断球是指球由对方传出,在空间运行或在地面滚动时,把球抢断过来的技术。因此在断球之前,要判断好对方的传球方向、落点和球速。断球时,要根据不同方向、高度和速度,使用头、胸、腹和脚等部位把球断过来。

2. 逼(堵)球

逼(堵)球在没有把握抢夺球的情况下运用。在以少防多的局面下,进行堵截可以减慢对方进攻的速度,使本方队员有充裕的时间进行回防。

3. 抢球

抢球是球在对方控制范围内或双方都有同等的抢球机会时运用的技术。

4. 捅（破坏）

比赛时，防守队员不可能把每个球都抢截过来。为了不让对方掌握住球，在不得已情况下可把球踢出，破坏对方有组织的进攻。

（六）假动作

足球假动作是比赛中运用最多的一种技巧，假动作可以骗取对方的运动员，使自己有足够的空间进行下一步动作运用。假动作技术贯穿比赛的始终，技术动作比较复杂，一般分为两种：有球技术假动作和无球技术假动作，如图5-39所示。

图 5-39 假动作

（七）掷界外球

掷界外球是指在比赛中，运动员将对方触球后越出边线的球，按照规则有目的地用手将球掷入场内的动作。它有原地掷界外球和助跑掷界外球两种。

（八）守门员技术

守门员技术是指守门员运用身体的合理部位所进行的有效动作方法，或接球后所做的有助于本队进攻的动作方法。守门员技术与其他足球技术相比较为特殊，大部分守门员技术动作是通过手来完成的。

三、足球的基本战术

足球比赛攻守过程中的个人行动和集体配合称为足球的基本战术。足球运动是一项对抗性较强的运动项目，它是由进攻和防守所组成的。根据攻防的基本特点，足球战术可分为进攻战术、防守战术、比赛阵形三大部分。进攻和防守战术又分别包括个人、集体与全队的攻防战术。

（一）集体的局部配合进攻战术

集体战术是指两个或两个以上队员在比赛中为了完成全队攻防任务而采用的局部协同作战的配合方法，它包括"二过一"战术配合、"三过二"战术配合和反切配合等进攻战术。

1. "二过一"战术配合

顾名思义,"二过一"是两个进攻队员,通过传球配合突破一个防守队员的配合。"二过一"是集体配合的基础,可以在任何场区、任何位置上运用这种方法来摆脱对方的抢截或突破防线。"二过一"是进攻的两个队员之间相距 10 m 左右,进行一传一切的配合。要求传球平稳及时,一般多用脚内侧、脚外侧等脚法,以传低平球为主。传球的位置,尽可能是接球人脚下或前面两三步远的地方。

2. "三过二"战术配合

"三过二"是在比赛中局部地区三位进攻队员通过连续配合突破两个防守者的防守。由于这种配合有两个同队队员可以同时接应传球,因此持球人传球路线更多,且进攻面扩大。

（二）全队进攻战术

全队进攻战术是指比赛中一方获得球后,通过队员之间的传递配合达到射门的目的而采用的配合方法。与局部进攻战术相比较,全队进攻战术的进攻面比较广,能增强进攻和快速反击等。

1. 边路进攻

利用球场两侧地区发起进攻的方法称为边路进攻。边路进攻是全队进攻战术的主要形式之一,其主要特点是有利于发挥进攻速度,为打破对方防线制造缺口。

2. 中路进攻

中路进攻是利用球场中间区域组织的进攻,这种进攻虽能直接射门,但难度最大,因中路防守最为严密,攻击手必须是反应极其敏锐、意识强、技术高、敢于冒险、速度快和善于策应的队员。

3. 转移进攻

当一侧进攻受阻而另一侧进攻有利时,要及时快速转移进攻方向。此方法多是采用有效而准确的中长距离传球来实现的,以拉开对方的一边防守,达到声东击西的进攻目的。

4. 快速反击

比赛中当攻方进攻时,后卫线往往压至中场附近,防守人数也由于插上进攻和助攻而相对减少,此时如能抓住对方防区空隙较大和回防较慢的机会,趁其失球发动快速反击,往往能取得良好的效果。快速反击是最有威胁的进攻手段,有效的进攻在于突然快速地反击,但其难度较大,既要冒险,又要有准确、快速的传切配合技能。快速反击要有组织,配合得要极为默契,必须进行专门性的训练,否则很难在比赛中实施。

（三）定位球战术

定位球战术是指在比赛中,利用"死球"后重新开始比赛的机会组织进攻与防守配合的战术方法。定位球战术包括中圈开球、角球、任意球、点球、掷界外球等。

在势均力敌的高水平比赛中,定位球战术有时起决定胜负的作用。在配合上要利用简练的一次配合取得射门机会,配合越复杂成功率就越低,故只有进行专门性的练习,才能在比赛中奏效。

（四）集体的局部配合防守战术

1. 补位

补位是足球比赛中局部地区集体配合进行防守的一种方法。当防守过程中一个防守队员被对手突破时,另一个防守队员则立即上前进行堵封。

2. 围抢

围抢是指比赛中在某局部位置上,防守一方利用人数上的相对优势(通常是两三位队员)同时围堵对方的持球队员,以求在短暂时间内达到抢断或破坏对方的目的。

3. 造越位战术

造越位战术是利用规则而设计的一种防守战术,是一种以巧制胜的省力打法,因而成为一种重要的防守手段。但由于其配合难度较大,搞不好会适得其反,让对手钻空子,故此战术往往被水平较高的球队所采纳,在一场比赛中也不是多次运用。

(五) 全队防守战术

防守战术可分为两种基本类型:盯人紧逼防守(人盯人防守),即在规定的范围内盯人紧逼,不交换看守;区域紧逼防守(盯人和区域相结合),即现今流行的综合防守,紧逼和保护相结合,在个人的防区内紧逼,进行交替看守。盯人防守时各自都有明确的防守对象,如对方左边锋大幅度地斜插至右路,则右后卫紧跟盯防,不交替看守。防守最根本的原则是紧逼和保护。只有紧逼才能有效地主动抢断,压制对方技术的优势而获取主动权;保护是为了更好地紧逼和控制空当。

【复习思考题】

1. 足球的基本技术有哪些?
2. 足球的基本战术有哪些?
3. 踢足球的方法主要有哪些?

第三节 排 球

一、排球运动概述

排球运动是两队以中间球网为界,用手通过发球、垫球、传球、扣球、拦网等动作来组织进攻与防守的球类运动之一。

排球运动开始于1895年,在美国马萨诸塞州霍利约克城,一位名叫威廉·摩根的天主教青年会体育教育督导创造了一种新游戏:在网球场上用篮球内胆进行比赛,双方人数不限但要相等,各据一方,将球胆在球网两边来回传托,使其在空中飞来飞去,这就是排球运动的雏形。最初的排球运动只是一种消遣活动,比赛人数的多少、球的大小、比分的多少都由比赛双方临时协商决定。很快这个游戏就在青年会中广泛地传播起来,最早被摩根和斯普林菲尔德市体育干事弗兰克·德博士及消防署署长林奇共同商定名为"小网",1896年第一次表演赛之后,改名为"网球"(volleyball),这个名称一直被沿用至今。

排球战术发展趋势是促进后排进攻体系的形成和发展;前后排交错进攻与掩护的立体进攻体系得以形成,极大地丰富了战术的变化和组合;以重点队员为中心,以不同的层面为中心的战术组合将不断产生;阵容配备逐步发展,全面、充满力量、快速、多变的立体进攻体系战术将主宰未来排坛。

二、排球的基本技术

(一) 准备姿势与移动

准备姿势和移动是排球基本技术之一,属于无球技术,是完成发球、垫球、传球、扣球和拦网等各项有球技术的前提和基础,并对各项有球技术的运用起串联和纽带作用。准备姿势和移动是相辅相成的,准备姿势主要是为了移动,而要快速移动,又必须做好准备姿势。

1. 准备姿势

为了便于完成各种技术动作而采取合理的身体姿势称为准备姿势。合理的准备姿势是指既要使身体重心处于相对稳定的状态,又要便于移动和完成各种击球动作,为迅速起动、快速移动及击球创造最好的条件。完成某项有球技术之前的准备姿势,称为专项技术准备姿势,如拦网、发球、传球等都采用不同的准备姿势。

按照身体重心的高低,准备姿势可分为半蹲准备姿势、稍蹲准备姿势和低蹲准备姿势三种。

(1) 半蹲准备姿势:两脚左右开立稍比肩宽,一脚稍前,两脚尖稍内收,脚跟稍提起;膝关节保持一定的弯曲,膝关节的投影在脚尖前面,上体前倾,重心靠前;两臂放松,自然弯曲,双手置于腹前;全身肌肉放松,两眼注视来球,两腿始终保持微动。

(2) 稍蹲准备姿势:稍蹲准备姿势比半蹲准备姿势重心稍高,动作方法相同,一般用于扣球助跑前或对方正在组织进攻时,需快速起动的场合。

(3) 低蹲准备姿势:低蹲准备姿势比半蹲准备姿势的身体重心更低,更靠前,两脚左右、前后的距离更宽一些,膝部弯曲程度更大一些;肩部投影过膝,膝部投影过脚尖,手置于胸腹之间。低蹲准备姿势主要用于防守和接拦回球等。

2. 移动

从起动到制动的过程称为移动。移动的目的主要是及时接近球,保持好人与球的位置关系,以便击球。迅速的移动可占据场上的有利位置,争取时间和空间。队员能否及时移动到位,直接影响战术的质量。移动由起动、移动和制动三个环节所组成。

(1) 起动。起动是移动发力的开始,它的快慢是移动的关键,起动的速度取决于正确的准备姿势、反应能力和腰、腿部的速度力量。在排球比赛中,应根据场上的情况,采取不同的准备姿势,以利于随时改变移动方向和迅速移动。

(2) 移动。并步与滑步:当来球距身体一步左右时可采用并步移动,如向前移动时,则后腿蹬地,前脚向来球方向跨出一步,后腿迅速跟上做好击球准备。当球在体侧稍远,并步不能直接接近球时,可快速连续并步,连续的并步即为滑步。跑步:球离身体较远时需跑步,采用跑步移动时,两臂要配合摆动,根据来球的方向,边跑边转身,并逐渐降低重心,保持好击球准备。交叉步:以向右交叉步为例,上体稍向右转,左脚从右脚前面向右交叉迈出一步,然后右脚再向右跨出一大步,同时身体转向来球方向,保持击球前的姿势。跨步和跨跳步:跨步比交叉步移动距离近,便于接近处 1～2 m 低球。移动时步幅较大,身体重心较低,如向前移动,则后脚用力蹬地,前脚向前跨出一大步,膝部弯曲,上体前倾,身体重心移至前腿上。跨步过程中有跳跃腾空的即为跨跳步。综合步:以上各种步法的综合运用。移动如图 5-40 所示。

(3) 制动。制动是移动的结束,也是击球动作的开始。在快速移动后,为了保持稳定的击球姿势,必须进行制动,克服身体移动的惯性,以便于完成下一个击球动作。

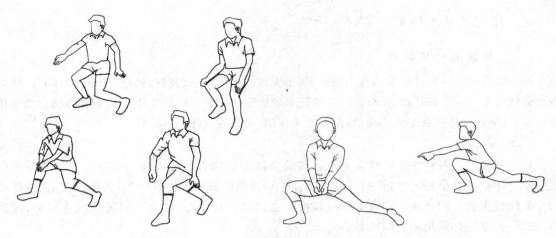

图 5-40 移动

常用的制动方法主要有一步制动法、两步制动法两种。一步制动法：一步制动时，在移动最后跨出一大步，同时降低重心，膝部和脚尖适当内转，全脚掌横向蹬地，以抵住身体重心继续移动的惯性力，并以腰腹力量控制上体，使身体重心的垂直线停落在脚的支撑面以内。两步制动法：以移动最后第二步开始做第一次制动，紧接着跨出最后一步做第二次制动。

3. 准备姿势和移动的运用

广大初学者，应首先学习最基本的半蹲准备姿势，然后学习稍蹲、低蹲准备姿势。按照并步、跨步和交叉步的顺序学习移动，同时了解并掌握滑步、跑步和综合步法。对于初级教练员来说，准备姿势和移动的教学应同步进行。

（1）接身前低球的步法。当球向身体的前面而且较低的位置飞来时，必须立即从基本姿势降低身体的重心，同时将一脚弯曲在臂部之下，上身向前飞扑，使球的高度和胸部的高度相等，然后合手将球向上传出。身前低球应尽可能采用上手传球将球传出。

（2）用跳跃法处理高球。处理高球一般采用跳跃法。这种方法需要有敏捷的身手，并配合时间跳跃到最高点处理球。

（3）向侧面移动的方法。跑步：当来球距离远，应采用快速转身跑的方法。交叉步法：多用在接球、传球、垫球和拦网时，身体保持原来正面方向，利用两步交叉法移位，最后一次交叉步可用来止步。并步法：多用于向侧面移动，身体保持原来的方向，两脚用较小的步子向侧面移动，最后止步。

（二）发球

发球是排球运动基本技术之一。比赛总是以发球开始的，有威力的发球可以直接得分或破坏对方的一传，起到先发制人、争取主动的作用，在心理上给对方以威胁。发球失误或发球后对方能很容易地组织进攻，就会直接失去发球权，给本方防守带来困难。因此，发球既要有攻击性，又要有准确性。

发球时队员应站在发球区内，不得踏及端线和踏过发球区的短线及延长线。一只手平稳地将球向上抛起，用另一只手或手臂的任何部位将球击入对方场区，触球的一刹那即为完成发球。如球没抛好，允许抛球后球自由落地，只要不触及身体任何部位，可重新发球，但不得借此拖延比赛时间。第一裁判员鸣哨后 5 s 内必须将球发出,否则判发球违例。

发球技术包括侧面下手发球、正面上手发球、正面上手发飘球、侧面勾手发飘球、跳发球等。

1. 侧面下手发球

(1) 准备姿势:发球前,左侧(左肩)对球网,两脚开立,与肩同宽,左脚在前,两膝微屈,上体稍前倾,重心偏后脚或落两脚之间,左手持球于腹前,右臂自然下垂。

(2) 抛球:左手将球平稳地抛在体前右侧,离手约一球多的高度。

(3) 击球:在抛球的同时,右臂伸直,以肩关节为轴向后摆动;击球时,右腿蹬地,身体重心随着右手的向前摆动前移,在腹前用掌根击球的后下部;重心随击球动作前移,迅速进场比赛。侧面下手发球如图 5-41 所示。

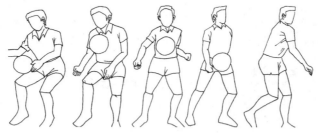

图 5-41　侧面下手发球

2. 正面上手发球

(1) 准备姿势:面对球网,两脚前后开立,左脚在前,两膝微屈,上身稍前倾,重心偏后脚,左手持球于腹前。

(2) 抛球:左手将球轻轻抛起在身前右侧,离手约 20 cm 高度;右臂伸直,向后摆动。

(3) 击球:借右脚蹬地力量,身体重心随着右手向前摆动击球而移至前脚上,以全手掌或握拳击球的后下方;手触球时,手指、手腕紧张,手伸直;击球后,随着击球动作,重心前移。正面上手发球如图 5-42 所示。

图 5-42　正面上手发球

3. 正面上手发飘球

(1) 准备姿势:与正面上手发球的相同,但站位离端线距离变化较大,发远距离飘球时,距离端线要远些,发近距离飘球时,距离端线近些。

(2) 抛球摆臂:左手将球平稳抛至右肩前上方,稍靠前些,离身体水平距离约半臂,抛至相同于击球点的高度,这样便于直线加速挥臂去击球;在抛球的同时,右臂屈肘抬起并后引,肘部略高于肩,两眼注视球。

(3) 挥臂击球:当球上升至最高点时,收腹带动手臂快速挥动,以掌根坚硬平面击球的后中下部,使作用力通过球体重心;击球时,五指并拢,掌心向前,手腕紧张并后仰,用力快速、突然、短促,击球后可作突停或下拖动作,不能有推压动作;击球后,迅速进场比赛。正面上手发飘球如图5-43所示。

图5-43　正面上手发飘球

(三) 扣 球

1. 扣球技术

扣球是排球运动基本技术之一,是进攻的最有效方法,是得分和得到发球权的重要手段。一个队攻击力的强弱,往往取决于该队扣球技术水平的高低。现代排球中扣球威力体现在速度、力量、高度、变化和技巧等方面。扣球由准备姿势、助跑、起跳、空中击球和落地等动作衔接而成,主要有正面扣球、勾手扣球、快球、调整扣球、单脚起跳扣球。

2. 扣球的动作方法

(1) 准备姿势:站在离网3 m左右处,两脚自然开立,两膝微屈,上体稍前倾,两臂自然下垂,观察二传队员来球,随时准备向各个方向助跑起跳。

(2) 助跑:助跑的目的是获得一定的水平速度,增加弹跳高度,并且选择适当的起跳点。助跑的时机、方向、步法、速度、节奏是根据来球的方向、速度和弧线来决定的。因此,要全面熟练掌握一步、两步、三步及多步助跑的步法。以两步助跑为例,助跑时,左脚先向前迈出一步,接着右脚再迅速跨出一大步,左脚及时并上,落在右脚侧前方,两脚尖稍内收准备起跳。助跑的第一步要小,目的是对正上步的方向,使身体获得向前的水平速度;第二步要大,目的是接近球和提高助跑的速度,右脚落地支撑点在身体重心之前,以利于制动。

(3) 起跳:在助跑跨出最后一步的同时,两臂绕体侧向后引,左脚在落地制动的过程中,两臂自后积极向前摆动,随着双腿蹬地向上起跳,两臂配合起跳用力上摆。

(4) 空中击球:起跳后,挺胸展腹,上体稍向右转,右臂向后上方抬起,身体成反弓形;挥臂时,以迅速转体、收腹动作发力,积极带动肩、肘、腕各部位关节成鞭甩动作向前上方挥动;击球时,五指微张成勺形并保持紧张,用全手掌包满球,以掌心为击球中心,击球的后中部,同时主动用力屈腕屈指向前推压球,使扣出的球加速上旋。击球点在起跳和手臂伸直最高点的前上方。

(5) 落地:空中完成击球动作后,身体自然下落,为了避免腿部负担过重,应用双脚的前脚掌先着地,同时顺势屈膝,缓冲身体下落的力量。落地如图5-44所示。

图 5-44 落地

3. 扣快球

扣快球是扣球队员在二传队员传球前或传球同时起跳,并迅速把球击入对方场区的扣球方法。扣快球是传统的打法,它的特点是速度快、突然性大、牵制能力强,有利于争取时间,达到突然袭击的目的。

(1) 近体快球:在二传队员附近约 50 cm 处扣的快球。近体快球的进攻速度快,常常使对方来不及拦网和防守。近体快球不但进攻效果好,而且具有较强的掩护作用,是副攻手必须掌握的技术。近体快球的助跑路线一般同网的夹角保持在 45°左右为宜,助跑时要与一传队员传出的球同时到网前,当球落在二传队员手上时,扣球队员应在二传队员体前约一臂距离处迅速起跳,快速挥臂将刚传出网口(球网上沿)的球扣过网。击球时,利用含胸收腹动作带动前臂和手腕迅速挥动,以全手掌击球的后上方。

(2) 半快球:在二传队员附近起跳,扣超出网口两个半球高度的球。半快球比一般扣球速度快,比快球速度慢,队员可利用高点看清对方拦网者的手,以便改变扣球手法和扣球路线。半快球的助跑路线一般同球网夹角呈 45°左右,扣球队员一般在二传队员出手后快速跳起。击球动作与近体快球基本相同,主要利用前臂和手腕加速甩动去击球。

(3) 短平快球:扣球队员在二传队员体前 2 m 左右,扣二传队员传过来的平快球。这种扣球由于速度快、弧线平,因而进攻节奏快,在网上进攻点多,有利于避开对方拦网,具有较强的牵制和掩护作用。短平快球的助跑路线与球网的夹角应小于 45°,扣球队员要在二传队员出手的同时起跳,在空中挥臂截击平飞过来的球。击球时,要迅速地以含胸动作带动前臂和手腕加速挥动,以全手掌击球的上方。可根据对方拦网手臂的位置,在球平飞过程中寻找击球点。

(4) 平拉开扣球:扣球队员在 4 号位标志杆附近,扣二传队员传来的长距离的平快球。这种扣球,二传球弧线低而平,飞行速度快,因而进攻的突然性大,进攻区域宽,容易摆脱对方的集体拦网。平拉开扣球的助跑路线应采用外绕助跑,在二传队员球出手后,在 4 号位标志杆附近起跳,在空中截击球。击球动作与扣短平快球基本相同。根据击球部位的不同,可扣出小斜线球或直线球。

(5) 调整快球:在一传球不到位、离网较远时,二传队员把球调整到网前进行快球进攻。调整快球要根据二传队员的位置和传球的方向、出手的时间,选择助跑的角度、路线和起跳时间。应边助跑边观察,助跑的路线与球网的夹角要小,以便观察球的飞行路线和落点,使起跳点与二传球的飞行路线形成交叉点。起跳时,左肩斜对网,右臂随来球顺势向前追击球。击球时,利用含胸收腹动作带动手臂向前上方挥动,以全掌击球的后上方。手触球时,手腕要有明显的推压动作,使球上旋。

(四) 垫球

垫球是排球基本技术之一，是接发球、接扣球及后排防守的主要技术动作，是组织反攻战术的基础。垫球技术的熟练程度和运用能力，是争取胜利的重要条件。垫球有正面双手垫球、体侧垫球、正面低姿势垫球、背垫球、单手垫球、前扑垫球、鱼跃垫球、侧卧垫球、滚翻垫球、挡球等。其中，正面双手垫球是各种垫球技术的基础，适合接速度快、弧度平、力量大、落点低的各种来球，在排球比赛中运用较多。

1. 正面双手垫球

正面双手垫球适合接速度快、弧度平、力量大、落点低的各种来球，在接发球和后排防守时被广泛采用，是各项垫球技术的基础。正面双手垫球的基本手形有抱拳式、叠掌式和互靠式，但无论采用哪种手形都应该注意手腕下压，两臂外翻。

(1) 准备姿势：正面对准来球方向，迅速判断来球情况，及时移动。

(2) 击球手形：两手掌根紧靠，两手手指重叠合掌互握，两拇指平行；两臂自然伸直，手腕下压，小臂外展靠拢，手腕关节以上的前臂形成一个垫击的平面。击球手形如图8-45所示。

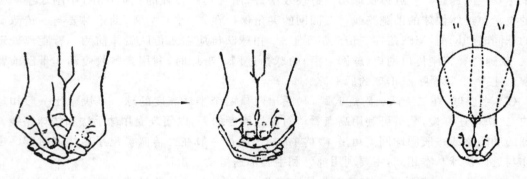

图 5-45 击球手形

(3) 击球动作：击球时，蹬腿提腰、含胸提肩、压腕抬臂等动作密切配合，手臂迅速插入球下，将球准确地垫在手腕以上10 cm的小臂上。击球时，两臂保持平衡固定，身体和两臂自然地随球半送，以便控制球的落点和方向。

(4) 手臂角度：手臂角度对控制球的方向、弧度和落点有很大影响，应根据垫球距离和入射角等于反射角的原理加以调整。

正面双手垫球应掌握"一插、二夹、三抬臂"。"插"就是将垫球手和双臂插到球下，下插的程度应能保证以小臂的前半部击球。插臂的角度要根据来球的弧度作相应的变化。"夹"就是夹臂。完成夹臂动作要自然，并配合有提肩、含胸、压腕及挺肘等动作。"抬臂"就是用蹬地、压腕、挺肘、抬臂等动作协调地将球有控制、有目的地垫出。正面双手垫球如图5-46所示。

2. 体侧垫球

当球向左侧飞来时，右前脚掌内侧蹬地，左脚向左跨出一步，左膝弯曲，身体重心随即移至左脚上，两臂夹紧向左伸出，右肩稍向下倾斜，用向右转腰和提左肩的动作，使两臂击球面截住球，垫击球的后下部。体侧垫球如图5-47所示。

图 5-46 正面双手垫球

图 5-47 体侧垫球

3. 背垫

背垫是垫球技术的一种，即背向出球方向的垫球，常在接应同伴来球或第三次处理过网球时采用。判断好球的飞行方向，迅速移动到球的落点处，背对击球方向，两臂夹紧伸直，击球手形与正面垫球相同，击球点要高于肩部。击球用力是通过抬头挺胸、展腹后仰、手臂向后上方抬送而实现的。在背垫低球时，也可以屈肘、翘手腕动作在虎口处将球向后上方垫起。

4. 单手垫球

单手垫球是垫球技术的一种，一般在来球低、速度快、距离远时采用。单手垫球也多在无法用双手垫球的情况下采用。体侧单手垫球方法：一脚迅速向侧前方跨出一大步，重心移至跨出的腿上，跨出腿的同侧臂迅速伸出，用虎口或小臂击球的后下部。在体前可用手背平面击球，手臂要伸直，有抬击动作。垫球时用虎口或手背击球的后下部。击球时有向上翘腕的动作。单手垫球可结合滚动、前扑、鱼跃等动作来完成。单手垫球如图 5-48 所示。

（五）传球

传球是排球的基本技术之一，是比赛与组织战术的基础，主要用于衔接防守和进攻。传球有正传、背传、侧传和跳传四种。这四种传球技术的传球手形基本相似，都是在额前上方击球，主要运用于二传，有顺网正面二传、调整二传、背二传、侧二传、跳二传、倒地二传、传快球、传平快球、二传吊球等。

图 5-48 单手垫球

1. 正面双手上手传球

(1) 准备姿势:两脚前后站立,后脚跟稍前提起,两膝微屈,上体稍前倾,双手由下提起置于胸前,两肘自然下垂。

(2) 手形:两手十指自然张开,掌心相对,手指微屈呈半球状,手腕稍后仰,以拇指、食指、中指托住球的后下部,无名指和小指在两侧辅助控制传球的方向。两拇指相对成"一"字或"八"字置于额前。

(3) 击球时的用力:传球时,利用蹬地、伸膝、展体和伸臂动作,以拇指、食指、中指发力,无名指和小指控制住球的方向。触球的瞬间,手指和手腕应保持一定的紧张程度,用手指和手腕的弹力及身体和手臂的协调力量将球传出,用力一定要协调一致。传球距离较近时,手指、手腕的弹力较大;传球距离较远时,必须加强蹬地、展体力量。正面双手上手传球如图5-49所示。

图5-49 正面双手上手传球

2. 背传

背传是排球传球技术的一种,用力方向与正传相反。击球点比正传偏后,用力蹬腿、展腹、抬臂、伸肘,通过手指、手腕的弹力把球向后上方传出。背传动作比较隐蔽,能出其不意,迷惑对方,增加战术的变化。

(1) 准备姿势:上体比正面传球时稍直立,身体重心稳定在两脚之间,双手自然抬起并放松置于脸前。

(2) 迎球:双手上举,挺胸,掌心稍向上,手腕稍后仰。

(3) 击球点:保持在额上方。

(4) 手形:与正面传球相同,拇指托球的后下部。

(5) 用力:利用蹬地、上体后仰、挺胸、展腹、抬臂等动作及手腕和手指的弹力将球向身体后上方送出。

3. 跳传

跳起在空中做传球动作称为跳传。跳传有原地跳、组跑跳、双足跳、单足跳等。当一传队员来球较高时,二传队员常跳起在空中进行第二传。

起跳后两手放在脸前,当跳至最高点时,两手伸至额上方击球,主要靠手臂和手腕的力量将球传出。跳传在世界高水平比赛中常被运用。跳传如图5-50所示。

图5-50 跳传

4. 侧传

身体不转动,双臂向侧方向伸展的传球动作称为侧传,侧传有一定隐蔽性。

动作要领:传球前背对传球,上体保持正直或稍后仰,击球点比正面传球要高。迎球时,通过下肢蹬地使身体重心向上伸展,但上体和手臂应向侧上方用力,触球下方,传球方向异侧手臂的动作幅度和用力的距离要大于同侧手臂。侧传如图 5-51 所示。

图 5-51 侧传

(六) 拦网

拦网是防守的第一道防线,也是得分的重要手段之一。

1. 拦网技术在比赛中的作用

拦网是排球运动的基本技术之一,也是一项具有进攻性的防御技术。成功的拦网可以直接拦死、拦回对方的扣球,削弱对方的进攻锐气,减轻本方后排防守的压力,为组织反攻创造机会,是得分和获取发球权的重要手段之一。

2. 拦网技术的动作方法

(1)准备姿势:面对球网,两脚平行开立约与肩同宽,距网 30～40 cm,两膝微屈,两臂自然弯曲置于胸前。随时准备起跳或移动。

(2)移动:为了对准对方进攻点,拦网队员需要及时移动。常用的移动步法有以下几种。

① 并步移动,这种移动适合于近距离使用。动作方法:单脚向右(左)迈一步,另一脚并步靠拢。

② 滑步移动:相距 2 m 左右可采用滑步移动。连续的并步移动即是滑步。

③ 交叉步移动:这种移动速度快,制动能力强,移动范围大,适用于中、远距离。动作方法:向右移动时,身体稍向右转,重心移向右脚,接着左脚从右脚前面向右交叉一大步,然后右脚再向右边跨出一步,右脚落地时,脚尖内转,使两脚平行站立,身体正对球网。移动时,也可右脚先向右迈一小步,其他动作与上述相同。

④ 跑步移动:移动距离较远时采用。动作方法:向右移动时,身体先向右转,左肩对网,顺网跑至起跳点时,左脚跨出一步制动,右脚再向前迈出一步,同时脚尖内转,尽量使双脚保持平行站立,接着屈膝起跳。

(3)起跳:起跳时,重心降低,两膝弯曲,弯曲程度因人而异,两脚用力蹬地,两臂在体侧划小弧用力上摆,带动身体向上垂直起跳。起跳后稍收腹,控制身体平衡。拦网起跳的时间必须掌握好,应根据对方二传球的高低、远近、快慢及扣球队员的起跳时间和动作特点来决定。拦高球时,一般应比对方扣球队员晚跳;拦快球时,可以和对方扣球队员同时起跳或提前起跳。起跳拦网如图 5-52 所示。

图 5-52　起跳拦网

(4) 空中击球:起跳的同时,两手从额前贴近并平行球网,向网上沿的前上方伸出,两臂伸直,前臂靠近网,两手伸向对方上空接近球,两手自然张开,屈指屈腕呈勺形。两手之间距离不能超过一个球,以防止球从两手间漏过。当手触球时,两手要突然紧张,手腕要用力下压盖住球的上方。站在靠近边线的拦网队员,为了防止对方扣球出界,外侧手掌心在拦击球时要内转。拦远网扣球时,要尽量向上伸直手臂,不要采用压腕动作,以提高拦击点。

(5) 落地:如已将球拦回,则面向对方,屈膝缓冲,双脚落地。如未拦到球,在身体下落时要随球转身向着球飞出的方向准备接应救球。

(6) 拦网的判断:判断是拦网技术的关键环节,在拦网的全过程中都要贯穿着判断能力。拦网应从几个方面进行判断:判断对方的战术打法;判断对方一传情况;判断对方二传队员的方向、弧线、速度和落点;判断对方扣球队员的助跑方向、起跳的时间及起跳后人与球的关系和空中挥臂击球动作;同时,还要判断对方扣球队员的个人技术特点。

三、排球的基本战术

(一) 基础战术

1. 快球

快球的特点是速度快、带突然性,因而牵制性强,有利于争取时间和空间。快球分近体快球、远网调整快球、短平快球、半快球、时间差快球、错位快球等。打快球时,助跑步伐要轻松、快速、灵活、有节奏,浅下蹲,快起跳,上体和挥臂动作要小,前臂和手腕加速甩动击球。

2. 近体快球

近体快球是快球的一种。扣球队员助跑至二传队员身边,在二传队员还没有出手之前跳起,待二传队员将球传送到网口时,扣球队员快速挥臂甩腕击球,速度快、突然性强、效果好。日本排球界称之为 A 快球。

3. 短平快球

短平快球是扣球的一种。扣球队员和二传队员相距 1.5～2 m,在二传队员出手的同时或在二传队员出手前起跳,截扣二传队员传出的平球。日本排球队首先使用,并将此种扣球称为 B 快球。

4. 位置差

位置差是排球进攻战术之一。扣球队员佯作起跳,以吸引对方拦网,待对方拦网者起跳拦网时,扣球队员突然向侧方跨跳一步,起跳扣杀。扣球队员的佯攻要逼真,错位的移动要迅速连贯,并与快攻实扣交替使用,效果更好。

5. 时间差

时间差是排球进攻战术之一。扣球队员佯作助跑起跳,诱使对方起跳拦网,但自己急停制动,当对方下落时,自己再突然从原地起跳进行实扣。采用这个战术可以避开对方的拦网,提高扣球的成功率。

6. 空间差

空间差是排球进攻战术之一。扣球队员起跳后,利用身体在空中的位移,避开对方的拦网,达到进攻的目的。因起跳点和实扣点在空间上的差距而得名,简称为"飞"。完整的含义是"空中移动进攻"。扣球队员在二传队员前扣球称"前飞";在二传队员背后扣球称"背飞"。

7. 插上进攻

插上进攻是后排队员插到前排作二传队员,把球传给前排3个队员扣球的进攻形式。一般以1号位插上为多。插上进攻能保持前排3点进攻,充分利用球网的全长,有利于突破对方的防线。战术变化多,可以打出交叉、梯次、夹塞、立体进攻、双快一游动等战术进攻。

(二) 战术种类

1. 接发球站位

由于队员在场上的位置是轮转的,因此接发球的站位布局应充分考虑本方的进攻特点和对方发球的特点。任何一种接发球站位都应根据对方发球的特点作出相应合理的调整。

"中一二"站位:二传队员在3号位。

"边一二"站位:二传队员在2号位。

"反边一二"站位:二传队员在4号位。

"插上"站位:接发球站位可1号位插上、6号位插上、5号位插上。

2. 进攻战术

(1)"中一二"战术形式特点:容易组织,但战术变化少,只能两点进攻,战术意图容易被识破,战术的突然性和攻击性小。其变化形式:扣球队员通过二传队员传出集中、拉开、背传和平快等各种球,采用斜线助跑、直线助跑和跑动中变步起跳扣球。

(2)"边一二"战术形式特点:形式简单,容易掌握,也是基本战术形式之一。其变化形式:除"中一二"战术形式变化外,还可组织"快球掩护拉开""前交叉""围绕""快球掩护夹塞""梯次""短平快掩护拉开""掩护活点进攻"等战术变化。

(3)"插上"战术形式特点:保持前排3人进攻,能充分利用网的全长,发挥每个队员的特点,组成快速多变的各种战术变化。进攻的突破点多,突然性大,使对方难以有效地组织集体拦网和防守。

3. 防守战术

(1)"心跟进"防守形式:在对方拦网能力强,本方采用打吊结合时采用。当对方4号位队员进攻时,本方2、3号位队员拦网,后排中心的6号位队员在奔跑拦网时跟在拦网队员之后进行保护,其余3名队员组成后排弧形防守。其优点是加强了前排的防守能力,缺点是后排防守队员之间的空当较大。

（2）"边跟进"防守形式：在对方进攻较强、吊球较少时采用。当对方 4 号位队员进攻时，本方 2、3 号位队员拦网，其他 4 个队员组成半圆弧形防守。如遇对方吊前区，由边上 1 号位队员跟进防守。其优点是加强了拦网，缺点是边上的队员既要防直线，又要跟进防前区，比较困难。

【复习思考题】

1. 排球技术中传球、垫球、发球的动作要领有哪些？
2. 排球的基本技术有哪些？
3. 简述排球运动的特点与锻炼的价值。

第六章　球类运动(二)

> **学习目标**
>
> 1. 了解乒乓球、羽毛球、网球运动的起源和发展；
> 2. 掌握乒乓球、羽毛球、网球运动的基本技术；
> 3. 能够将乒乓球、羽毛球、网球运动的基本战术应用于实践。

第一节　乒　乓　球

一、乒乓球运动概述

乒乓球是由两名或两对选手,用球拍在中间隔放一个球网的球台两端轮流击球的一项球类运动。乒乓球运动于19世纪末起源于英国,流行于欧洲,最早称为"table tennis",从这个命名可以看出,网球运动是乒乓球运动的前身。1900年左右出现了用赛璐珞制成的球,由于拍与球撞击时发出"乒"而球落台时发出"乓"的声音,故而又称"乒乓球"。

1903年,英国人古德发明了胶皮球拍,极大地促进了乒乓球技术的发展。1926—1951年,世界各国选手大都使用表面有圆柱形颗粒的胶皮拍,击球时增加了弹性和摩擦力,可以使球产生一定的旋转,因而出现了削下旋球的防守型打法。这一打法在欧洲流行长久,不少运动员采用这种打法获得了世界冠军。这一时期欧洲的乒乓球运动实力很强,其中匈牙利队的成绩最突出,在117项次世界冠军中,他们获得57项次,占欧洲队的一半。20世纪50年代初,奥地利人发明了海绵球拍,日本运动员使用这种球拍一举夺取了第19届世界乒乓球锦标赛的四项冠军,动摇了欧洲运动员的垄断地位。日本运动员利用这种球拍创造的远台长抽进攻型打法,具有正手攻球力量大、速度快、发球抢攻威胁大等优点,逐渐取代了欧洲速度慢、旋转弱、攻击力不强的防守型打法,使日本队在20世纪50年代乒乓球运动中占有绝对优势。

1904年,上海一家文具店的老板王道午从日本买回10套乒乓球器材。从此,乒乓球运动传入中国。新中国成立后,乒乓球运动在我国得到迅速的普及和发展。1952年,中国加入国际乒联。1959年,容国团在第25届世界乒乓球锦标赛上夺得了中国历史上第1枚金牌,从此中国乒乓球队跻身于世界强队行列。从1959年至今,中国乒乓球队一直雄居世界乒坛,战绩辉煌,因此乒乓球被视为我国的"国球"。

20世纪末,国际乒联对乒乓球比赛规则进行了一系列改革:2000年10月,乒乓球规格由"38 mm、2.5 g"改为"40 mm、2.7 g";2001年9月,乒乓球比赛由每局21分制改为11分制;2002年9月,乒乓球比赛执行发球无遮挡的规定。这些改革增加了击球板数,提高了比赛观赏性;也增加了比赛胜负的偶然性,改变了由少数国家运动员包揽金牌的局面;也扩大了乒乓球运动的市场。

二、乒乓球的基本技术

乒乓球的基本技术包括握拍法、基本站位、基本姿势、发球、接发球、攻球、弧圈球、推挡、直拍横打、削球、搓球和步伐等。

(一) 握拍法

乒乓球的握拍方法,基本上分为直拍握拍法和横拍握拍法两种。

1. 直拍握拍法

以右手握拍为例,直拍握拍法如图6-1所示。

(1) 直拍握拍要点:拍前,以食指第二指节和拇指第一指节扣拍,拇指与食指之间的距离要适中;拍后,其他三指自然弯曲,中指第一指节贴于拍的背面。

(2) 弧圈球型握拍法要点:拍前,拇指紧贴在拍柄的左侧,食指扣住拍柄,形成一个小环状紧握拍柄;拍后,其他三指自然伸直,中指第一指节顶在球拍的背面中间。

2. 横拍握拍法

用横拍握拍法握拍时,虎口卡在柄侧,贴住拍肩,中指、无名指和小指自然地握住拍柄,拇指在球拍的下面轻贴在中指旁边,食指自然伸直,斜放在球拍的背面。浅握时,虎口轻贴拍柄;深握发力时,虎口贴紧球拍。正手攻或反手攻时,拇指和食指应作适时配合移动;削球时手指的变化不太明显。横拍握拍法如图6-2所示。

 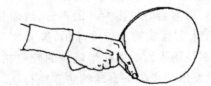

图6-1 直拍握拍法　　图6-2 横拍握拍法

(二) 基本站位

乒乓球运动员选择自己的基本站位,应当根据不同类型打法及个人打法特点来确定,这样有利于技术特长的发挥。正是因为乒乓球运动员的类型打法不同,所以不同类型打法的运动员,其基本站位也略有不同。

1. 运动员的打法类型(均以右手持拍为例)

(1) 左推右攻打法的运动员,基本站位在近台中间偏左。

(2) 弧圈球打法的运动员,基本站位在中台偏左。

(3) 攻削结合打法的运动员,基本站位在中台附近。

(4) 以削为主打法的运动员,基本站位在中远台附近。

2. 运动员的个人技术特点及身体条件

基本站位指的是一个范围,而不是某个固定点,需要根据运动员的个人技术特点及身体条件决定。例如,同为弧圈球打法,侧身抢攻多的运动员,其基本站位就比使用反手多的运动员略偏左一些。再如，身材高大的运动员，其基本站位通常离台稍远一点。

3. 对方运动员的打法特点

如对手是以削球为主的打法，其习惯削球落点的长短，必然影响我方基本站位的前后变化；如自己是右手握拍，遇到左手握拍的对手，基本站位就要稍靠中间一些。

（三）基本姿势

运动员在还击每一个来球之前，应当使身体保持正确的姿势，以便迅速起动，抢占合理的击球位置，然后才能及时、正确地把球还击过去。

正确的基本姿势：两脚平行站立（略比肩宽）、提踵、两脚掌内侧用力着地，两膝微屈，上体略前倾，重心置于两脚之间，下颌向后收，两眼注视来球。以右手握拍为例，持拍手臂自然弯曲置于身体右侧，手腕放松持拍于腹前，离身体 20～30 cm，做到"注视来球、上体微倾、重心居中"。

两脚开立略比肩宽，是为了保持身体重心的稳定；两膝微屈、脚掌内侧用力着地，有利于迅速蹬地起动；提踵的动作对保证快速起动具有重要作用。

（四）发球与接发球

发球可以凭运动员主观意志站在任何位置，发出各种线路、落点、旋转的球。高质量的发球可直接得分和配合第二拍，争取主动、积极的进攻，还能起到控制对方接球和破坏对方进攻的作用。发球由抛球和挥拍两个动作组成，抛球是前提，击球部位和挥拍是决定发球性质和质量的关键，用力大小和第一落点的远近是发球变化的条件。

1. 发球

1）正手平击发球

左手将球向上抛起，同时右臂内旋，使拍面稍前倾，向右后方引拍。当球从高点下降至稍高于球网时，击球中上部向左前方发力。正手平击发球如图6-3所示。

图6-3　正手平击发球

2）反手平击发球

左手将球向上抛起，同时右臂外旋，使拍面稍前倾，向左后方引拍。当球从高点下降至稍高于球网时，击球中上部向右前方发力。反手平击发球如图6-4所示。

3）正手发右侧上旋急长球

左手将球向上抛起，同时右臂内旋，使拍面稍前倾，前臂、手腕自然下垂，肘关节高于前臂，向右后方引拍。当球从高点下降至近于网高时，击球右侧向右侧上方摩擦，触球一瞬间拇指压拍，手腕从右后方向左上方抖动。正手发右侧上旋急长球如图6-5所示。

4）反手发急球

左手将球向上抛起，同时右臂外旋，使拍面稍前倾，上臂自然靠近身体左侧，向左后方引拍。

图 6-4 反手平击发球

图 6-5 正手发右侧上旋急长球

当球从高点下降至低于网高时,击球左侧中上部,触球一瞬间前臂加速向右前上方横摆,手腕控制球拍加力摩擦球,腰部配合向右转动。反手发急球如图 6-6 所示。

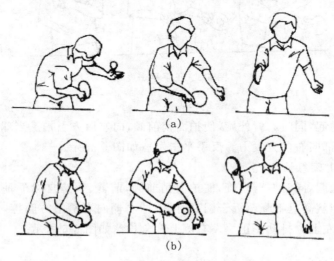

图 6-6 反手发急球

5) 正手发下旋加转(不转)球

左手将球向上抛起,同时右臂外旋,直握拍手腕作伸,横握拍手腕略向外展和伸,向右后上方引拍。发下旋加转球:当球从高点下降至稍高于网或与网同高时,前臂加速向前下方发力,同时手腕作屈并内收,以球拍远端(拍头)触球,击球中下部向底部摩擦。下旋不转发球与下旋加转发球的区别在于:手臂外旋幅度小,减少拍面后仰角度,以球拍中后部偏右的地方触球,击球中部或中下部,减少向下摩擦球的力量,近似将球向前推出,使作用力线接近球心,从而形成不转球。正手发下旋加转(不转)球如图6-7所示。

图 6-7 正手发下旋加转(不转)球

6) 反手发下旋加转(不转)球

左手将球向上抛起,同时右臂内旋,直握拍手腕作屈,横握拍手腕略向外展,使拍面稍后仰,向左后方引拍。发下旋加转球:当球从高点下降至稍高于网或与网同高时,前臂加速向右前下方发力,同时直握拍手腕作伸,横握拍手腕内收,以球拍远端(拍头)触球,击球中下部向底部摩擦。反手发下旋不转球与发下旋加转球的区别和正手发下旋加转与发下旋不转球类似。反手发下旋加转(不转)球如图6-8所示。

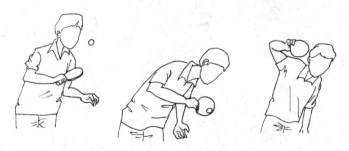

图 6-8 反手发下旋加转(不转)球

7) 正手发左侧上(下)旋球

左手将球向上抛起,同时右臂向右上方引拍,直握拍手腕作伸,横握拍手腕作外展,腰部略向右转动。当球从高点下降至接近网高时,前臂加速向左方挥摆,直握拍手腕作屈,横握拍手腕作内收,腰部配合向左转,击球中部向左侧上方摩擦,即为发左侧上旋球。发左侧下旋球的动作方法与发左侧上旋球大致相同,区别在于:向右后上方引拍,手臂向左前下方挥摆,击球中下部向左侧下方摩擦,触球点略高于发左侧上旋球。正手发左侧上(下)旋球如图6-9所示。

8) 反手发右侧上(下)旋球

左手将球向上抛起,同时右臂向左后方引拍,使拍面角度近于垂直,腰部略向左转动。当球从高点下降至接近网高时,前臂加速向右上方挥摆,直握拍手腕作伸,横握拍手腕作内收,腰部配合

111

图 6-9 正手发左侧上(下)旋球

向右转,击球中部向右侧上方摩擦,即为发右侧上旋球。发右侧下旋球的动作方法与发右侧上旋球大致相同,区别在于:向左后上方引拍,手臂向右前下方挥摆,击球中下部向右侧下方摩擦,触球点略高于发右侧上旋球。反手发右侧上(下)旋球如图 6-10 所示。

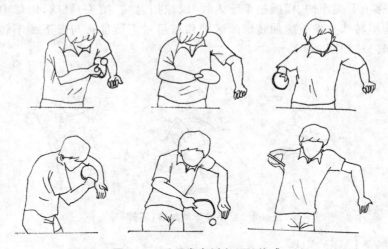

图 6-10 反手发右侧上(下)旋球

9) 反手发急下旋球

左手将球向上抛起,同时右臂稍作内旋,使拍面略后仰,向腹前上方引拍。当球从高点下降至稍低于网高时,前臂加速向前下方推切,手腕辅助发力,击球中下部。反手发急下旋球如图 6-11 所示。

10) 侧身正手发高抛左侧上(下)旋球和反手发高抛右侧上(下)旋球

与低抛正手发左侧上(下)旋球和反手发右侧上(下)旋球基本相同,但由于高抛球下落的时间长,因而可以加大引拍幅度,并更多地借助腰部转动辅助发力。侧身正手发高抛左侧上(下)旋球和反手发高抛右侧上(下)旋球如图 6-12 所示。

图 6-11 反手发急下旋球

图 6-12 侧身正手发高抛左侧上(下)旋球和反手发高抛右侧上(下)旋球

11)下蹲发球

① 下蹲发正手右侧上旋球。左脚稍前或两脚平行开立,身体向右偏斜。左手将球向上抛起,同时做下蹲姿势,右臂上举比肩高,手腕外展,拍面方向略向左偏斜。当球从高点下降至与网同高或稍高于网时,前臂加速从左向右前方挥动,手腕同时作内收,击球中部向右侧上方摩擦。

② 下蹲发正手右侧下旋球。动作方法与下蹲发正手右侧上旋球大致相同,区别在于:当球从高点下降至稍高于网时开始击球,球拍要比球高,击球中下部向右侧下方摩擦,前臂从左向右前下方挥动。

③ 下蹲发反手左侧上旋球。两脚平行开立,身体正对球台。左手将球向上抛起,同时做下蹲姿势,右臂向右下方引拍,手腕作外展。当球从高点下降至与网同高或稍高于网时,前臂加速从右下方向左前上方挥动,手腕同时作内收,击球中部向左侧上方摩擦。

④ 下蹲发反手左侧下旋球。动作方法与下蹲发反手左侧上旋球大致相同,区别在于:当球从高点下降至略高于网时开始击球,球拍要比球高,击球的中下部向左侧下方摩擦,前臂从右向左前下方挥动。下蹲发球如图 6-13 所示。

图 6-13 下蹲发球

2. 接发球

比赛首先是从发球和接发球开始的,双方的接发球和发球相同。现代乒乓球发球技术的高度发展,使发球不仅具有主动性、攻击性,而且具有多样性、突然性、隐蔽性。比赛中如果接发球不好,不仅会给对方较多的进攻机会,而且更重要的是常会引起自己心理上的紧张和畏惧,造成一连串的失误,甚至导致全局的失败。反之,如果接发球做得好,不仅有时可以直接得分,而且可以破坏对方的抢攻,从而为进攻创造有利的条件。

1) 选择站位

要把对方发过来的球接好,首先必须根据对方发球的站位来决定自己的站位。如果对方准备用正手在球台的右角发球,可能发出右方斜线或右方直线球,考虑到右方斜线来球角度大,直线球相对而言角度要小些,接发球时的站位应在中间偏右些;如果对方用反手或侧身在球台左方发球,则接发球的站位应偏左些。根据自己的习惯打法来决定基本的站位,正手进攻多的运动员,常会站在球台左角接发球,以利于直接侧身运用接发球抢攻或抢拉;左推右攻打法和两面进攻较为均衡的运动员,往往选择站位居中偏左,便于正、反手控制或抢攻来球;攻守结合的运动员,站位多在中路,且离台稍远,以利于接发球时控制旋转和落点。要针对不同的对手调整站位,例如,有的对手喜欢打相持球,以发长球为主,我方站位就要离台稍远,但要留意突然性的近网短球;有的对手喜欢自己抢攻,以发短球为主,我方站位就应稍近些,但要防备对方以长球偷袭;与左手持拍的运动员对阵时,站位要比平时略偏右,以防斜线大角度来球。

2) 来球性能的判断

及时、准确的判断是接好发球的前提。从对方发球时的拍面方向和挥臂方向判断来球的斜、直线:对方如发斜线球,拍面方向则向侧偏斜,手臂向斜前方挥击;对方如发直线球,拍面方向则向前,手臂由后向前挥出。从对方发球时拍触球的移动方向判断来球的旋转性能,关键是观察对方拍与球接触瞬间球拍的移动方向,千万不能被对方触球前后的一些假动作所迷惑。一般情况下,球拍从上向下移动是下旋,从下向上移动是上旋,从左向右移动是右侧旋,从右向左移动是左侧旋。从对方发球时摆臂振幅大小和手腕用力程度判断来球落点远近和旋转强弱。一般来讲,凡是摆臂幅度大的发球,其落点比较长,力量比较大,速度比较快;摆臂振幅小的则相反。若发球时手腕抖动比较厉害,用力摩擦球,旋转就比较强,反之则旋转弱。从来球弧线和球的运行情况判断来球落点和旋转性能。如果来球飞行弧线最高点是在对方台面上空或靠近网前,来球落点就短;反之则长。下旋加转球在空中飞行时,表现出来的现象是前段快后段下沉,不转球则是前段慢后段快(球落台后向前冲)。球在空中飞行时,飞行弧线向左偏拐是右侧旋球,飞行弧线向右偏拐是左侧旋球。从对方击球的声音来判断来球的旋转性能,当遇到使用两面不同性能球拍的对手时,可以通过听对方球拍击球时的声音来区别不同的旋转球。一般来讲,击球声音较响的一面是长胶拍,声音不太响的那一面是反胶拍或正胶拍。

3) 接发球的方法

接发球的基本方法是由点、拨、带、拉、攻、推、搓、削、摆短、撇等各种技术综合组成的。但对于已经掌握了以上接发球方法的优秀运动员,则可以根据自己技术打法的特长和战术的需要,打破一般接发球的规律去回接对方的任何来球。所以说,要提高接发球的能力,必须提高各项基本技术。

(1) 接急球:发过来的球速度快,带有上旋,左方急球不宜移动过大,可采取侧身回接,一般用反手推挡或用反手攻回接。右方急球用正手快带、快攻借力回接。如果用削球回接,则必须移动步伐向后退一些,等来球力量减弱时再回接。如对方发过来的是急下旋球,由于来球急并带有一定的下旋,所以用推或攻回击时,应使拍面稍后仰以增加向上发力。用弧圈球回接时,应增加向上提拉的力量。用搓球回接时,首先向后退一些,拍面角度不宜后仰过大,击球中部向前下方发力以抵消来球的前进力。

(2) 接下旋球:发过来的球速度较慢,触拍后下反弹,用搓球回接时,注意拍面后仰以增加向前上方的发力。用拉攻或弧圈球回接时,一定要增加向上提拉的力量。

(3) 接左(右)侧上旋球:一般采用推、攻回接为宜。回接时,拍面角度要稍前倾,拍面所朝方向向左(右)偏斜以抵消来球的左(右)侧旋;向前下方用力要相对加大,防止球触拍时向自己右(左)上方反弹。如用搓、削回接,除注意拍面角度和所朝方向外,还要加大向下摩擦球的力量。用弧圈球回接时要加大拍面前倾角度,多向前发力,少向上提拉。

(4) 接左(右)侧下旋球:一般采用搓、削回接较为稳妥。回接时,拍面角度要稍后仰,拍面所朝方向向左(右)偏斜以抵消来球的左(右)侧旋;稍向上用力,防止球触拍时向自己左(右)下方反弹。如用推、攻回接,除注意拍面角度和所朝方向外,还要加大向上摩擦球的力量。用弧圈球回接时要注意拍面角度不宜过于前倾,多向上提拉,少向前发力。

(五) 攻球

1. 正手攻球技术

(1) 正手近台攻球:充分利用全身协调用力(蹬地、转腰、移重心),前臂发力为主,手腕辅助用力,击球点在身体右前侧(大约为前臂的长度),触球瞬间向前打为主,略带向上摩擦。

(2) 正手中远台攻球:加大向右手方引拍幅度,增大击球的动作半径;上臂带动前臂发力,上臂向前发力,前臂和手腕向上发力为主;身体其他部位的协调用力不可缺少。

(3) 正手扣杀:击球点离身体稍远;球拍应与球同高,在高点期击球,不宜打"落地开花球";击球瞬间,整个手臂应发挥出最大力量,配合腰部转动及蹬地的力量。如来球带有下旋,球拍略低于来球,触球瞬间手腕向上抖动发力。

(4) 正手拉球:身体重心略下降,右肩稍下沉;在球的下降前期击球,击球点不可过低于台面,触球时应尽量增大摩擦球体的面积和时间。

(5) 正手台内突击:击球前持拍手臂不宜伸得太直,用中等力量击球较为合适,应根据来球的旋转性质与强度,调节好拍面角度、击球的部位和发力的方向。

(6) 正手杀高球:要集中全身的力量于触球的一瞬间,击球点适当离身体稍远一点(增大挥拍动作的半径)。近网高球只需向下用力,但杀落点远、落点后有一定前冲力的高球,应保持足够的向前力量。

2. 反手攻球技术

(1) 反手近台攻球:击球过程中要注意收腹,转髋转腰;以肘关节为轴心,前臂发力为主,手腕有一向前上方摩擦球的动作;保持适宜的击球点尤为重要,击球点离身体太远或太近都难以发力。

(2) 反手快拨:上臂贴近身体,前臂迅速前伸迎球;手腕控制拍面前倾,借来球反弹力将球拨回;掌握好击球时间,注意来球线路、落点变化并与突击结合运用,为进攻创造条件。

(3) 反手快点:左方近网来球,以左脚向左前方上步;中间偏左来球,则以右脚向前上步。快点斜线球时,球拍触球中部偏左,由后向前、向右挥动;快点直线球时,球拍触球中部,由后向前、向左挥动。重心及时前移,上体贴近球台,以利于在高点期击球。

(4)反手快拉:根据来球落点、线路长短,迅速移位;一般多以单步或跨步向左方、左前方或左后方移动,正对来球;击球过程中,注意收腹,以增大击球空间。根据来球的下旋强度,调节摩擦球时用力的大小和弧线的高低。

(5)反手扣杀:击球点不宜离身体太近,要以整个手臂和腰的协调配合来增加击球的力量,球拍触球瞬间用力要集中,避免仅用手腕弹击球。

3. 侧身攻球技术

近台,两脚开立约与肩同宽,左脚稍前。转腰将球拍引至身体右侧,前臂和球拍成一直线与台面平行。在上升期,击球的中上部,拍面稍前倾。前臂主动向前上方发力,前臂内旋压拍,使拍面前倾,击球后球拍顺势挥至前额,然后还原。

(六)弧圈球

弧圈球具有强烈的上旋,是攻击力强、威力大的进攻技术。第一弧线运行较慢,第二弧线下坠快,球反弹冲力大,以弧圈球为核心技术形成了直拍、横拍多种弧圈球打法。弧圈球的种类按击球方法区分,有正手弧圈球、反手弧圈球、侧身弧圈球;按旋转特点区分,有加转弧圈球、前冲弧圈球、侧旋弧圈球及不转弧圈球(俗称假弧圈)。

1. 正手拉加转弧圈球

两脚分开,两膝内收微屈,重心置前脚内侧,左脚在前,略提脚后跟,身体略右转,手腕外展,向后拉,拍面成横立状。引拍至右后方,当来球跳至高点期或下降前期时,触球中上部或中部,腰髋带动上臂、前臂由后向前挥动,击球瞬间立即向前上方发力,右脚掌内侧用力蹬地,稍伸膝,前臂要迅速旋内收缩,协同摩擦,重心由右脚转向左脚。整个动作类似于掷铁饼时的动作。

2. 正手拉前冲弧圈球

基本姿势同正手拉加转弧圈球,但身体重心稍提高。引拍时球拍与球同高或稍低于来球,上臂带动前臂向右腰部侧后展开,拍面前倾,于高点期或上升后期摩擦球的中上部,由右向左转腰,带动上臂、前臂、手腕由后向左前方发力,配合略向上摩擦,重心前移至左脚。

3. 反手拉加转弧圈球

站于球台偏左部位,距台约 60 cm。两脚基本平站,身体重心落双脚之间,双膝微屈,腹内收,腰、上身略向左转,前臂置腹前自然弯曲。引拍至腹部左侧下方,肘关节略向前,屈手腕,拍下垂,拍面稍前倾,重心落左脚,于球下降前期触球中上部,触球瞬间脚用力蹬地,伸膝、转腹,腰髋带动上臂、前臂向前上方发力,拍撞球后摩擦,重心略上提、前移并转至右脚。

(七)推挡球

推挡球是直拍快攻打法的基本技术之一,特别是在左推右攻中占有极重要的地位,由于推挡站位近、动作小、落点多变、速度快并具有一定力量,所以在比赛中能主动调动和压制对方,为正手攻和侧身攻创造有利时机,在被动和相持时还可以起到积极防守和从相持转主动的作用。

1. 挡球

挡球是推挡球技术的基础,初学者应掌握正确的动作手法。引拍时,上臂应靠近身体,前臂前伸近球,手腕、手指调节拍面,食指用力,拇指放松。

2. 快推

击球点靠近身体,前臂适当后撤引起。在前臂向前推送的过程中,完成外旋动作。转腕动作不宜过大,关键是时机要恰当。

3. 加力推

球拍后撤上引,增大用力距离,击球点适当离身体远一点,击球时间不宜过早或过迟,要有效地把身体各部分的力量集中在击球的一瞬间。

4. 减力挡

击球前身体重心略升高,稍屈前臂,球拍保持合适的前倾角度。触球瞬间,有意识地做手臂、手腕后收的动作。削弱来球反弹力的同时,借来球的力量将球挡过去,回球速度快。

(八) 直拍横打

直拍横打(直拍反面技术)是直拍的反面进攻技术,也是比直拍反手正面攻球更为合理的技术,它充分利用直拍反面击球在生理上的合理性,通过拉、打、带、挑、撕等技术的运用,在极大程度上弥补了直拍反手的不足,已经成为现代直拍运动员必须掌握的一项技术。

反面技术主要分成三大类:发球、上旋球和下旋球。上旋球包括:平挡球、快撕球、拉球、弹击球、反拉弧圈球、贴球。下旋球包括:拉高吊弧圈球、前冲弧圈球、抢拉半出台球、抢拉对方晃撇到反手位的球、全台反面抢拉弧圈球(主要是对直板正胶而言)。

1. 平挡球

食指稍微放松,带住球拍,拇指用力向下压,使拍面前倾。站位与推挡球的站位一样,但重心稍靠右脚,接触球时用腰控制手臂,转腰带动手臂自然前迎击球,借对方来球的力量把球回击过去。在球跳起的最高点击球,击球的中上部。

2. 反面快撕球

反面快撕球是在平挡球的基础上发展而来的更高一级的技术,动作要领和平挡球一样,只是击球时间和击球点不一样。快撕的击球时间是在球的上升期,有时球刚刚跳起就可以去接触球。击球的部位是中上部或顶部,在接触球的瞬间手腕用力直接往前摩擦。注意:在击球时是用手臂、腰和手腕发力,而不是仅用前臂和手腕发力,一定要用到腰的力量。

3. 贴球

贴球的板面控制与快撕球一样,只是用力不同。贴球主要是借对方弧圈球的旋转顺势把球防过去,注意在接触球之前,球拍和球之间不要有太大的距离,击球点在球的顶部,使球拍贴在球上,在接触球的一瞬间手腕用力往前摩擦。关键是手腕用力时不能完全借力,也不能发大力,做到既要借力又要自己发点力。

4. 抢拉对方侧身晃撇到反手位的球

这项技术的动作要领和拉下旋球一样,但在击球时间上有点区别,击球时间绝大部分都在球的下降前期。平时训练的站位和比赛中的站位有所不同。平时训练的站位重心可以稍偏右脚,在比赛中站位就必须根据来球进行调节。当算准对方会晃撇反手位,你决定用反面拉时,站位可以与平时训练的站立一样;当需要根据对方来球来决定用反面抢拉时,站位就必须从侧身位调整到平时训练的站位。

5. 弹击球

拍面前倾,在球的上升后期或最高点击球。在击球时用腰控制手臂,身体前迎,用腰和手腕发力,向前下方用力弹压。旋转越强,向下的力量越大;旋转稍弱,向前的力量就应该大一些。

6. 中台拉球

拍面前倾,在球的下降期击球,接触球的中上部,身体重心稍偏右脚,用力的时候用腰和手腕发力,手腕向前用力摩擦球。注意:在拉球时手臂不要甩,用腰控制手臂。

7. 反拉弧圈球

反拉弧圈球是在贴球基础上发展而来的更高一级的技术。贴球是被动中的防御,反拉是防御中的主动转攻。这个技术运用的难度很大,要掌握和运用它必须具备很好的基本功和判断能力。它的运用有几个方面:一是反拉对方从下旋球拉起来的旋转不是很强的弧圈球;二是对方轻拉到反手位时,抓住时机反拉。

(九) 削球

削球是我国乒乓球传统打法之一,也是乒乓球防守技术之一。削球技术正在向转、稳、低、攻方向发展,具有球速慢、弧线长、球下旋等特点。削球也是一种防守技术,以其旋转和落点变化威胁对方,有近削、远削、加转削、不转削、削逼角球和削弧圈球等几种。

1. 远削

(1) 正手远削:中台站位,左脚稍前,上体稍向右转,重心落于右脚,持拍手臂自然弯曲于腹前。顺来球方向向右上方引拍与肩同高,拍面后仰。当球从台上弹起时,持拍手上臂带动前臂由右上方向左前下方加速切削,手腕向下转动用力,在右侧离身体 40 cm 处击准下降期球的中下部,并顺势前送。

(2) 反手远削:中台站位,右脚稍前,上体左转,重心落于左脚,持拍手臂自然弯曲放松置于胸前。顺来球路线向左上方引拍约与肩高,拍柄向下。当球弹起时持拍手从左上方向右前下方挥动,拍面后仰,用前臂和手腕加速用力切削,球拍在胸前偏左 30 cm 处击准下降期球的中下部,并顺势挥至右下侧。

2. 近削

向上引拍比肩略高,根据来球的情况调节拍面后仰角度。前臂发力为主,手腕配合下压,击球后没有前送的动作。

3. 削弧圈球

应在来球的下降后期触球,此时球的旋转已减弱。击球点一般选在右腹前为宜,并适当放低些,这样可利用来球部分向上的反弹力形成自然的回球弧线,有利于提高削球的准确性。球拍触球时,拍面不能过分后仰,应触球的中下部;如来球旋转较强,可使拍面竖直些,并适当加大手臂向下压球的力量。触球时,手腕应相对固定,以免回球过高。

(十) 搓球

搓球是近台还击下旋球的一种基本技术。由于回球线路较短,多在台内,因而会使对方回球困难。另一方面,搓球又比较隐蔽,旋转和落点变化也可用作过渡技术,用以寻找进攻机会。

1. 慢搓

应根据来球的具体情况,控制好拍面的后仰角度。击球时,前臂用力为主,转腕动作不宜过大。搓加转球,在向下用力的同时,应增加前送的幅度。

2. 快搓

身体重心前移,身体靠近来球。前臂主动前伸插向球的中下部。快搓一般借力还击,若来球下旋弱,可用力下切。

3. 搓转与不转球

加转是前提,转与不转间差异越大越有威力。搓加转球时,手腕爆发式用力为主。搓不转球时,要注意回球的弧线。

4. 不同性能球拍的搓球

掌握熟练的倒拍技术,选择好换拍面搓球的时机,使对方防而不备、出现失误,并做好下一拍球的应变准备。

(十一)步法

乒乓球运动在迅速发展,上肢技术在不断丰富创新,随之也就对下肢的步伐移动提出了更高要求。不然,将直接影响上肢技术的发挥,降低击球的质量。基本步法技术动作如下。

1. 单步

单步以一只脚为轴,另一只脚向前、后、左、右不同方向移动,身体重心随之落在移动脚上。

2. 跨步

跨步时一脚蹬地,另一脚向移动方向跨一大步,蹬地脚随后跟上半步或一小步,身体重心移到跨步脚上。

3. 并步

并步时一脚先向另一脚并半步或一小步,另一脚在并步脚落地后随即向来球方向移动一步。

4. 跳步

跳步以来球异侧脚用力蹬地,两脚同时离地向来球方向跳动。

5. 交叉步

以靠近来球方向的脚作为支撑脚,调整该脚的脚尖指向移动方向,远离来球方向的脚在体前交叉,向来球方向跨出一大步,身体随之向来球方向转动,支撑脚跟着向来球方向再迈一步,这是前交叉步。后交叉步是在体后完成交叉动作。

【复习思考题】

1. 世界乒乓球运动的发展趋势是怎样的?
2. 乒乓球运动有哪几种发球方法?
3. 乒乓球发球和接发球如何选择站位?

第二节 羽 毛 球

一、羽毛球运动概述

羽毛球运动起源于英国。它是由印度的"浦那游戏"逐步演变而成的。羽毛球的雏形出现于19世纪中叶。当时印度的浦那城里,有一种类似羽毛球的游戏开展得十分普遍,它用圆形硬纸板或以绒线编织成球形插上羽毛,练习者手持木拍,将球在空中轮流击出。这项游戏在英国驻印度军队里开展得尤其活跃。据考证，类似羽毛球活动的板羽球游戏在中国古代也早就有了。

现代羽毛球运动起源于1873年。在英国伯明顿镇，有一位鲍费特公爵，一天他在他的庄园里组织了一次游艺活动，由于天公不作美，户外活动只能改在室内进行。应邀来宾中有好几位是英国驻印度的退役军人，他们建议进行"浦那游戏"。当时室内场地呈葫芦状，他们在场地中间拉了一根绳子代替球网，每局比赛只能有两人参加，有一定的分数限制，大家打得非常热闹。于是羽毛球作为一种高雅的娱乐性活动迅速传遍英国，为了纪念此项运动的诞生地，伯明顿（badminton）即成为羽毛球的英文名字而流传于世界。

1893年，世界上最早的羽毛球协会——英国羽毛球协会成立，并于1899年举办了全英羽毛球锦标赛。在1948—1949年举行的首届世界男子羽毛球团体锦标赛"汤姆斯杯"赛中，马来西亚队荣获冠军，从此开辟了亚洲人称雄国际羽坛的时代。在1948—1979年间的11届"汤姆斯杯"赛中，印度尼西亚队夺得7次冠军，马来西亚队夺得4次冠军。20世纪60年代前期，中国队后来居上，1963年、1964年打败世界冠军印度尼西亚队，1965年又全胜北欧诸强，被誉为"无冕之王"（因当时我国未加入国际羽联，不能参加世界性锦标赛），直至1981年，我国才成为国际羽联的正式成员。

世界女子羽毛球团体锦标赛"尤伯杯"赛于1956年开始举行，前3届冠军均被美国队夺得。从20世纪60年代后期起，日本队和印度尼西亚队包揽了历届比赛的冠军、亚军。

1982年，中国队首次参加全英羽毛球锦标赛，即获得了女子单打冠军、亚军和双打冠军。到了20世纪80年代后期，马来西亚队、韩国队有了长足的进步，多次获得国际羽毛球大赛的男子团体冠军、双打冠军。女子方面，中国队、印度尼西亚队继续保持领先水平，韩国女队迎头赶上，是近年来中国队、印度尼西亚队的主要对手。

1978年2月，世界羽毛球联合会于中国香港成立。1981年5月，国际羽毛球联合会和世界羽毛球联合会正式合并。

目前，国际羽联已拥有100多个会员。国际羽联管辖的世界性比赛有："汤姆斯杯"赛（世界男子羽毛球团体锦标赛），从1948年开始，每3年举办一次，1984年起改为每两年举行一次；"尤伯杯"赛（世界女子羽毛球团体锦标赛），从1956年开始，每3年举办一次，1984年起改为每两年举行一次；世界锦标赛（单项比赛），从1977年开始；全英羽毛球锦标赛（非正式传统单项比赛），早在1899年开始每年举办一次。

二、羽毛球的基本技术

羽毛球的主要基本技术包括手法和步法两大类。手法有握拍法、发球法和击球法；步法有基本步法和前后左右移动的综合步法。

（一）手法

羽毛球握法正确与否，对于掌握和提高羽毛球技术水平有着重要的影响。羽毛球技术的握拍和指法是多种多样的，但是基本的握拍法有两种，即正手握拍法和反手握拍法。

1. 正手握拍法

正手握拍法在握拍时，先用左手拿住拍颈，使拍面与地面垂直，再张开右手（本节全部技术动作均以右手握拍为例），使手的小鱼际肌靠在拍柄底托处，虎口对准拍柄的内侧小棱边，然后小指、无名指和中指并拢握住拍柄,小指和无名指在拍柄的末端应稍紧,不使球拍脱手,食指与中指稍微分开,用食指和拇指轻松地环扣住拍柄。正手握拍法如图6-14所示。

图6-14 正手握拍法

2. 反手握拍法

反手握拍法在正手握拍法的基础上,拍柄稍向外转,食指收回,拇指第二指节顶贴在拍柄内侧的宽面上,其余四指并拢握住拍柄,手心与拍柄之间应有一个明显的空洞。反手握拍法如图6-15所示。

(二) 发球

发球作为组织进攻的开始,其质量的好坏直接影响到比赛的主动与被动,甚至赢球与得分。发球可分为正手发球和反手发球两种。若按球在空中飞行的弧线,正手发球又可分为发高远球、平高球、平快球和网前球;反手发球由于受挥拍距离较短的限制,无法发高远球,只能发平高球、平快球和网前球。不管采用哪一种发球方式,均要求发球动作协调一致,有突变性,而且落点及弧度要准确多变,要根据战术需要采用各种发球方式以达到战术目的。

图6-15 反手握拍法

1. 正手发球技术

(1) 发高远球:发球时,左手把球举在身体的右前方并自然放下,使球下落,同时右手持拍由大臂带动小臂,从右后方沿着身体向前并向左上方挥动。当球落到右手臂向前下方伸直能触到球的一刹那,握紧球拍,并利用手腕的力量向前上方发力击球。击球之后,球拍顺势向左上方挥动缓冲。发高远球如图6-16所示。

图6-16 发高远球

(2) 发平高球:发球的动作过程大致同发高远球,只是在击球的一刹那,小臂加速带动手腕向前上方挥动,拍面要向前上方倾斜,以向前用力为主。发平高球时要注意发出球的弧线以对方接球时伸拍打不着球的高度为宜,并应发到对方场区底线。发平高球如图6-17所示。

图 6-17 发平高球

(3) 发平快球:站位比发平高球稍后些(防止对方很快回到本方后场),充分利用前臂带动手腕爆发力向前方用力,球直接从对方的肩稍上高度越过,直攻对方后场。发平快球的关键是出手的动作要小而快,但前期动作应和发高远球一致。发平快球时还应注意不要过手、过 1.15 m 犯规。

(4) 发网前球:击球时,握拍要放松,大臂动作要小,主要靠小臂带动手腕向前切送,用力要轻。发网前球时应注意手腕不能有上挑动作,另外,落点要在前发球线附近,发出的球要贴网而过,这可免遭对方"扑杀"。

2. 反手发球技术

反手发球技术是在身体的左前方用反拍面击球的一种发球方式。同正手发球技术一样,用反手同样能发出各种不同弧度的球;与正手发球所不同的是,反手发球时动作的力臂距离相对要小,发球时对球的控制力更强,加之反手发球动作更具一致性、隐蔽性和突然性,因此在比赛中,尤其是在双打比赛中被广泛采用。在实战中,发球方根据双打战术的特点和需要,常以反手发后场平高球、后场平射球和网前小球为主。反手发球如图 6-18 所示。

图 6-18 反手发球

(1) 反手发后场平高球:站位靠近前发球线,右脚在前,左脚尖侧后点地,重心放在右脚上。左手拇指、中指、食指握住球的羽毛处,置于腹前;右手弯肘稍向上提起,用反手握拍,以反拍面将球拍自然置于腹前持球手的后面,两眼正视前方,呈发球前的准备姿势。击球动作:左手放球的同时,持拍手前臂内旋,带动手腕展腕由后向前作回环半弧形挥动,击球时屈指收腕发力,反拍面向前上方将球击出。击球后以制动动作结束发力,并注意将握拍姿势迅速调整为正手握拍。

(2) 反手发后场平射球：与反手发后场平高球动作相同，击球时，尽可能地提高击球点，利用拇指的顶力，拍面与地面成近似 90°角迅速向前推进击球。

(3) 反手发网前小球：准备姿势、引拍动作和击球后的动作均与反手发后场平高球相同。击球时靠手腕和手指控制发球的力量，以斜拍面向前轻轻推送切击球，使球尽可能低地沿网上方飞过并落入对方前发球线内。

（三）接发球

发球与接发球是一对矛盾体，发球方想方设法发出各种不同弧线的球，以此来控制对方；接发球方则后发制人，达到反控制的目的。羽毛球比赛就是在这种控制与反控制的争夺中给人以刺激、乐趣和启示。

1. 单打站位

单打站位一般在离发球线 1.50 m 处。在右发球区站在靠近中线的位置，在左发球区则站在中间的位置，这样站主要是为了防备对方直接进攻反手部位。一般左脚在前，右脚在后，双膝微屈，收腹含胸，身体重心放在前脚上，后脚脚跟稍抬起。身体半侧向球网，球拍举在身前，两眼注视对方。单打站位如图 6-19 所示。

2. 双打站位

由于双打发球区比单打发球区短 0.76 m，发高远球易被对方扣杀，所以双打发球多以发网前球为主。接发球时要站在靠近前发球线的地方。双打接发球准备姿势和单打接发球基本相同。只是身体前倾较大，身体重心可前可后，球拍举得高些，在球飞行到网上最高点时击球，争取主动。但要注意对方在右场区发平快球突袭反手部位。

图 6-19　单打站位

3. 接发各种来球

对方发来高远球或平高球时，可用平高球、吊球或杀球还击。一般来说，接发高远球是一次进攻的机会，若还击得好，就掌握了主动。一些初学者常因后场技术没掌握好，还击球的质量较差，以致遭到对方的攻击。

（四）击球法

羽毛球击球技术包括击高球、吊球、杀球、搓球、推球、钩球、扑球、抽球、挑球等。每一种击球技术又可分为正手和反手击球。依据战术球路的需要，又可击出直线球和斜线球。后场击球技术指自后场经过高空飞行打到对方后场端线的球，以空中飞行的弧度分为高球、吊球、杀球等。

1. 高球

(1) 正手击高球：后场正手上手击球技术的基础。击球前，身体先半侧对球网，右脚在后，左脚在前，两脚尖均踮起，身体重心自然落在右脚掌上。右手采用正手握拍法握拍，自然将球拍举到右肩侧上方，左手自然上举，眼睛注视来球。当球下落到接近击球点高度时，右腿开始蹬伸，并以髋关节带动身体由右向左转动，做左腿后撤、右腿前迈的两腿交叉动作。下肢蹬转的同时，胸部舒张，两侧肩关节外展，左手自然上举，持拍臂的前臂向后移动，保持高肘后撤球拍。在腰腹协调用力的配合下，上臂带动前臂利用伸肘关节、前臂旋内和屈腕的力量，向前上方"甩臂"挥拍击球。在球拍与球接触的瞬间，迅速握紧球拍将球击出。正手击高球如图 6-20 所示。

图 6-20　正手击高球

（2）反手击高球：当判断来球是在后场区上空，迅速将身体转向左后方，移动步伐背对球网，并用反手握拍法握拍；最后一步用右脚前交叉跨到左后方，球拍由身前举到左肩附近，以大臂带动前臂转动，击球时前臂由左肩上方往下绕半弧形，最后一刹那时手指紧握球拍，击球点在右肩上方为好，以手腕往右后上方或者根据还击球的需要，掌握好球拍的角度鞭打用力进行击球，击球后，转身，手臂回收至胸前。反手击高球如图 6-21 所示。

图 6-21　反手击高球

（3）头顶击高球：准备姿势及击球动作与正手击高球基本相同，只是击球点偏左肩上方。准备击球时，侧身稍左后仰。击球时，大臂带动小臂使球拍绕过头顶，从左上方向前加速挥动，注意发挥手腕的爆发力及蹬地收腹的力量击球。落地时左腿向左后方摆动幅度大些。头顶击高球如图 6-22 所示。

图 6-22　头顶击高球

2．吊球

把对方击来的高球，从后场轻击或轻切、轻劈到对方的近网附近，称为吊球。吊球根据其动作方法、球的飞行弧线的不同可分为轻吊、拦吊、劈吊（其中每项都包括正手、头顶、反手等方法）。

(1) 正手吊球：击球前动作同正手击高球，击球的一刹那，前臂突然减速，用手腕的闪动向前下方轻轻切击球托的右侧后下部。关键是向前下方用力，使球越网后即下落。击球后，手臂随惯性自然回收到胸前。正手吊球如图 6-23 所示。

图 6-23　正手吊球

(2) 反手吊球：击球前的动作同反手击高球，不同点是前臂上摆，拇指内侧顶住拍柄，手腕向后"甩腕闪动"（由屈到后伸外展）轻击球托的后下部位，使球的受力向前下方，球沿直线方向落到对方网前。反手吊球如图 6-24 所示。

图 6-24　反手吊球

(3) 头顶吊球：击球准备和前期动作同头顶击高球，头顶吊斜线球时，中指、无名指和小指屈指外拉拍柄，使拍子内旋，拍面前倾，以斜拍面击球托左侧部位；头顶吊直线球时，球拍击球托的正中部位。头顶吊球如图 6-25 所示。

图 6-25　头顶吊球

3. 杀球

(1) 正手杀直线球：准备姿势与正手击高球相似，不同之处是右脚起跳后，身体后仰成反弓后收腹用力，靠腰腹带动大臂、大臂带动前臂、前臂带动手腕，形成向下鞭打的用力，球拍正面击球托的后部，无切击，使球沿直线向前下方快速飞行。击球后立即成还原准备姿势。正手杀直线球如图 6-26 所示。

图 6-26 正手杀直线球

(2) 反手杀直线球：准备姿势与反手击高球相似，不同之处是击球前的挥拍用力要大，身体反弓加上手臂与手腕的延伸、外展的鞭打用力，可向对方的直线或对角线的下方用力，击球瞬间球拍与扣杀球方向的水平夹角小于 90°。

(3) 头顶杀直线球：准备姿势与头顶击高球相似，不同点是挥拍击球时，要集中全力往直线方向或对角方向下压，球拍面和击球方向水平面的夹角小于 90°。

(4) 腾空突击杀直线球：击球前，右脚稍前，左脚稍后，身体稍前倾，屈膝，重心落在右脚上，准备起跳。起跳后，身体向右后方腾起，上身右后仰成反弓形，右臂右上抬，肩尽量后拉。击球前臂快速举起，手腕从后伸至前臂旋内，接着屈收压腕鞭打用力高速向前下击球。杀球后，屈膝缓冲，右脚右侧着地，重心在右脚前；左脚在左侧前着地，并迅速还原。腾空突击杀直线球如图 6-27 所示。

图 6-27 腾空突击杀直线球

（五）前场击球技术

前场击球技术是羽毛球运动中一项非常重要的技术,熟练合理地运用网前技术,可以使对方由主动变被动,从而控制对方,给自己创造有利的进攻机会。网前技术分为搓球、推球、勾球、扑球等。

1. 搓球

（1）正手搓球：准备姿势为侧对球网,右腿跨成弓箭步,重心放在右脚,正手握拍,做好防网前球准备。击球前,前臂稍外旋,手腕由后伸至稍内收闪动,击球时在正手防网前球动作的基础上,加快挥拍速度,搓切来球的右下底部,使球旋转翻滚过网。正手搓球如图 6-28 所示。

图 6-28　正手搓球

（2）反手搓球：准备姿势同正手搓球,击球前主要靠前臂的前伸外旋和手腕由内收至外展的合力,搓击球的右侧后底部,使球侧旋滚动过网。另外还可以前臂稍伸直,手腕由外展到内收,带动球拍向前切送,击球托的后底部,使球下旋滚动过网。反手搓球如图 6-29 所示。

图 6-29　反手搓球

2. 推球

推球是把对方击来的网前球推击到对方的后场两底角。球飞行的弧线较低平,速度较快。

（1）正手推球：站在右网前,球拍向右侧前上举。在肘关节微屈回收时,前臂稍外旋,手腕稍向后侧摆,球拍也随之往右下后摆,拍面正对来球。这时,小指和无名指稍松开,使拍柄稍离开鱼际肌,拇指和食指向外捻动拍柄,拍面更为后仰。推球时,身体稍往前移,右前臂往前伸并带内旋,手腕和手指控制拍面角度,手腕由后伸至伸直并闪腕,食指向前压,小指和无名指突然握紧拍柄,拍子急速地由右经前上至左地挥动来推球,使球沿边线飞向对方后场底角。在挥动过程中,拍子回收。正手推球如图 6-30 所示。

图 6-30　正手推球

(2) 反手推对角线球：站在左网前，以反手握拍，前臂往前上方伸举，在前臂稍向左胸前收引、肘关节微屈、手腕外展时，变成反手推球的握拍法，球拍松握，反拍面迎球；当前臂前伸并带外旋，手腕由外展到伸直闪腕，中指、无名指和小指突然握紧拍柄，拇指顶压，往右前方挥拍，推击球托的左侧后部，使球沿对角线方向飞行；击球后，手臂回收，恢复击球前的准备姿势。反手推对角线球如图 6-31 所示。

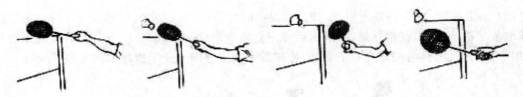

图 6-31　反手推对角线球

3. 勾球

勾球是把在本方右（左）边的网前球击到对方左（右）边网后的技术动作。勾球分正手勾球和反手勾球两种。

(1) 正手勾球：用并步加蹬跨步上右网前，球拍随前臂往右前斜上举，前臂前伸时稍有外旋，手腕微后伸，握拍手将拍柄稍向外捻动，使拇指贴在拍柄的宽面上，食指的第二指关节贴在拍柄背面的宽面上，拍柄不触掌心；球拍随着向右侧前挥动，拍面朝着对方右网前，击球时，前臂稍有内旋往左拉收，手腕由稍后伸至内收闪腕，挥拍拨击球托的右侧下部，使球向对方网前掠网坠落。击球后，球拍回收至右肩前。正手勾球如图 6-32 所示。

图 6-32　正手勾球

(2) 反手勾球：站在左网前，反手握拍前平举，在身体前移的过程中，球拍随手臂下沉至离网顶 20 cm 处，变成反拍勾球握拍法，拍面正对来球。当来球过网时，肘部突然下沉，同时前臂稍外旋，手腕由稍屈至后伸闪腕，拇指内侧和中指把拍柄往右侧一拉，其他手指突然握紧拍柄，拨击球托的左侧后部，使球沿对角线飞越过网。击球后，球拍往右侧前回收。反手勾球如图 6-33 所示。

图 6-33　反手勾球

4．扑球

对方发网前球或回击网前球时,在球刚越到网顶时即迅速上网向斜下扑压,称为扑球。扑球有正手扑球和反手扑球两种。

(1) 正手扑球:右脚蹬步上网,身体右侧前倾,手举球拍于右肩上方。击球时,利用手腕由后伸到前屈收腕的力量,带动球拍向下扑击球。如果球离网顶较近,靠手腕从右前向左前"滑动"击球。

(2) 反手扑球:右脚跨至左前再蹬跳上网,身体右侧前倾,反手握拍举于左前上方。击球时,前臂伸直外旋带动手腕内收至外展,拇指顶压拍柄加速挥拍扑球。若来球靠近网顶,手腕可外展由左向右拉切击球,以免触网。击球后,右脚着地屈膝缓冲,回收球拍于体前。反手扑球如图 6-34 所示。

图 6-34　反手扑球

(六) 中场击球技术

中场区是羽毛球比赛中较为重要的场区,因为此场区既可攻又可守,是攻防转换的主要区域。故控制好中场球是创造有效进攻机会的关键手段。

1．挡网前球

(1) 正手挡直线网前球技术:多用于接对方杀球。接球前用接杀球的步法移至右场边线,身体右倾,手臂右伸,前臂外旋,手腕外展。击球时,前臂内旋稍翻腕带动球拍由右下向前上方推送击球,把球挡向直线网前。击球时前臂由外旋到内收,带动球拍由右向前切送挡直线网前。击球后,身体左转成正面对网,然后右脚上前一步,球拍随身体向左转收至身体前方。

(2) 正手挡对角网前球技术:准备姿势同上。挥拍击球时,在肘关节屈收的同时前臂稍内旋,手腕由后伸到内收闪动,击球托的右侧。击球点在右侧前,手腕、手指控制拍面角度,使球向对角线网前坠落。

(3) 反手挡直线网前球技术:多用于接杀球。首先用接杀球的步法移至左场区边线,身体左转前倾,右肩对网,右肘弯曲,手腕外展,引拍至左肩前上方。击球时,借对方杀球的冲力,以前臂带动球拍由左上方向左前方用拇指的顶力挥拍轻击球托,把球挡回直线网前。击球后,身体右转成正面对网,球拍随着身体的移动收至身体前方。

(4) 反手挡勾对角网前球技术:用反手勾对角接杀球握拍法,击球时,手腕由外展到后伸闪动,挥拍击球托的左侧下部,使球向对角线网前坠落。

2．挑高球

挑高球是把对方击来的吊球或网前球挑高回击到对方后场去,这是在比较被动的情况下采取的一种防守性技术。挑高球有正手挑球和反手挑球两种。

(1) 正手接杀挑直线后场高球:当杀对方右边线球时,右脚向右侧跨一大步到位。随步伐移动往侧引拍,右臂稍向右后摆的同时稍带有外旋,手腕后伸到最大限度,使球拍迅速后摆,紧跟着右前臂急速向前挥动且略有外旋,手腕从后伸到伸直闪腕,这时,肘起着"支点"的作用,拍面对准来球,击球托的中下部,使球向直线高远方向飞行。击球后,前臂内旋,球拍往体前上方挥动,球拍回收至体前。

(2) 反手接杀挑后场高球:击球前,前臂内旋,手腕外展,引拍至左侧前。击球时,上臂支撑,前臂急速往右前方挥摆,手腕由外展至后伸闪动,握紧球拍,加上拇指的顶力,全速挥拍击球,使球向直线方向飞行。若向对角线方向挥拍,则球向对角线方向飞行。

3. 抽球

(1) 正手平抽球:两脚平行站立稍宽于肩,右脚稍向右侧迈出一小步,同时上体稍往右侧倾,右臂向右侧上摆,球拍随着上举,肘关节保持一定角度,击球前肘关节前摆,前臂稍往后带外旋,手腕稍外展后伸,引拍至体后。击球时前臂内旋,手腕伸直闪动,手指抓紧拍柄,球拍由右后方往右前方高速平扫来球。击球后,球拍顺势盖过去向左边摆,左脚往左前方跟进一步,准备迎击第二次来球。

(2) 反手平抽球:右脚前交叉在左侧前,重心在左脚上,右手反手握拍在左侧前。击球前肘部稍上抬,前臂内旋,手腕外展,引拍至左侧。击球时,在髋的右转带动下,前臂外旋,手腕由外展到伸直闪动,挥拍击球托的底部。击球后,球拍随身体的回动收回到右侧前。

4. 快打技术

(1) 正手快打:两脚分开,右脚稍前,左脚在后,两膝成半蹲,正面握拍,举起球拍,球拍上举经过头顶,往头后引至右侧下方,手握拍较松。当判断来球是在头顶上方时,身体稍往前移,同时左脚往前跨一小步,右脚稍微伸直,成左弓箭步,把击球点选在右肩的前上方。上臂向前上方抬起,肘弯曲,前臂稍后摆带有外旋,引拍于头后。击球时前臂向前,手腕由后伸至前屈闪动,挥拍击球托的后部,使球平直、急速地飞向对方中场区的附近。击球后,球拍随势前盖,右脚往左前迈一步,站在中线两侧稍偏后的位置上,球拍由左下回举至前上方,准备迎击下一次来球。

(2) 反手快打:两脚平行站在左场区,重心在右脚,举拍于右侧前。当判断来球是在左场区时,右前臂往左摆,身体稍向左转至右肩对网,左脚也往左侧迈一小步,前臂内旋,手腕外展引拍于左侧后。击球时,前臂外旋,手腕伸直闪动,手指突然抓紧拍柄,前盖球托后部,使羽毛球比较平直地向前飞行。击球后,球拍由右下回举至前上方,准备下一次击球。

(七) 步法

羽毛球运动员在单打比赛中,要在本方场区约 35 m^2 的面积内,来回奔跑并完成各种击球动作,如果没有快速而准确的步法,就会顾此失彼,疲于奔命。我国羽毛球运动员根据自身的特点和从实战需要出发,形成了步法训练的完整体系。

1. 步法的构成

羽毛球步法是由起动、移动、制动和回动四个环节所构成的。

2. 常用步法

羽毛球步法通常运用蹬步、跨步、腾跳步、交叉步、垫步、并步等基本步法,在这些基本步法基础上组成了上网、后退、两侧移动和起跳腾空等综合步法。

(1) 上网步法:如果站位靠前,可用两步交叉步上网;若站位靠后场,则采用三步交叉跨步的移动方法,即右脚向右前方迈一小步,接着左脚前交叉迈过右脚,然后右腿顺着这一方向跨一大步到位。为了加速上网,还可采用垫步上网,即右脚向右前方迈一小步后,左脚快速跟进到右脚跟后,利用左脚掌内侧后蹬,右脚向右前方跨出一大步。

(2) 两侧移动步法:向右侧移动时,两脚开立,右脚跟稍提起,上体稍倒向左侧,左脚掌内侧用力起蹬,右脚同时向右侧蹬跨一大步到位击球。若距来球较远,则左脚可向右垫一小步再起蹬,右脚同时向右跨一大步到位。向左侧移动时,两脚开立,上体稍倒向右侧用力起蹬,左脚同时向左蹬跨一步到位击球。离球较远时,左脚可先向左移一小步,然后向左转身,右脚向左(前交叉)跨一大步(背向网)到位反手击球。

(3) 后退步法:一般都用侧身后退,以便于到位后挥拍击球。如果是右脚稍前的站位,则先完成右脚后蹬—髋部右后转—成侧身站位,然后采用三步并步后退或交叉步后退。

【复习思考题】

1. 羽毛球运动有几种握拍方式?
2. 羽毛球运动有几种击球技术方法?
3. 羽毛球单打是怎样站位的?

第三节　网　　球

一、网球运动概述

网球运动起源于12～13世纪法国传教士在教堂回廊里进行的一种用手掌击球的游戏。起初的网球是用两个半球填充草、树叶或头发等制成的。后来随着网球的不断发展,球的制作也越来越讲究。

现代网球运动一般包括室内网球和室外网球两种形式。现代网球运动的历史是从1873年开始的。那一年,英国人沃尔特·克洛普顿·温菲尔德将早期的网球打法加以改进,使之成为人们夏天在草坪上进行的一种体育活动,并取名"草地网球"。

1874年,在百慕大度假的美国女士玛丽·奥特布里奇在观看了英国军官的网球比赛后,对这项体育活动颇感兴趣,于是将网球规则、网拍和网球带到纽约。在美国,网球运动最初是在东部各学校开展的,不久就传到中部、西部,进而在全美普及。此时,网球运动已经由在草地上举行演变为可以在沙土上、水泥地上、柏油地上举行,于是名称"网球"(tennis)就慢慢替代了名称"草地网球"(lawn tennis),这是现在网球(tennis)名称的由来。

1878年,第一届男子双打锦标赛在英格兰举行。1879年,第一届女子单打和混合双打比赛在爱尔兰举行。1884年,温布尔登网球锦标赛增加了女子单打和男子双打项目,1913年又增加了女子双打和混合双打项目。

1881年,世界上出现了第一个全国性的网球协会,即美国全国草地网球协会("全国"两字于1920年取消)。该协会于当年8月31日至9月3日在罗得岛纽波特港举行了第一届美国草地网球男子单打和男子双打锦标赛,采用了温布尔登网球锦标赛的比赛规则,参加比赛的有26人。

1913年3月1日,由澳大利亚等12个国家的网球协会代表,在巴黎成立了国际网球联合会(ITF),协调国际网球活动,安排全年比赛日程表,修订网球规则并监督执行。1919年,抽签采用"种子"制度。1927年,英国首创无缝网球,使球速加快。1945年至20世纪60年代,网球趋向职业化。1963年开始举办女子网球团体赛。1968年温布尔登网球锦标赛首先实行不区分业余选手和职业选手的参赛制度。1972年,国际男子职业网球协会成立。1973年,国际女子职业网球协会成立。

1896年,在雅典举行的第一届现代奥运会上,网球的男子单打与双打被列为正式比赛项目。后来,由于国际奥委会和国际网球联合会在"业余运动员"问题上有分歧,已经进行了连续七届的奥运会网球比赛项目被取消。直到在1984年的洛杉矶奥运会上,网球才被列为表演项目。在1988年的汉城奥运会上,网球重新被列为正式比赛项目。

网球运动兴起于宫廷之中,当时的计分员用可以拨动的时钟指针来计分,每得一次分就将时钟指针拨动四分之一,也就是15分,同理,得分两次就将时钟指针拨至30分。这就是15分、30分的由来。40分,它不是15的倍数,这是因为15的英文是fifteen,为双音节单词,30的英文是thirty,也是双音节单词;但是45的英文是forty-five,是三音节单词,当时英国人觉得有点拗口,于是就把它改成英文同为双音节单词的40(forty),这就是看来不合逻辑的40分的由来。

二、网球的基本技术

(一)握拍法

在所有的网球技术中,最基本的就是握拍法,它能直接影响球拍面接触球的角度。目前世界上流行的握拍法有两种:东方式握拍和西方式握拍。不同的握拍法产生了各种不同的击球效应和打法,不同的打法在世界网坛上都获得了较好的成绩。

1. 握拍的重要性

握拍的方法与击球动作有着密切的关系。球拍是击球者"手臂的延伸"和"手掌的扩大",每个击球动作都是由手臂、手腕、手指相互配合用力来完成的,所以握拍的好坏对技术的提高和全面发展有较大的影响。初学者必须按正确的方式握拍,使拍面以正确的部位和角度与球接触。起初可能会有不习惯、不舒服之感,但坚持一段时间后就会领会到正确握拍的好处。

2. 握拍术语

握拍术语是对握拍手的"虎口"所形成的"V"形而言的。但每个人的手不可能完全相同,单凭"V"形不一定可靠,所以必须从以下三点来进行检查。

(1)手掌根:小鱼际肌所在的部位。

(2)食指下关节:食指掌指关节腹面所在部位。

(3)手指垫:拇指指间关节腹面所在部位。

3. 握拍种类及其方法

(1)东方式握拍法(分为正拍和反拍两种)。东方式正拍握拍法:左手先握住拍颈,使拍子与地面垂直,然后手掌也垂直于地面,手握拍柄似与人握手,故亦称握手式握拍法。准确地说,右手掌根与拍柄右上斜面贴紧,拇指垫压住拍柄的左垂直面,食指微离中指,食指下关节压住拍柄右垂直面。由此拇指与食指成"V"形,对准拍柄的右上斜面和左上斜面的上端中间。东方式反拍握拍法:从正拍握法把手向左转动(把拍子向右转动),使拇指与食指成"V"形,对准拍柄左上斜面与左垂直面的中间线;用手掌根压住拍柄的左上斜面,拇指贴在左垂直面上,食指下关节压在右上斜面上。东方式握拍法如图6-35所示。

（2）大陆式握拍法：与东方式握拍法不同，大陆式握拍法在进行正、反拍击球时都无须变换握法。握拍时用手掌根贴住拍柄上部的平面，食指与其余三指稍微分开，食指上关节贴在拍柄右上斜面上，拇指垫贴在拍柄的左垂直面上。大陆式握拍法如图6-36所示。

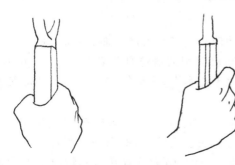
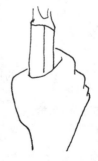

图6-35　东方式握拍法　　　　　　　　　图6-36　大陆式握拍法

（3）西方式握拍法（分正拍和反拍握法）。西方式正拍握拍法：手掌心朝下，手掌的大部分放在拍柄的底部，手掌根贴在拍柄的右下斜面上，拇指压在拍柄的上部手面，食指的下关节握住拍柄的右下斜面，使拇指与食指所成"V"形对准拍柄的右垂直面，手握拍的形状好似"一把抓"。西方式反拍握拍法：在西方式正拍握拍的基础上，把球拍上下颠倒过来，用同一拍面击球或手腕顺时针转，使拇指与食指所成"V"形对准拍柄的左垂直面，食指下关节压住拍柄的上部手面，手掌根贴在拍柄左上斜面。西方式握拍法如图6-37所示。

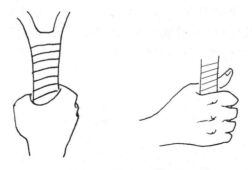

图6-37　西方式握拍法

（4）其他握拍法。混合式握拍法：半西方式握拍法，它的正拍握拍法是介于东方式握拍法和西方式握拍法之间的握拍法，拇指与食指所成"V"形对准右上斜面。它的特点是便于拍击任何来球，目前被不少优秀运动员所采用。双手反拍握拍法：右手是东方式反拍握拍法，握在球拍拍柄的底部，手掌根与拍柄对齐；左手握在右手的上方，是东方式正拍握拍法。该握拍法的优点在于力量不足的运动员学习起来比较容易，同时这种握拍法易于对来球加上旋和进行发力，击球点可更靠后些，且动作的隐蔽性强，对方不易判断是击斜线球还是击直线球。其缺点在于对步法要求精确。双手正、反拍握拍法：正拍击球时是双手握拍，反拍击球时也是双手握拍，如著名女运动员塞莱斯就是这种握拍法。它的动作要领（以右手持拍为例）：右手为东方式或混合式握拍，左手握在右手上方，当对方击球朝正拍来时，左手下滑，右手迅速与左手换位，形成类似左手握拍反拍击球动作。击完球后，还原至右手在后、左手在前的准备动作。反拍击球时，握拍法与双手反拍击球握拍法相同。该握拍法的优点：正、反拍击球没有明显弱点，都能给对方构成威

133

胁，而且动作隐蔽，便于发力。但该握拍法要求运动员判断准确，反应敏捷，步伐移动快。双手正、反拍握拍法如图 6-38 所示。

（二）发球与接发球

1. 发球

相对于底线击落地球和凌空截击来球而言，发球是一项比较难掌握的技术。发球时运动员运用的身体部位较多，动作幅度较大，肌肉的协调程度较高。高水平比赛中，球员保住自己的发球局是赢取胜利的关键和基础。

图 6-38 双手正、反拍握拍法

（1）握拍：东方式反手握拍法或大陆式握拍法。许多网球初学者都喜欢用东方式正手握拍法进行发球，如果采用此种握拍法在右区而且用正常动作发球，球出手后十有八九会偏向外角一侧，因为手腕在自然情况下所形成的拍面就是如此的角度。若想使拍面偏向内角则必须向内转动手腕，而经常做此动作不仅相当别扭而且易使手腕受到损伤。所以在可能的情况下最好不要用东方式正手握拍法进行发球。

（2）准备动作：双脚自然分开站立，两脚的连线根据球员的习惯可与底线相垂直，也可以保持另外一个合适的角度；身体自然前倾，最好只持一个球，球自然着落在持球手的拇指、食指及中指三指上，无名指和小指自然屈于球的后部，切忌用力将球握在手里或捏在手里。

（3）抛球：准备动作稳定下来以后，顺势抛球及挥拍击球。

（4）挥拍击球：抛球与挥拍击球是同时进行的。

（5）随挥：球拍击中球时虽然挥拍击球动作已经完成，但整个发球过程却仍在继续。到达击球点后球员应顺着身体及挥拍的惯性做收腹、转肩和收拍的动作，最终球拍由大臂带动收向持拍手的异侧体侧，结束发球动作。这一过程被称为随挥，即随球挥动，与底线击球的随挥异曲同工。发球如图 6-39 所示。

图 6-39 发球

2. 接发球

接发球分正拍接球和反拍接球两种接法,可以打出上旋球、下旋球和平击球等。根据战术的需要,除了用不同的回击力量和落点变化外,还可以直接放小球或挑高球,也可以接发球上网和接发球破网。

(1) 准备姿势:接发球的准备姿势只要能以最快的速度还击球就行。当对方发球前,可以膝盖弯曲,两腿叉开;当对方抛球准备击球时,可以重心升起,两脚快速交替跳动,并判断来球情况迎前回击。

(2) 站位:接发球站位要根据对方的发球水平和自己的接发球水平及习惯、场地和战术需要来确定,一般应站在对方能发到的内外角的中角线上,接第一发球时站位稍后些,接第二发球时站位略前。

(3) 击球动作:根据对方发球好坏、速度快慢而定。动作一般介于底线正、反拍击球动作和截击球动作之间。对发球差的对手,可用自己的底线正、反拍动作来接对方的发球;而对发球好、速度快的对手,可用网前截击球的动作来顶接对方的发球,这样接出的球威胁很大。

接好发球的关键在于:快速灵敏的判断与反应、充分的准备。当接击球点在身体前面的发球时,在判明来球的方向后,即向后转动双肩,马上向前迎击来球。接大力平击发球时,靠近身体大多向左侧身用反拍顶击球。用正拍侧身抢攻需要有更快更早的动作。迎上去顶击球时,要紧握球拍,手腕保持固定,使拍面正对来球,身体的向前动作加上发球者的球速将提供所有接发球者所需要的力量。

(三) 底线抽击球

1. 底线正拍抽击球

(1) 握拍法:东方式正拍握拍法或东西方混合握拍法。

(2) 准备姿势:正确的底线正手击球总是提前进入准备状态,因为正手击球需要较长的挥拍动作。准备时,面对球网,两脚分开与肩同宽,身体前倾,双膝微屈,重心落在前脚掌上,右手握拍,左手轻托拍颈,拍面垂直地面并指向对方,注意力集中准备迎击来球。

(3) 后摆动作:当发现对方击球朝正拍来时,就开始后拉拍,转髋的同时转动双肩,带动拍子向后引,做后摆动作;或直接向后拉拍,肘关节弯曲并稍抬起(注意:手臂不要伸直),与此同时,左手向前伸出,以保持身体平衡。

(4) 击球时的步法:击球步法分为"关闭式"和"开放式"两种。关闭式步法是在球拍做后摆动作的同时,右脚向右转,约与底线平行,左脚向右斜前方成45°角迈出。开放式步法是在向后引球拍做后摆动作的同时,双脚基本与底线平行,需要较多的转体动作相配合。这两种击球步法,击球前的重心都在右脚上,随着击球和随挥动作,重心移向左脚。

(5) 击球动作:从球拍后摆进入向前挥动时,一定要向前迎击球,借助转髋和腰的快速短促扭转,利用离心力大力摆动身体并立即挥出球拍。此时应紧握球拍固定手腕,肘关节微屈,击球点在轴心脚的侧前方。关闭式步法击球点在左脚尖的前方;开放式步法击球点在右脚侧前方。

(6) 随挥动作:击球后随挥动作的去向意味着球的去向。击球后,球拍沿着球飞行的方向继续向上挥动,肘关节向前上方跟进前伸,转体动作也由后摆时的侧身对网转向正面对网,球拍随挥至左肩上方结束,动作放松,同时马上还原到回击下一次来球的准备状态。底线正拍抽击球如图 6-40 所示。

图 6-40 底线正拍抽击球

2. 底线反拍抽击球

(1) 握拍与准备：握拍姿势同东方式反拍握拍法，准备动作与底线正拍抽击球相同。当判断出对方来球方向是反拍时，握拍法由东方式正拍握拍法或东西方混合式正拍握拍法转换成东方式反拍握拍法。

(2) 后摆动作：左手轻托球拍的颈部，转动双肩。右肩侧身对网，几乎是背对球网，同时右脚向左侧前方约45°角跨出，全身自然放松，注意力集中，握拍手的肘关节弯曲并贴近身体。

(3) 击球动作：要把球打得既凶又准，必须要向前迎击球，击球点在轴心脚（右脚）的侧前方，而双手握拍反拍击球点在左脚的侧前方。力争打上升球，因为上升球比下降球有较快的速度和较大的力量可以借助，所以回击球的速度也比较快。当向前挥拍击球时，朝着球网一鼓作气地回身转腰，拍面垂直于地面，肘关节稍屈并外展，手腕紧锁，并由下向上奋力挥出球拍，在将要击球时，身体重心由后脚移向前脚。

(4) 随挥动作：由于腰的扭转，击球后使身体面向球网。为了控制球，跟进动作时球拍应向上挥到肩或头部的高度，同时保持身体平衡并准备下一拍的击球。底线反拍抽击球如图6-41所示。

图 6-41 底线反拍抽击球

（四）网前截击球

截击球是在网前进行的一种攻击性击球方法，即在球落地之前，便将来球击回对方场地。它回击速度快、力量大、威力大，使对方难以应付，是迅速取胜的一种有效手段。截击球分为正手截击球和反手截击球两种。

1. 正手截击球

(1) 准备姿势：持拍于体前，拍头高于持拍手臂及球网。最理想的站位是跨立在发球区内离发球线30～60 cm中线处。两脚自然分开站立，面向球网，双膝微屈。

(2) 挥拍击球：挥拍动作短暂而有力，是快打动作。后引球拍时手腕微屈，球拍高度不得过肩，拍面可略摊开，当向前挥动球拍时拍头恢复上翘，使拍面平直击球。击球瞬间手腕必须紧固有力，击球点保持在身前。在截击中，眼不离球。

(3) 撞击随挥：截击球不需要使劲回臂向前，只是向前"捅"。拍弦对着击出的球，沿着出球方向撞击出去。截击动作越简单越好。

2. 反手截击球

(1) 准备姿势：球拍持于身前，拍头指向前上方。两脚分开站立比肩稍宽，双膝微屈，身体稍呈蹲伏状。

(2) 挥拍击球：当球来时，用非持拍手将球拍稍向后拉，双膝弯曲，身体重心前移。持拍手手腕向上，拍头上翘，眼睛始终盯住球。截击时，手腕绷紧，手臂伸直。拍头与手臂向前下方作短截击球时要和谐一致。反手截击球如图6-42所示。

图 6-42　反手截击球

（五）高压球

高压球的动作与发球动作相似，握拍也与发球握拍相同。当对方挑高球时，应立即侧身转体并用短促的垫步向后退，同时持拍手上举至头部向后引拍，重心在两脚前脚掌上，后腿弯曲，随时准备扣杀。准备击球时，非持拍手上举指向来球的方向，击球与发球时击球一样，击球点在右眼前上方。如果跳起高压，由后脚起跳，转体、收腹，击球后用左脚着地，同时右脚向前跨，准备再上网截击。近网高压球的击球点可偏前，便于下扣动作的完成，远网后场高压球的击球点可稍后些，击球时球拍向前下方挥击，以防球下网。击球后的跟进动作尽量像发球那样完整。起跳高压时要保持身体平衡。高压球如图6-43所示。

图 6-43　高压球

（六）挑高球技术

1. 进攻型挑高球

(1) 准备姿势：与正手击球、反手击球动作相似，尽可能使挑高球的突然性增大，获得最佳效果。击球过程中精力高度集中,忘掉对方在网前的威胁。

(2) 挥拍击球:击球过程中手腕绷紧,拍面与球接触是进攻型挑高球技术的关键,球面应在球底部后 1/4 处,并把球向上击入空中,使之越过对方的球拍,越过对方的头部。

(3) 随挥动作:击球后,球拍应充分送出,以保证球能越过对方球拍,继续作随挥动作,直到球拍在空中对着球飞行的方向为止。进攻型挑高球如图 6-44 所示。

图 6-44 进攻型挑高球

2. 防守型挑高球

(1) 准备姿势:向来球方向跑动时,应把球拍举起放在后面,充分引拍,动作与抽球时的动作一样。

(2) 挥拍击球:移动的同时,完成引拍动作直到球拍指向身后的围栏;向前挥拍击球时,球拍打在球的下部。整个击球过程中,都要保持手腕绷紧,紧握球拍,不需要手腕的扣击,也不能加上某些轻轻弹击球的动作,尽可能地向上、向外延长击球路线。发力要恰到好处,使球落在对方场地端线附近。

(3) 随挥动作:随挥动作是把球挑到足够高度的关键。因此,应加长击球时间,顺着球的飞行路线向上作随挥动作,球拍尽可能送远,在身体前面的高处结束随挥动作。防守型挑高球如图 6-45 所示。

图 6-45 防守型挑高球

(七) 放短球

当准备放短球时,击球前的准备动作与正、反拍抽球的动作相同,球拍后引,侧身对网,拍头高于设想的击球点。

侧身还击来球,击球时拍面稍开,动作柔和,触球点在球的下部,使球产生下旋,并以适当的前推或上托动作把球击出,使球以适当的弧线落在对方球场近网处。击球后身体重心应向击球方向跟进,用自然协调的动作来完成随挥动作。放短球如图 6-46 所示。

图 6-46 放短球

(八) 反弹球

正手、反手反弹球握拍法分别与网前截击球握拍法相同,都采用东方式反拍握拍法或大陆式握拍法。

当判断来球需要打反弹球时,应迅速下蹲,重心下降。如正拍反弹球,应转体、右脚向前跨步并弯曲,反拍反弹球则相反;此时身体前倾,保持平衡,后摆动作视球的球速及准备时间长短而定,一般是转体时已经完成了后摆动作。击球时眼睛要看球,手腕与前臂紧固,拍面略开,身体重心前移,球拍由下向上反弹击球,同时使球略带上旋。随挥动作不宜太长,能够引导出球方向就可以了。反弹球如图 6-47 所示。

图 6-47 反弹球

(九) 步法

为了适应激烈比赛的需要,步法训练越来越受到教练员和运动员的重视。没有灵活的步法,就不可能及时抢占有利的击球位置并有效地回击来球。网球运动中有句"俗语":"手法是基础,步法是关键。"由此可见步法在网球运动中的重要性,步法不好,再漂亮的手法也将失去意义。

1. 底线型步法

（1）在来球角度不大的情况下，正、反拍击球大多采用"关闭式"步法，即以前脚掌为轴，另一脚向前45°跨步，以形成击球步法。

（2）正拍击球时，大多采用"开放式"步法，即两脚平行站位，以右脚掌为轴，转髋转体形成击球步法。

（3）在来球速度较快、角度较大的情况下击球时，正、反拍的击球步法应是向来球方向斜插跑动。以正拍击球为例：左脚随转体向右侧跨出，然后"右→左→右→左"向击球方向移动。正拍大角度击球步法分为"开放式"步法和"关闭式"步法，反拍大角度击球的移动方式与正拍相同，也可采用"开放式"步法和"关闭式"步法击球。

（4）在来球速度较慢，落点位于中场发球线附近时，大多采用跑动迎上的击球步法。

（5）在来球速度较慢，落点在反拍区时，正拍击球突出的运动员大都采用正拍侧身攻，其步法为右脚向左跨，左脚跟进，然后作侧滑步，到击球点时，左脚迅速向左上方跨出，右脚随即向右后方移动。

（6）当对方来球速度快，落点深时，正、反拍击球一般采用先后退再迎上的步法，即先快速向后退，然后再跨出向前击球。

2. 网前进攻型步法

发球上网、随球上网，以及中场球、近网球、高压球的步法有以下几种。

（1）发球上网有单脚起跳和双脚起跳两种起步方式：第一种是发球时左脚支撑并向前上方蹬起，右脚随发球跳进场地；第二种是发球时左右脚同时支撑并向前向上蹬起，随发球左脚先蹬跳进场地，冲至中场发球线附近时作一急停以判断来球。

（2）随球上网的步法：正拍击球可使用"开放式"或"关闭式"步法，反拍击球采用"关闭式"步法，类似中场迎上击球步法。

（3）网前截击球时，不同的来球对步法的要求非常高。来球角度不大时多采用"关闭式"步法；来球角度比较大时多采用"开放式"步法。

【复习思考题】

1. 网球运动的握拍方法有哪几种？
2. 网球运动有哪几种击球动作？

第七章　武术与太极拳

学习目标

1. 了解武术和太极拳的定义、起源、发展概况和基本特点；
2. 理解并掌握武术和太极拳的基本手型、步型、步法等；
3. 熟练掌握24式太极拳的整套动作。

第一节　武　术

一、武术运动概述

武术又称国术或武艺，是中国传统体育项目之一，为中华民族文化的瑰宝。武术具有悠久的历史传统和广泛的群众基础，是我国人民在长期的社会实践中不断积累和丰富起来的一项宝贵的文化遗产。武术的起源可以追溯到原始社会。那时，人类即开始用棍棒等原始工具作武器同野兽进行斗争，一是为了自卫，二是为了猎取生活资源。人类通过战斗不仅制造了兵器，而且逐渐积累了具有一定的攻防格斗意义的技能，形成了武术的基本动作和套路。

由于武术简便易行，不受条件的限制，因此深受各种职业、不同年龄群众的喜爱。近年来，武术运动水平不断提高，武术运动已经开始走向世界，逐渐成为世界人民所喜爱的运动。

新中国成立后，武术被作为优秀的民族文化遗产加以继承、整理和发展，并将武术列为正式比赛项目。武术运动内容丰富，流派甚多，按其运动形式可分为套路运动和搏斗运动两大类。通过武术运动可以全面发展身体各项素质，它对提高人的速度、耐力、力量和灵活性都有着很好的作用，而且对培养人的勇猛、顽强、果断、机智等优良品质也有着特殊的效果。武术运动中的一些项目，由于它的固有特点和在练习中内外结合、神形兼备的方法，能产生良好的医疗效果，在全民健身运动中，是深受广大人民群众喜爱的项目。武术运动的动作结构有着鲜明的攻防性质，如踢、打、摔、拿、击、刺、挑、扎、架，而且其攻防规律在搏斗、技击中能起重要作用。因此武术运动在军事、保安训练中有着良好的实践意义。

二、武术基本功及技术

武术按其运动形式可分为套路运动和搏斗运动。套路运动是武术动作以守攻进退、动静疾徐、刚柔虚实等矛盾运动的变化规律编成的整套练习形式，主要内容包括拳术、器械、对练、集体表演。搏斗运动是两人在一定条件下，按照一定的规则进行斗智较力的对抗练习形式。目前武术竞赛中正在逐步开展的有散手、推手、短兵等。

(一) 武术基本功

1. 手型和手法

手型和手法练习是运用拳、掌、钩三种手型,结合上肢冲、架、推、亮等运动方法,操练上肢手法的基本练习。

1) 手型

拳:四指并拢卷握,拇指紧扣食指和中指的第二指节,拳握紧,拳面平,直腕。

掌:四指并拢伸直,拇指弯曲紧扣于虎口处。

钩:五指第一指节捏拢在一起,屈腕。

手型如图 7-1 所示。

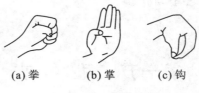

图 7-1　手型

2) 手法

冲拳:预备姿势——两脚左右开立,与肩同宽,两拳抱于腰间,肘尖向后,拳心向上;动作方法——挺胸、收腹、直腰,右拳从腰间向前猛力冲出,要有寸劲(即爆发力),转腰、顺肩,在肘关节过腰后,再前臂内旋;力达拳面,臂要伸直,高与肩平;同时左肘向后牵拉。练习时,左右可交替进行。

架拳:预备姿势与冲拳相同,动作方法——右拳向下、向左、向上经头前向右上方划弧架起,拳眼向下,眼看左方。练习时,左右可交替进行。要求:松肩,肘微屈,前臂内旋。

推掌:预备姿势与冲拳相同,动作方法——右拳变掌,前臂内旋,并以掌根为点向前猛力推击;推击时要转腰、顺肩,臂要伸直,高与肩平;同时左肘向后牵拉。练习时,左右可交替进行。要求:挺胸、收腹、直腰,出掌要快速有力,有寸劲;同时还要做好拧腰、顺肩、沉腕、翘掌等动作。

亮掌:预备姿势与冲拳相同,动作方法——右拳变掌,经体侧向右、向上划弧,至头部右前上方时,抖腕亮掌,臂成弧形;掌心向前,虎口朝下,眼随右手动作转动,亮掌时,注视左方。要求:抖腕、亮掌与转头要同时完成。练习时,左右手交替进行。

手法如图 7-2 所示。

图 7-2　手法

2. 步型和步法

步型和步法练习主要是增进腿部的速度和力量,以提高两腿移动转换的灵活性和稳固性。

1) 步型

弓步:左脚向前一大步,膝与脚尖垂直,右腿挺膝伸直,脚尖内扣(斜向前方),两脚全脚着地,上体正对前方,眼向前平视,两手抱拳于腰间。弓右腿为右弓步,弓左腿为左弓步。要求:前腿弓,后腿绷;挺胸、塌腰、沉髋。

马步:两脚平行开立,脚尖正对前方,屈膝半蹲,膝部不超过脚尖,大腿接近水平,全脚着地,身体重心落于两脚之间,两手抱拳于腰间。要求:挺胸、塌腰、脚跟外蹬。

虚步:两脚前后开立,右脚外展45°,屈膝半蹲,左脚脚跟离地,脚面绷平,脚尖稍内扣,虚点地面,膝微屈,重心落于后腿上,两手叉腰,眼向前平视。左脚在前为左虚步,右脚在前为右虚步。要求:挺胸、塌腰、虚实分明。

仆步:两脚左右开立,右腿屈膝全蹲,大腿和小腿靠紧,臀部接近小腿,右脚全脚着地,脚尖和膝关节外展;左腿挺直平仆,脚尖里扣,全脚着地;两手抱拳于腰间,眼向左方平视。仆左腿为左仆步,仆右腿为右仆步。要求:挺胸、塌腰、沉髋。

歇步:两腿交叉靠拢全蹲,左脚全脚着地,脚尖外展,右脚前脚掌着地,膝部贴近左腿外侧,臀部坐于右腿接近脚跟处,两手抱拳于腰间,眼向左前方平视。左脚在前为左歇步,右脚在前为右歇步。要求:挺胸、塌腰、两腿靠拢并贴紧。

步型如图7-3所示。

图7-3 步型

2) 步法

坐盘:两腿交叉,右腿屈膝,大小腿均着地,脚跟接近臀部,左腿在身前横跨于右腿上方,左大腿贴近胸部,两手抱拳于腰间,眼向左前方平视。左腿在前为左坐盘,右腿在前为右坐盘。要求:挺胸、塌腰、两腿靠拢并贴紧。

丁步:并步站立,两腿屈膝半蹲,右脚全脚着地,左脚脚跟掀起,脚尖里扣并虚点地面,脚面绷直,贴于右脚脚弓处,重心落于右腿上,两手叉腰,眼向前平视。左脚尖点地为左丁步,右脚尖点地为右丁步。要求:挺胸、塌腰、虚实分明。

击步:预备姿势——两脚前后开立,同肩宽,两手叉腰;动作方法——上体前倾,后脚离地提起,前脚随即蹬地前纵;在空中时,后脚向前碰击前脚;落地时,后脚先落,前脚后落,眼向前平视。要求:跳起空中时,要保持上体正直并侧对前方。

垫步:预备姿势与击步相同;动作方法——后脚离地提起,脚掌向前脚处落步,前脚立即以脚掌蹬地向前上跳起,将位置让给后脚,然后再屈膝提腿向前落步,眼向前平视。要求:跳起空中时,要保持上体正直并侧对前方。

弧形步:预备姿势与击步相同;动作方法——两腿略屈,两脚迅速连续向侧前方行步;每步大小略比肩宽,走弧形路线,眼向前平视。要求:挺胸、塌腰,保持半蹲姿势,身体重心要平稳,不要有起伏现象;落地进,由脚跟迅速过渡到全脚掌,并注意转腰。步法如图7-4所示。

图7-4 步法

(二)武术基本组合

1. 弓步与马步组合

动作:弓步推掌—拗弓步冲拳—马步冲拳—并步抱拳。预备姿势:并步抱拳。

(1)弓步推掌:左脚向左迈出成左弓步;同时左拳变掌由腰间向前推出成立掌,手指向上,眼看左手。

(2)拗弓步冲拳:弓步不动,右拳由腰间向前冲出成平掌,同时左掌收回腰间抱拳,两眼平视。

(3)马步冲拳:上体向右转体90°成马步,右拳收至腰间;同时左拳由腰间向左冲出成平拳,两眼向左平视。

(4)并步抱拳:左脚收回靠拢,同时左拳收回腰间成并步抱拳。弓步与马步组合如图7-5所示。

图7-5 弓步与马步组合

2. 五种步型的组合(五步拳)

动作:拗弓步冲拳—弹踢冲拳—马步架打—歇步盖冲拳—提膝仆步穿掌—虚步挑掌。预备姿势:并步抱拳,头向左转,眼看左前方。

(1)拗弓步冲拳:左脚向左迈出一步成弓步,同时左手向左平搂并收回腰间抱拳,右拳向前冲拳成平拳,目视前方。

(2)弹踢冲拳:重心前移,右腿向前弹踢,同时左拳由腰间向前冲拳成平拳,右拳收回在腰间,眼视前方。

(3) 马步架打：右脚落地身体向左转 90°，两腿下蹲成马步；同时左拳变掌屈膝上架，右拳由腰间向右冲拳成平拳；头部右转，目视右前方。

(4) 歇步盖冲拳：左脚向右脚后插一步，同时右拳变掌经头上向左下盖，掌外沿向前，身体左转 90°，左掌收回腰间抱拳，目视右手；两腿屈膝下蹲成歇步，同时左掌向前冲出成平拳，右掌变拳收回腰间。

(5) 提膝仆步穿掌：两腿起立身体左转，随即左拳变掌手心向下，右拳变掌手心向上，右掌从左手手背上穿出，同时左腿提膝，左手顺势收至右腋下，目视右手；左脚落地成左仆步，右掌方位不变，左手掌指朝前沿左腿内侧穿出，目视左掌。

(6) 虚步挑掌：左腿屈膝前弓，右脚向前上方蹬地成右虚步，同时左手向上、向后划弧成正钩手略高于肩，右手从后向上、向前顺右腿外侧向上挑掌，右掌掌指向上高于肩，目视前方。收势：两脚靠拢，并步抱拳。继续练习，动作相同，方向相反。

五种步型的组合如图 7-6 所示。

图 7-6　五种步型的组合

第二节　太　极　拳

一、太极拳基本知识

（一）太极拳的起源和发展

太极拳的起源，历来说法不一，其中不乏带有神秘色彩的传说。

一种说法是太极拳起源于宋代武当山道士张三丰，他在皇帝召见途中受强盗拦阻，夜梦武当山神授以拳法，杀退百余贼人，创编了太极拳。另一说法认为张三丰为元末明初人，在武当山修道炼丹过程中，观察蛇雀之争，探索龟鹤长寿之秘，由此创编了太极拳。武当山是中国道教名山，张三丰为辽东人，在武当山修道，甘肃、云南等地也有他的足迹和传说。然而，据现有史料查不出他与太极拳的关系，因此张三丰创拳之说尽管流传广泛，但史料不足，成为武术史界的"悬案"。

还有人认为太极拳传于唐代许宣平或明初陈卜。此说虽有宋氏手抄拳谱与陈氏家谱记载，然而找不到其他佐证，也难以确定。

根据现代史实，明末清初太极拳已经在河南农村流传开展，尤以温县陈家沟和赵堡镇为中心，代表人物是陈王廷和蒋发。武术史家唐豪先生根据陈氏家谱、拳谱及陈王廷遗诗考证，判断陈王廷就是太极拳的创造者。而赵堡镇太极拳资料记述，蒋发 22 岁赴山西省学习太极拳，7 年后回乡授徒传艺，从此使太极拳在河南发扬光大。

长期以来,太极拳的开展局限于河南农村。19世纪初,河北永年人杨露禅拜陈家沟陈长兴为师,学习了太极拳,带回原籍,不久又到北京推广,从此才开辟了太极拳走向全国的新局面。

近一百多年来,太极拳得到了空前的发展,技术不断演变,内容不断丰富,逐渐形成了很多流派。

杨式太极拳:为杨露禅首创,经祖孙三代至杨澄浦定型。拳势中正舒展,动作均匀柔和,架势幅度大,走弧形。目前流传最为普遍。

陈式太极拳:为各派中传播历史最悠久的太极拳。保留有古老的发力、跳跃、震脚动作,运动量较大,速度快慢相间,动作多为螺旋缠绕,有刚有柔。

吴式太极拳:为杨式太极拳传人吴全佑及其子吴鉴泉创编。其特点是细腻柔和,斜中寓正,动作弧形,幅度适中。

武式太极拳:为武禹襄在赵堡镇太极拳的基础上发展创编。该拳简洁紧凑,立身中正,朴实隽秀,如干枝老梅,动作柔缓,幅度较小。

孙式太极拳:为形意拳、八卦拳名师孙禄堂在武式太极拳基础上创编。动作小巧,步法灵活,进退相随,动作之间常以开合手连接,又称活步开合太极拳。

新中国成立后,太极拳作为武术重点项目,得到了更好的普及。全国城乡到处有太极拳的爱好者和辅导站,出版的书籍、挂图、音像制品等种类繁多,有关科研及理论探讨不断深入。太极拳不仅列入了国家正式体育竞赛项目,每年都有全国和地区的太极拳竞赛活动,而且广泛流传至五大洲,吸引了大批外国朋友,仅日本就有上百万人参加太极拳锻炼。

为了适应形势需要,国家体育主管部门和中国武术协会对太极拳作了系统的整理研究,编写了一系列教材,不仅丰富了太极拳内容,而且使得太极拳在发扬传统、百花齐放的基础上,走上了规范化、系统化的现代体育道路,为太极拳的普及和竞赛活动创造了方便条件。

(二) 太极拳的运动形式和特点

1. 太极拳的运动形式

太极拳的运动形式包括套路、功法、推手三种形式。

套路由很多动作按固定的程序组成,包括起势和收势在内的连贯系列动作,又称拳套或架子。各式太极拳套路很多,有徒手套路、器械套路、单练套路、对练套路等。不同套路的练法和风格也有很大差异。练法上有缠绕螺旋、快慢相间、刚柔并济的架子(如陈式太极拳),也有动作弧形、柔和均匀的架子(如杨式太极拳、吴式太极拳),还有不同练法兼而有之的综合架子(如42式太极拳竞赛套路)。

功法指各种基本功和基本动作的操练,如太极桩功、太极养生功十三势等。

推手是双人对抗性的操练或竞技比赛,以提高攻防技巧、对抗能力和反应能力为目的,包括单推手、双推手、定步推手、活步推手、大捋推手、散推手等多种方式。

2. 太极拳的运动特点

太极拳与其他武术项目相比,其独特之处在于它是一项心静体松、柔缓自然、连绵不断、动静结合、着重自我控制和意气诱导的武术项目。如果把长拳比作刚健明快的"奏鸣曲",那么太极拳则是柔缓抒情的"小夜曲",它柔和平稳、细腻委婉,将感情的抒发、气息的流畅和形体的自然圆活融为一体。尽管太极拳存在各种流派,在力度、速度及表现的程度上各有差异,但在基本特点上各式太极拳是一致的。太极拳的运动特点如下。

1）心静意导，呼吸自然

各式太极拳皆要求思想集中，心理安静，用意念引导动作。如同书法、绘画要求意在笔先、胸有成竹一样，打太极拳也要先在心，后在身，以意导体，形意合一。打拳时呼吸要自然平稳，并与动作相配合。

2）中正安舒，松柔连贯

太极拳要求立身中正安稳，姿势松展圆满，身体肌肉、关节不可紧张僵硬。动作如行云流水，悠缓流畅，连绵不断。

3）动作圆活，周身协调

太极拳动作大多走弧形或螺旋形，转折圆润和顺，衔接自然。头、眼、手、脚、躯干要互相配合，整个身体要和谐地组成一个整体。不可顾此失彼，上下脱节，各行其是。

4）轻灵沉着，刚柔相济

太极拳动作"迈步如猫行，运动似抽丝"，柔而不软，刚而不硬，富于韧性、弹性。即使发力动作，也要做到刚中有柔，充满弹性。太极拳古典拳论说："刚柔相济，方为懂劲"。也有人形容太极拳动作如棉中裹铁，在轻灵柔缓中，表现出从容镇定、一触即发之势。

（三）太极拳的健身作用

"详推用意终何在？延年益寿不老春。"大量的事实和科学实验充分证明，太极拳是一项对身心十分有益的体育活动，也是体现中华养生文化，"动以养身，静以养心"，动静结合的健身运动。

1. 对神经系统的影响

打拳时思想高度入静，以意导体，使大脑皮质进入保护性抑制状态。打太极拳对处于高度紧张，尤其是脑力劳动的人们来说是一种积极的休息方式，对当代社会的文明病——大脑过度紧张、肢体缺少运动是有力的治疗。实验表明，人脑消耗的能量占人体能量消耗的 $1/8\sim1/6$。神经紧张不仅耗能大，而且会造成交感神经和副大脑神经的紧张疲劳。由于打拳"用意"，大脑不断发出良性信号，会使人体气血及能量汇聚于意守部位，使人体新陈代谢旺盛，血流量增加 30% 左右，医学界称为"精神反馈"作用。太极拳通过"以意导体""意念贯注"，使气血畅流全身。

2. 对心血管的影响

太极拳柔和协调的动作，会促使血管弹性增强，血管神经稳定性增强，更能适应外界刺激。太极拳与剧烈运动不同，运动以后舒张压会下降，长期坚持锻炼，有利于防止高血压和血管硬化。人们从动作实验也得到证明：经常处于剧烈运动状态的人高血压的发病率较高，而柔和适度的运动则会促使血压稳定。有关调查统计资料证明：经常打太极拳的老人较一般老人不仅血压正常，心脏收缩有力，而且动脉硬化率较低。

3. 对呼吸系统的影响

太极拳常常伴随深长的腹式呼吸，做到"气沉丹田"，这样就加强了膈肌的运动。我们知道，膈肌每下降 1 cm 可增加通气量 300 mL。膈肌的运动不仅促进呼吸的深长，还增加了内脏的蠕动，促进腹腔的血液循环和肠胃消化能力。

4. 对骨骼、肌肉的影响

太极拳要求立身端正，步法稳健，关节伸屈灵活，使人保持良好的体型，锻炼有力的下肢，调整灵活、柔韧、协调的步伐，这对人们保持青春、防止衰老会发挥良好的作用。

二、24 式太极拳概述

(一) 24 式太极拳的创编和影响

1953 年,中华人民共和国举行了全国民族形式体育运动大会,包括太极拳在内的武术成了大会的主要项目,这是历史悠久的中华武术在中华人民共和国体育大舞台上首次亮相,备受人们关注。

1954 年,国家体育运动委员会设立了武术研究室,制订了"挖掘、整理、研究、提高"的武术工作方针。决定从太极拳开始,编定简明统一的教材,在全国普及开展。为此,邀请各派太极拳名家共同商讨,制订了精简太极拳初稿。初稿由各流派太极拳代表性动作组合而成,内容公开发表后,人们普遍反映初学者学练困难,不易掌握。

1955 年,国家体育运动委员会武术处毛伯浩、李天骥、唐豪、吴高明等专家多次研究,决定以流传范围和适应性最广的杨式太极拳为根据,本着大众健身、易学易记的原则,选择其中主要内容,保留传统风貌,重新编排,制订一套简化太极拳。经过反复修订,终于在 1956 年产生了新中国第一部由国家主管部门审定的"简化太极拳"。由于全套共有 24 个动作,人们又称它为"24 式太极拳"。

(二) 24 式太极拳的技术规格、要领

1. 身型

24 式太极拳的身型姿势中正稳定,舒展自然。对身体各部位要求如下。

1) 悬顶正容

悬顶是指头、颈自然竖直,微有向上顶悬的意念,又称"虚领顶劲",这样做有利于姿势稳定,精神振作,意气运用,所以"十三势歌"中说"尾闾中正神贯顶,满身轻利顶头悬"。常见有人打拳时头颈松软,萎靡不振,或摇头晃脑,低头弯腰,都是不对的。当然,悬顶也不能使头颈紧张僵硬,失去虚领本意。正容指面部表情自然端正,平静从容。

2) 沉肩坠肘

肩关节要保持松沉,不可耸沉,也不可故意前扣或后张。肘关节要保持自然弯曲,并含有轻微垂坠的姿势,防止扬肘、直臂等毛病。这样可以使姿势自然,动作沉稳、柔和。

3) 展臂虚腋

24 式太极拳上肢无论是屈臂还是直臂,都要充满膨胀的内力,太极拳称为"掤劲"。屈臂时不可构软扁瘪,要保持成弧形,向外展放;直臂时要前伸后拉,肘部下坠,仍要微屈成弧。这样就使得上肢既柔和自然,又沉实有力。虚腋是指腋下保持一定空隙,不要将大臂与肋部夹紧,使动作失去圆活自然。

4) 舒指塌腕

24 式太极拳的掌型应做到五指自然舒展分开,虎口撑圆,掌心内凹成球面,腕部下塌,使劲力贯注于掌、腕、指各关节。当然,随着动作的虚实变化,这种贯注的力量是在不断变化的,不同的动作招法,手的着力部位也不相同。但是无论如何变化,指、腕关节都不能过于松软或过于僵硬。五指屈缩、腕部松弛,或者五指并拢挺直、腕部紧张都是不对的。

5) 含胸拔背

含胸指胸部不能外挺,要保持舒松自然;拔背是指背部舒展开阔。这些与太极拳的松柔圆

活运动特点相适应,与某些挺胸、紧背、收腹的刚力型拳法要求迥然不同。含胸拔背的关键在于自然舒展,不能理解为缩胸驼背,失去中正。刻意盲目地去追求"含胸"是不对的。

6) 松腰正脊

松腰正脊是保证 24 式太极拳立身中正的关键。松腰指腰肌松活,一旦紧张僵硬就会使动作失去灵活自然。正脊是脊柱中正伸展,尽管动作有各种旋转变化,但要始终保持脊柱中正不偏,舒展伸拔。例如,海底针、下势等动作上体稍向前俯,但不能因此脊柱歪扭或团缩。

7) 缩髋敛臀

太极拳大多保持屈腿半蹲姿态,这时常有人发生挺髋、后仰或凸臀、前俯的现象,使上体失去端正,姿势发生歪扭。正确的做法是:髋关节向内收缩,臀部向内收敛,从而保证身体端坐在腿上的姿势。

8) 提肛实腹

太极拳动作要求"气沉丹田",就是指动作完成的时候,要有意识地加深呼气,使腹肌紧张,腹压升高,同时裆部的肌肉也相应收缩上提,以帮助下肢稳定和劲力充实完整。这时如果腹肌、肛门括约肌过于松弛就收不到这种效果。

9) 屈腿落胯

不管是弓步、虚步还是仆步,常常是一腿弯曲,承担了大部分体重,对下肢力量提出了很高要求。姿势越低,屈腿越深,运动量也越大。为了保证姿势中正平稳和动作轻灵,必须自觉地屈腿落胯。有些人由于腿部力量不足或要领掌握不好,结果重心忽起忽伏,出现屈腿不够或骨盆左右扭摆的毛病,这是应予纠正的。

10) 活膝扣足

膝关节松活有力才能保证两腿屈伸自由。要注意直腿的时候膝关节也要留有少许松活余地,如弓步的后蹬腿、独立步的支撑腿等。扣足指脚要踏实,不仅在运动中要脚踏实地稳定重心,而且在弓步、仆步时也要防止脚外侧掀起或脚跟掀起的"拔跟"现象。

2. 手型

24 式太极拳有拳、掌、钩三种手型,规格要领如下。

1) 拳

四指并拢卷握于掌心,拇指屈压于食指、中指的第二指节上。拳面要平,握拳的力量要适中,不可过紧或过松。

2) 掌

五指微屈,舒展分开,掌心微含,虎口撑团。手指用力不可僵直,也不可松软弯曲。

3) 钩

五指第一指节自然伸直捏拢成钩,屈腕使钩尖朝下。

3. 手法

手法是打拳过程中手臂的运动和攻防招法。

1) 掤

前臂由下向前上掤架,横于体前,高不过肩。肘关节稍低于手,腕指既不可软缩无力,又不可僵硬挺直;臂要保持弧形,力点在前臂外侧。

2) 捋

两手斜相对,随转腰由前向侧后方同时划弧捋带。两手要走弧形曲线,不可直抽强拉。

3）挤

后手推送前手的前臂内侧,两臂由屈而伸向前挤压。着力点在前手前臂。挤出后两臂须撑圆,高不过肩。

4）按

两臂先屈后伸,两手向后收引再向前推按。两手要走弧形路线,先向后向下引化再向前上方用力,不可直推。力点在两掌,高不过肩,掌心向前,沉腕舒指,指尖向上。

5）抱掌

两掌上下相对或左右交叉抱于体前或体侧。两臂半屈成弧,似抱球状。

6）分掌

两手由合抱向前后或左右分开。

7）云手

两手掌上下交错经体前向左右侧往复划弧运转。两手运动轨迹呈两个相交的立圆。云手时要与转腰协调一致。上手高不可过头,下手低不可过裆,两手边云边翻转。

8）贯拳

拳从斜下方向前上方弧形摆动横击。臂半屈呈弧形并内旋,力点在拳面,拳眼斜向下方。不可耸肩、提肘、屈腕,也不可直臂挺肘。

9）打拳

拳由腰间旋转向前冲打,由拳心向上转为拳眼向上,力点在拳面。

10）挑掌

侧掌由下向前上方挑起,指尖向上,力点在掌的拇指一侧。

11）插掌

四指并拢,拇指分开,臂由屈而伸,掌沿指尖方向伸出。前伸为前插掌;下伸为下插掌。力点在四指指尖。

12）推掌

臂由屈而伸,掌从肩上或胸前向前推出。掌心向前,指尖朝上。

4.步型

步型是定势时下肢具有的形态。

1）马步

两脚左右开立,平行向前,与肩同宽,两腿屈膝半蹲,重心平均落于两腿。屈髋收臀,上体正直,头顶与会阴成一垂线,如起势步型。

2）弓步

两腿前后分开。前腿屈膝前弓,膝与脚尖上下相对,大腿斜向地面,脚尖直向前;后腿自然蹬直,脚尖斜向前方 $45°\sim 60°$。两脚全脚掌着地,不可掀脚拔跟。两脚横向间要保持一定的宽度,在 $10\sim 30\ cm$ 之间。两脚不要踩在一条直线上或左右交叉,以免造成身体紧张、歪扭。如搂膝拗步步型。

3）虚步

后腿屈膝半蹲,大腿高于水平,后脚全脚着地,脚尖斜向前方,臀部与脚跟上下相对;前腿微屈,正对前方,前脚脚掌着地,如白鹤亮翅,或脚跟着地,脚尖上翘,如手挥琵琶。

4）仆步

一腿屈膝全蹲,脚尖稍外展,全脚掌着地,膝部和脚尖方向一致,不要向内裹扣;另一腿向体侧伸直,脚尖内扣,全脚掌落地。仆步的两脚尖大体平行向前,或略成"八"字。两脚皆不能掀脚拔跟。如下势步型。

5）独立步

一腿自然伸直,独立支撑;另一腿屈膝前提,大腿高于水平,小腿及脚尖自然向下,上体保持中正,重心保持稳定。

6）并步

两脚平行向前,相距约 20 cm,两脚尖不可成"八"字,全脚着地,重心可平均放于两腿,也可偏于一腿。两腿半蹲,上体保持中正。由于太极拳的并步保留一定宽度,所以又称小开步,如云手步型。

5．步法

步法是指练拳中两脚的移动。24 式太极拳的步法要求轻灵沉稳,虚实分明。两脚移动时轻起轻落,迈步如猫行,由点及面,重心稳定,不可猛收急落,脚步沉重。在步法转变中,落脚的位置（距离、宽度、方向）要适当,脚尖或脚跟辗转的角度要适度;支撑腿要保持平稳,不可忽起忽落;移动腿要屈伸灵活,不可僵硬。

1）上步

后脚向前迈出一步,如野马分鬃的步式。或前脚向前移动半步,如右蹬脚接双峰贯耳的步法。

2）退步

前脚向后退一步,如倒卷肱的步法。

3）跟步

后脚向前收拢半步,如白鹤亮翅和手挥琵琶的步法。

4）侧行步

两脚横向依次向体侧移动,脚尖平行向前,如云手的步法。

6．腿法

腿法俗称脚法,是指腿、脚的攻防运用方法。24 式太极拳中只有蹬脚一个腿法。其规格为:一腿独立支撑,膝微屈;另一腿屈膝提收后再蹬踹伸直,脚尖上翘,力点在脚跟,高度要超过水平。蹬直腿一定要先屈后伸,不可直腿上摆。

做蹬脚时,支撑要稳定,上体维持中正,不可前俯后仰,左右歪斜。

7．眼法

眼法是指打拳中眼神的运用方法。其要领是:定势时,眼平视前方或注视前手;换势时,眼睛与手法、腿法、身法协调配合,势动神随,神态自然,精神贯注。

三、24 式太极拳图解说明

预备势:身体自然直立,两脚并拢,两腿自然伸直;胸腹放松,两臂下垂,手指微屈,两手垂于大腿外侧;头颈正直,下颏微收,口闭齿扣,舌抵上腭;精神集中,表情自然,双眼平视前方,假设朝向正南。

(一) 起势

1. 左脚开步

左脚向左分开半步,足距与肩同宽,两脚平行向前,成开立步。

2. 两臂前举

两臂慢慢向前平举,与肩同高、同宽,双臂自然伸直,肘关节向下微屈;两手心向下,指尖向前。

3. 屈腿按掌

两腿慢慢屈膝半蹲,重心落于两腿之间,成马步;同时两掌轻轻下按至腹前,上体舒展正直,两眼平视前方。起势如图7-7所示。

图 7-7 起势

(二) 左、右野马分鬃

1. 左野马分鬃

1) 抱手收脚

上体稍右转;右臂屈抱于右胸前,手高不过肩,肘略低于手,手心向下;左臂屈抱于腹前,手心向上,两手上下相对,呈在右胸前抱球状;左脚收至右脚内侧,脚尖点地;眼看右手。

2) 转体上步

上体左转;左脚向左前方迈出一步,脚跟轻轻着地,重心仍在右腿上。

3) 弓步分手

上体继续左转;重心前移,左脚踏实,左腿屈膝前弓;右腿自然蹬直,右脚跟外展,成左弓步;同时两掌前后分开,左手分至体前,高与眼平,手心斜向上;右手按至右胯旁,手心向下,指尖朝前;两臂微屈;眼看左掌。左野马分鬃如图7-8所示。

图 7-8 左野马分鬃

2. 右野马分鬃

1）转体撇脚

重心稍向后移，左脚尖翘起外撇，上体稍左转；两手准备翻转"抱球"；眼看左手。

2）抱手收脚

上体继续左转，左手翻转成手心向下，在左胸前屈抱；右手翻转前摆，手心向上，在腹前屈抱，两手上下相对，如在左胸前抱球；重心移至左腿，左脚踏实，右脚收至左脚内侧，脚尖点地；眼看左手。

3）转体上步

上体稍右转；右脚向右前方迈出一步，脚跟轻轻着地。

4）弓步分手

上体继续右转；重心前移，右脚踏实，右腿屈膝前弓；同时左腿自然蹬直，左脚跟外展成右弓步；两手前后分开，右手分至体前，高与眼平，手心斜向上；左手按至左胯旁，手心向下，指尖向前；两臂微屈；眼看右手。右野马分鬃如图7-9所示。

图7-9　右野马分鬃

3. 左野马分鬃

1）转体撇脚

重心稍后移；右脚尖翘起外撇，上体稍右转；两手准备翻转"抱球"。

2）抱手收脚

上体继续右转；右手翻转成手心向下，在右胸前屈抱；左手翻转前摆，在腹前屈抱，两手上下相对，如在右胸前抱球；重心前移，右脚踏实，左脚收至右脚内侧，脚尖点地；眼看右手。

3）转体上步

上体左转；左脚向左前方迈出一步，脚跟轻轻着地，重心仍在右腿上。

4）弓步分手

上体继续左转；重心前移，左脚踏实，左腿屈膝前弓；右腿自然蹬伸，右脚跟外展，成左弓步；同时两掌前后分开，左手分至体前，高与眼平，手心斜向上；右手按在右胯旁，手心向下，指尖向前；两臂微屈；眼看左掌。左野马分鬃如图7-10所示。

（三）白鹤亮翅

1. 跟步抱手

上体稍左转；右脚向前收拢半步，前脚掌轻轻落地，与左脚相距约一脚长；同时两手翻转相对，在胸前屈臂"抱球"；左手在上，手心向下，右手在下，手心向上；眼看左手。

图 7-10　左野马分鬃

2. 后坐转体

重心后移,右脚踏实;同时上体后坐,并向右转体;两手开始交错分开,右手上举,左手落下;眼看右手。

3. 虚步分手

上体转正;左脚稍向前移动,前脚掌着地,成左虚步;同时右手向上分至右额前,掌心向内,左手按在左胯旁;眼平视前方。白鹤亮翅如图 7-11 所示。

图 7-11　白鹤亮翅

(四)左、右搂膝拗步

1. 左搂膝拗步

1)转腰挥臂

上体稍左转;右手摆至体前,手心转向上;眼看右手。

2)摆臂收脚

上体右转;两臂交叉摆动,右手自头前下落,经右胯侧向右后方上举,与头同高,手心向上,左手自左侧上摆,经头前向右划弧落至右肩前,手心向下;左脚回收落在右脚内侧,脚尖点地;头随身体转动,眼看右手。

3)上步收掌

上体稍左转;左脚向左前方迈出一步,脚跟轻轻落地;右臂屈肘,右手收到肩上头侧,虎口对耳,掌心斜向前;左手落在腹前;眼看前方。

4)弓步搂推

上体继续左转;重心前移,左脚踏实,左腿屈弓,右腿自然蹬直成左弓步;左手经左膝前向左搂过,按于左腿外侧,掌心向下,指尖向前;右手向前推出,指尖与鼻尖相对,掌心向前,指尖向上,右臂自然伸直,肘微屈;眼看右手。左搂膝拗步如图 7-12 所示。

154

图 7-12 左搂膝拗步

2. 右搂膝拗步

1) 转体撇脚

重心稍后移,左脚尖翘起外撇,上体左转;两臂外旋,开始向左摆动;眼看右手。

2) 收脚摆臂

上体继续左转;重心前移,左脚踏实,右腿收至左脚内侧,脚尖点地;右手经头前划弧摆至左肩前,掌心向下;左手向左上方划弧上举,与头同高,掌心向上,左臂自然伸直,肘微屈;头转看左手。

3) 上步收掌

上体稍右转;右脚向右前方迈出一步,脚跟轻轻落地;左臂屈肘,左手收至肩上头侧,虎口对耳,掌心斜向前;同时右手下落至腹前,手心向下,肘微屈;头转看前方。

4) 弓步搂推

上体继续右转;重心前移,右脚踏实,右腿屈弓,左腿自然蹬直成右弓步;右手经右膝前上方向右搂过,按于右腿外侧,掌心向下,指尖向前;左手向前推出,指尖与鼻尖相对,掌心向前,指尖向上,左臂自然伸直,肘微屈;眼看左手。右搂膝拗步如图 7-13 所示。

图 7-13 右搂膝拗步

3. 左搂膝拗步

1) 转体撇脚

重心稍后移,右脚尖翘起外撇,上体右转;两臂外旋,开始向右摆动;眼看左手。

2) 收脚摆臂

上体继续右转;重心前移,右脚踏实,左脚收至右脚内侧,脚尖点地;左手划弧,经头前摆至右肩前,掌心向下;右手向右上方划弧上举,与头同高,掌心向上,右臂自然伸直,肘微屈;头转看右手。

3）上步收掌

上体稍左转；左脚向左前方迈出一步，脚跟轻轻落地；右臂屈肘，右手收至肩上头侧，虎口对耳，掌心斜向前；同时左手下落至腹前，掌心向下，肘微屈；头转看前方。

4）弓步搂推

上体继续左转；重心前移，左脚踏实，左腿屈弓，右腿自然蹬伸成左弓步；左手经左膝前上方向左搂过，按于左腿外侧，掌心向下，指尖向前；右手向前推出，指尖与鼻尖相对，掌心向前，指尖向上，右臂自然伸直，肘微屈；眼看右手。左搂膝拗步如图7-14所示。

图7-14　左搂膝拗步

（五）手挥琵琶

1. 跟步展臂

右脚向前收拢半步，脚前掌轻落于左脚后，与左脚相距约一脚长；右臂稍向前伸展，腕关节放松。

2. 后坐引手

重心后移，右脚踏实，上体右转；左手向左、向上划弧摆至体前，手臂自然伸直，掌心斜向下；右手屈臂后引，收至胸前，掌心斜向上；眼转看左手。

3. 虚步合手

上体稍向左回转（斜向东南），左脚稍向前移，脚跟着地，成左虚步；两臂外旋，屈肘合抱，两手前后交错，侧掌合于体前。左手与鼻相对，掌心向右；右手与左肘相对，掌心向左，两臂犹如抱琵琶的样子；眼看左手。手挥琵琶如图7-15所示。

图7-15　手挥琵琶

（六）左、右倒卷肱

1. 右倒卷肱

1）转腰撤手

上体稍右转；右手随转体向下经腰侧向后上方划弧，右臂微屈，手与头同高，手心翻转向上；

左手同时翻转向上停于体前;头随身体转动,眼向右平视。

2) 退步收掌

上体稍左转;左腿提收向后退一步,脚前掌轻轻落地;右臂屈卷,右手收至肩上耳侧,掌心斜向下方;左手松沉,开始后收;眼看左手。

3) 虚步推掌

上体继续左转,重心后移,左脚踏实,右脚以脚掌为轴扭直,脚跟离地,右膝微屈成右虚步;右手推至体前,腕与肩同高,掌心向前;左手向后、向下收至左腰侧,手心向上;眼看右手。右倒卷肱如图7-16所示。

图7-16　右倒卷肱

2. 左倒卷肱

1) 转腰撤手

上体稍左转;左手向左后上方划弧,与头同高,掌心向上,左臂微屈;右手翻转停于体前;头随身体转动,眼向左平视。

2) 退步收掌

上体稍右转;右脚提收向后退一步,脚前掌轻轻落地;左臂屈卷,左手收至肩上耳侧,掌心斜向前下方;右手松沉,开始后收;眼看右手。

3) 虚步推掌

上体继续右转,重心后移,右脚踏实,左脚以脚掌为轴扭直,脚跟离地,左膝微屈成左虚步;左手推至体前,腕与肩同高,掌心向前;右手向后、向下划弧,收至右腰侧,掌心向上;眼看右手。左倒卷肱如图7-17所示。

图7-17　左倒卷肱

3. 右倒卷肱

1) 转腰撤手

上体稍右转;右手随转体向后上方划弧,右臂微屈,手与头同高,手心向上;左手翻转停于体前,掌心向上;头随身体转动;眼向右平视。

2）退步收掌

上体稍左转;左脚提收向后退一步,脚前掌轻轻落地;右臂屈卷,右手收至右肩上耳侧,掌心斜向下方;左手松沉,开始后收;眼看左手。

3）虚步推掌

上体继续左转;重心后移,左脚踏实,右脚以脚掌为轴扭直,脚跟离地,右膝微屈成右虚步;右手推至体前,腕与肩同高,掌心向前;左手向后、向下划弧,收至左腰侧,手心向上;眼看右手。右倒卷肱如图 7-18 所示。

图 7-18　右倒卷肱

4．左倒卷肱

1）转腰撒手

上体稍左转;左手向左后上方划弧,手与头同高,掌心向上,左臂微屈;右手翻转停于体前,掌心向上;头随身体转动,眼向左平视。

2）退步收掌

上体稍右转;右脚提收向后退一步,脚前掌轻轻落地;左臂屈卷,左手收至肩上耳侧,掌心斜向前下方;右手松沉,开始后收;眼看右手。

3）虚步推掌

上体继续右转;重心后移,右脚踏实,左脚以脚掌为轴扭直,脚跟离地,左脚微屈成左虚步;左手推至体前,腕与肩同高,掌心向前;右手向后、向下划弧,收至右腰侧,掌心向上;眼看左手。左倒卷肱如图 7-19 所示。

图 7-19　左倒卷肱

第七章 武术与太极拳

(七) 左揽雀尾

1. 转腰撤手

上体微右转;右手由腰侧向右上方划弧,右臂微屈,手与肩同高,掌心斜向上;左手在体前放松,手心向下;头随身体转动,眼向右平视。

2. 抱手收脚

右手继续屈臂抱于右胸前,掌心翻转向下;左手划弧下落,屈抱于腹前,掌心转向上,两手上下相对如"抱球"状;左脚收至右脚内侧,脚尖点地;眼看右手。

3. 转腰上步

上体微左转,左脚向左前方迈出一步,脚跟轻轻落地;眼看前方。

4. 弓步前掤

上体继续左转;重心前移,左脚踏实,左腿屈膝前弓,右腿自然蹬直,成左弓步;两手前后分开,左臂半屈向体前掤架,腕与肩同高,掌心向内;右手向下划弧按于右胯旁,掌心向下,五指向前;眼看左手。

5. 转腰摆臂

上体稍左转;左手向左前方伸出,掌心转向下;同时右臂外旋转,右手经腹前向上向前伸至左前臂内侧,掌心向上;眼看左手。

6. 坐腿后将

上体右转,重心后移,身体后坐,右腿屈膝,左腿自然伸直;两手同时向下经腹前向右后方划弧后将,右手举于身体侧后方,与头同高,掌心向外;左臂平屈于胸前,掌心向内;头随体转,眼看右手。

7. 转腰搭手

上体左转,正对前方;右臂屈肘,右手收至胸前,搭于左腕内侧,掌心向前;左前臂仍屈收于胸前,掌心向内,指尖向右;眼看前方。

8. 弓步前挤

重心前移,左腿屈弓,右腿自然蹬直成左弓步;右手推送左前臂向体前挤出,与肩同高,两臂撑圆;眼看前方。

9. 后坐引手

重心后移,上体后坐,右腿屈膝,左腿自然伸直,左脚尖翘起;左手翻转向下;右手经左腕上方向前伸出,掌心转向下。两手左右分开与肩同宽,两臂屈收,两手后引,经胸前收到腹前,手心斜向下;眼向前平视。

10. 弓步前按

重心前移,左脚踏实,左腿屈弓,右腿自然蹬直,成左弓步;两手沿弧线推按至体前,两腕与肩同高、同宽,两掌心向前,指尖向上;眼看前方。左揽雀尾如图 7-20 所示。

(八) 右揽雀尾

1. 转体分手

重心后移,上体右转,左脚尖内扣;右手经头前划弧右摆,掌心向外,两手平举于身体两侧;头及目光随右手移转。

图 7-20 左揽雀尾

2. 抱手收脚

左腿屈膝,重心左移,右脚收至脚内侧,脚尖点地;左手屈抱于左胸前,手心向下;右手屈抱于腹前,手心向上,两手上下相对,在左胸前"抱球";眼看左手。

3. 转腰上步

上体微右转,右脚向右前方迈出一步,脚跟轻轻落地;眼看前方。

4. 弓步前掤

上体继续右转,重心前移,右脚踏实,右腿屈膝前弓,左腿自然蹬直成右弓步;两手前后分开。右臂半屈向体前掤架,腕与肩同高,掌心向内;左手向下划弧按于左胯旁,手心向下,指尖向前;眼看右手。

5. 转腰摆臂

上体稍右转;右手向右前方伸出,掌心转向下。同时左臂外旋转,左手经腹前向上、向前伸至右前臂内侧,掌心向上;眼看右手。

6. 坐腿后捋

上体左转,重心后移,身体后坐,左腿屈膝,右腿自然伸直;两手同时向下经腹前向左后方划弧后捋,左手举于身体侧后方,与头同高,掌心向外。右臂平屈于胸前,掌心向内;头随体转,眼看左手。

7. 转腰搭手

上体右转,正对前方;左臂屈时,左手收至胸前,搭于右腕内侧,掌心向前;右前臂仍屈于胸前,掌心向内,指尖向左;眼看前方。

8. 弓步前挤

重心前移,右腿屈弓,左腿自然蹬伸成右弓步;左手推送右前臂向体前挤出,与肩同高,两臂撑圆;眼看前方。

9. 后坐引手

重心后移,上体后坐,左腿屈膝,右腿自然伸直,右腿尖翘起;右手翻转向下,左手经右腕上方向前伸出,掌心转向下。两手左右分开与肩同宽,两臂屈收,两手后引,经胸前收到腹前,手心斜向下；眼向前平视。

10．弓步前按

重心前移，右脚踏实，右腿屈弓，左腿自然蹬直，成右弓步；两手沿弧线推按至体前，两腕与肩同高、同宽，两掌心向前，指尖向上；眼看前方。右揽雀尾如图 7-21 所示。

图 7-21　右揽雀尾

（九）单鞭

1．左转摆臂

重心左移，上体左转，右脚尖内扣；两臂交叉运转，左手经头前向左划弧摆至身体左侧，掌心向外；右手经腹前向左划弧摆至左肋前，掌心转向腹部；视线随左手运转。

2．右转摆臂

上体右转，重心右移，右腿屈膝，左腿伸直；右手向上、向右划弧经头前摆至右肩前，掌心向内；左手向下、向右划弧摆至腹前，掌心转向内；视线随右手移转。

3．钩手收脚

左脚收至右脚内侧，脚尖点地；右手伸向身体右前方，五指捏拢成钩手，钩尖朝下，肘微屈，腕高与肩平；左手向上划弧至右肩前，掌心向内；眼看钩手。

4．转体上步

上体左转；左脚向左前方迈出一步，脚跟落地，左手经面前向左划弧，掌心向内，眼看左手。

5．弓步推掌

上体继续左转，重心前移，左脚踏实，左腿屈弓；右腿自然蹬直，脚跟外展，成左弓步；左手经面前翻转向前推出，腕与肩同高，左肘与左膝上下相对；右钩手举于右后方，腕与肩同高；眼看左手。单鞭如图 7-22 所示。

（十）云手

1．转体摆掌

重心后移，上体右转；左脚尖内扣，右腿屈蹲；左手向下、向右划弧，经腹前摆至右肩前，掌心

图 7-22 单鞭

向内;右钩手松开变掌,掌心向外;眼看右手。

2. 左云并步

上体左转,重心左移;右脚向左并拢半步,脚前掌先着地,随之全脚踏实,两腿屈膝半蹲,两脚平行,脚尖向前,两脚相距10~20 cm;左手向上经头前向左划弧云转,掌心渐渐翻转向外。右手向下经腹前向左划弧云转,掌心渐渐翻转向内。左掌停于身体左侧,高与肩平,右手停于左肩前;视线随左手转移。

3. 右云开步

上体右转,重心右移;左脚向左横开一步,脚前掌先着地,随之全脚踏实,脚尖向前;右手经头前向右划弧云转,掌心逐渐翻转向外,左手向下经腹前向右划弧云转,掌心逐渐翻转向内。右掌停于身体右侧,高与肩平,左掌停于右肩前;视线随右手转移。

4. 左云并步

上体左转,重心左移;右脚向左并拢半步,脚前掌先着地,随之全脚踏实,两腿屈膝半蹲,两脚平行,脚尖向前,两脚相距10~20 cm;左手向上经头前向左划弧云转,掌心渐渐翻转向外;右手向下经腹前向左划弧云转,掌心渐渐翻转向内。左掌停于身体左侧,高与肩平,右掌停于左肩前;视线随左手转移。

5. 右云开步

上体右转,重心右移;左脚向左横开一步,脚前掌先着地,随之全脚踏实,脚尖向前;右手经头前向右划弧云转,掌心渐渐翻转向外;左手向下经腹前向右划弧云转,掌心渐渐翻转向内。右掌停于身体右侧,高与肩平,左掌集于右肩前;视线随右手转移。

6. 左云并步

上体左转,重心左移;右脚向左并拢半步,脚前掌先着地,随之全脚踏实,两腿屈膝半蹲,两脚平行,脚尖向前,两脚相距10~20 cm;左手向上经头前向左划弧云转,掌心渐渐翻转向外;右手向下经腹前向左划弧云转,掌心渐渐翻转向内。左掌停于身体左侧,高与肩平,右掌停于左肩前;视线随左手转移。云手如图7-23所示。

(十一) 单鞭

1. 转体钩手

上体右转,重心移向右腿,左脚跟提起;右手经头前向右划弧,至右前方时,掌心翻转变钩手;左手向下经腹前向右划弧至右肩前,掌心转向内;眼看钩手。

图 7-23 云手

2. 转体上步

上体左转;左脚向左前方上步,脚跟落地;左手经面前向左划弧,掌心向内;眼看左手。

3. 弓步推掌

上体继续左转,重心前移,左脚踏实,左腿屈弓,右腿自然蹬直,脚跟外展,成左弓步;左手经面前翻转向前推出,腕与肩平,左肘与左膝上下相对;右钩手举于侧后方,腕与肩平;眼看左手。单鞭如图 7-24 所示。

图 7-24 单鞭

(十二) 高探马

1. 跟步收脚

后脚向前收拢半步,脚前掌着地,距前脚约一脚长;眼看左手。

2. 后坐翻掌

上体稍右转;重心后移,右脚踏实,右腿屈坐,左脚跟提起;右钩手松开,两手翻转向上,两臂前后平举,肘关节微屈;眼看右手。

3. 虚步推掌

上体左转,右脚向前移动,脚前掌着地,成左虚步;右手屈收,经头侧再向前推出,腕与肩同高,手心向前;左臂屈收,左手收至腹前,掌心向上;眼看右手。高探马如图 7-25 所示。

图 7-25　高探马

(十三) 右蹬脚

1. 收脚穿手

左脚提收至右踝内侧；右手稍向后收，左手经右手背向右前方穿出，两手交叉，腕关节相交，左掌心斜向上，右掌心斜向下；眼看左手。

2. 上步翻掌

上体左转；左脚向左前方(30°)迈出，脚跟着地；左手内旋，两手虎口相合举于头前，手心皆向外；眼看左手。

3. 弓腿分手

重心前移，左脚踏实，左腿屈弓，右腿自然蹬直；两手同时向左右分开，掌心向外，两臂外撑；眼看右手。

4. 收脚抱手

右脚收至左脚内侧，脚尖点地；两手向腹前划弧相交合抱，举至胸前，右手在外，两掌心皆向内；眼看右前方。

5. 蹬脚分手

左腿支撑，右腿屈膝上提，右脚脚尖上钩，脚跟用力慢慢向右前上方蹬出。左腿微屈，右腿伸直；两手手心向外撑开，两臂展于身体两侧，肘关节微屈，两腕与肩平。右腿与右臂上下相对，方向为右前方约 30°；眼看右手。右蹬脚如图 7-26 所示。

图 7-26　右蹬脚

（十四）双峰贯耳

1. 提腿并手

右腿屈膝回收，脚尖自然下垂；左手经头侧向体前划弧，与右手并行落于右膝上方，掌心皆向上，指尖向前；眼看前方。

2. 落脚收手

右脚向右前方下落上步，脚跟着地，脚尖斜向右前方（30°）；两手收至两腰侧，掌心向上。

3. 弓步贯拳

重心前移，右腿屈弓，左腿自然蹬直，成右弓步；两手握拳经两侧向上、向前划弧摆至头前，两臂半屈成弧，两拳相对呈钳形，相距同头宽，前臂内旋，两拳眼斜向下；眼看前方。双峰贯耳如图 7-27 所示。

图 7-27　双峰贯耳

（十五）转身左蹬脚

1. 转体分手

重点心后移，上体左转；左腿屈坐，右腿伸直，脚尖内扣；两拳松开，左手经头前向左划弧，两臂微屈举于身体两侧，两掌心向外；眼转看左手。

2. 收脚抱手

重心右移，右腿屈膝后坐，左脚收至右脚内侧，脚尖点地；两手向下划弧，于腹前交叉合抱，举至胸前，左手在外，手心皆向内；眼看左前方。

3. 蹬脚分手

右腿支撑，左腿屈膝高提，左脚脚尖上钩，脚跟用力向左前上方（30°）慢慢蹬出；两臂内旋，两掌心转向外，两手向左前方和右后方划弧分开，两臂微屈举于身体两侧；左腿蹬直，与左臂上下相对；眼看左手。转身左蹬脚如图 7-28 所示。

图 7-28　转身左蹬脚

(十六)左下势独立

1. 收脚钩手

左腿屈收,左脚下落收于右踝内侧;上体右转,右臂稍内合,右手捏成钩手,钩尖朝下;左手经头前划弧摆至右肩前,掌心向右,指尖向上;眼看右钩手。

2. 屈蹲开步

右腿屈膝半蹲,左脚脚前掌落地,沿地面向左侧伸出,随即全脚踏实,左腿伸直;左手落于右肋前;眼看钩手。

3. 仆步穿掌

右腿屈膝全蹲,上体左转成左仆步;左手经腹前沿左腿内侧向左穿出,掌心向外,指尖向左;眼看左手。

4. 弓腿举手

重心移向左腿;左脚尖外撇,左腿屈膝前弓;右脚尖内扣,右腿自然蹬伸,重心恢复至弓步高度;左手继续前穿并向上举至体前;右钩手内旋,背于身后,钩尖朝上;眼看左手。

5. 独立挑掌

上体左转,重心前移;右腿屈膝前提,脚尖自然下垂;左腿微屈独立支撑,成左独立步;左手下落按于左胯旁;右钩手变掌,经体侧向前挑起,掌心向左,指尖向上,高与眼平;右臂半屈成弧,肘关节与右膝上下相对;眼看右手。左下势独立如图7-29所示。

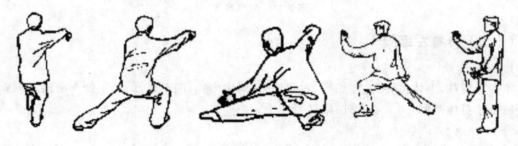

图7-29 左下势独立

(十七)右下势独立

1. 落脚钩手

右脚落于左脚右前方,脚前掌着地;上体左转至正南,左脚以脚掌为轴随之扭转;左手变钩手提举于身体左前方,高与肩平;右手经头前向左划弧摆至左肩前,掌心向左;眼看左钩手。

2. 屈蹲开步

右脚提起至左踝内侧,然后以脚前掌落地,沿地面向右伸出,随即右腿伸直,右脚全脚踏实;右手落至左肋前;眼看左钩手。

3. 仆步穿掌

左腿屈膝全蹲,上体右转成右仆步;右手经腹前沿右腿内侧向右穿出,掌心向外,指尖向右;眼看右手。

4. 弓腿举手

重心移向右腿;右脚尖外撇,右腿屈膝前弓;左脚尖内扣,左腿自然蹬直,重心恢复至弓步高度;右手继续前穿并向上举至体前;左钩手内旋,背于身后,钩尖向上;眼看右手。

5. 独立挑掌

上体右转,重心前移;左腿屈膝前提,脚尖向下;右腿微屈独立支撑,成右独立步;右手下落按于右胯旁;左钩手变掌,经体侧向体前挑起,掌心向右,指尖向上,高与眼平;左臂半屈成弧,肘关节与左膝相对;眼看左手。右下势独立如图7-30所示。

图 7-30 右下势独立

(十八) 左右穿梭

1. 右穿梭

1) 落脚翻掌

左脚向左前方落步,脚跟着地,脚尖外撇;上体左转,左手内旋,手心翻转向下;眼看左手。

2) 收脚抱手

上体左转,右脚收于左踝内侧;两手在左肋前上下相抱,左手心向下,右手翻转向上;眼看左手。

3) 上步错手

上体右转,右脚向右前方(30°)上步,脚跟着地;右手由下向前上方划弧,左手由上向后下方划弧,两手交错;眼看右手。

4) 弓步架推

上体继续右转;重心前移,右脚踏实,右腿屈膝前弓,成右弓步;右手翻转上举,架于右额角前上方,掌心斜向上;左手推至体前,腕高与肩平;眼看左手。右穿梭如图7-31所示。

图 7-31 右穿梭

2. 左穿梭

1) 转体撇脚

重心稍后移,右腿尖向下外撇,上体右转;右手下落于头前,左手稍向左划弧,落至腹前,准备"抱球";眼看右手。

2）收脚抱手

上体右转,重心前移;两手在右胸前上下相抱;左脚收至右脚内侧;眼看右手。

3）上步错手

上体左转,左脚向左前方(30°)上步,脚跟着地;左手由下向前上方划弧,右手由上向后下方划弧,两手交错;眼看左手。

4）弓步架推

上体继续左转;重心前移,左脚踏实,左腿屈膝前弓,成左弓步;左手翻转上举,架于右额角前上方;右手推至体前,腕高与肩平;眼看右手。左穿梭如图7-32所示。

图 7-32 左穿梭

（十九）海底针

1. 转腰跟步

上体稍右转;右脚向前收拢半步,脚前掌落地,距前脚约一脚长;眼看前方。

2. 坐腿提手

重心后移,右腿屈坐,上体右转,左脚跟提起;右手下落经体侧屈臂抽提至耳旁,掌心向左,指尖向前;左手向右划弧下落至腹前,掌心向下,指尖斜向右;眼看前方。

3. 虚步插掌

上体左转,稍向前倾;左脚稍前移,脚前掌着地成左虚步;右手从耳侧向前下方插掌,掌心向左,指尖斜向下;左手经左膝前划弧搂过,按至大腿外侧;眼看右掌。海底针如图7-33所示。

图 7-33 海底针

（二十）闪通臂

1. 提手收脚

上体右转,恢复正直,右腿屈膝支撑,左脚回收至右脚内侧;右手上提至身前,指尖朝前,掌心向左;左手屈臂收举,指尖贴于右腕内侧;眼看前方。

2. 上步分手

左脚向前上步,脚跟着地;两手旋分开,手心皆向前;眼看前方。

3. 弓步推撑

左腿屈弓,右腿蹬直,重心前移,成左弓步;左手推至体前,指尖与鼻尖对齐;右手撑于头侧上方,掌心斜向上,两手前后分展;眼看左手。闪通臂如图 7-34 所示。

图 7-34　闪通臂

(二十一)转身搬拦捶

1. 转身摆掌

重心后移,右腿屈坐,左脚尖内扣,身体右转;两手向右摆动,右手摆至身体右侧,左手摆至头前,两掌心均向外;眼看右手。

2. 坐腿收拳

重心左移,左腿屈坐,右脚以脚掌为轴扭直;右手握拳向下、向左划弧收于左腹前,拳心向下;左掌举于左额前上方;眼向右平视。

3. 摆腿搬拳

右脚提收至左脚踝关节内侧,再向右前迈出,脚跟着地,脚尖外撇;右拳经胸前向前搬压,拳心向上,高与胸平,肘部微屈;左手经右前臂外侧下落,按于左胯旁;眼看右拳。

4. 收脚收拳

上体右转,重心前移,左脚收于右脚内侧;右臂内旋,右拳向右划弧至体侧,拳心向下,右臂半屈。左臂外旋,左手经左侧向体前划弧;眼平视右拳。

5. 上步拦掌

左脚向前上步,脚跟着地;左掌拦至体前,高与肩平,掌心向右,指尖斜向上;右拳翻转收至腰间,拳心向上;眼看左掌。

6. 弓步打拳

上体左转,重心前移,左腿屈弓,左脚踏实,右腿自然蹬直,成左弓步;右拳自腰间向胸前打出,肘微屈,拳心转向左,拳眼向上;左手微收,掌指附于右前臂内侧,掌心向右;眼看右拳。转身搬拦捶如图 7-35 所示。

(二十二)如封似闭

1. 穿手翻掌

左手翻转向上,从右前臂下向前穿出;同时右拳变掌,也翻转向上,两手交叉伸举于体前;眼看前方。

图 7-35 转身搬拦捶

2. 坐腿引手

重心后移,右腿屈坐,左脚尖翘起;两臂屈收,两手边分边内旋后引,分至与户同宽,收于胸前,掌心斜向下;眼看前方。

3. 弓步按掌

重心前移,左腿屈弓,左脚踏实,右腿自然蹬直,成左弓步;两手向上、向前推出,与户同宽,腕高与肩平,掌心向前,五指向上;眼看前方。如封似闭如图 7-36 所示。

图 7-36 如封似闭

(二十三)十字手

1. 转体摆手

上体右转,重心右移,右腿屈坐,左腿蹬伸,左脚尖内扣;右手向右分摆至头前;眼看右手。

2. 弓腿分手

上体继续右转,右脚尖外撇,右腿屈弓,左腿自然伸直,成右侧弓步;右手继续向右划弧,摆至身体右侧,两臂平举于身体两侧,掌心皆向外,指尖斜向上;眼看右手。

3. 转腰搭手

上体左转,重心左移,左腿屈弓,右腿自然伸直,脚尖内扣;两手下落划弧,在腹前交搭,抱于胸前,右手在下,左手在上,两掌心皆向上;眼平视前方。

4. 收脚抱手

上体转正,右脚轻轻向左收回半步,脚前掌着地,随之全脚踏实;两腿慢慢直立,体重平均放于两腿;两脚平行向前,与肩同宽,成开立步;两手交叉合抱于体前,掌心向内,两臂撑圆,两腕交搭成斜十字形,高与肩平;眼平视前方。十字手如图 7-37 所示。

图 7-37 十字手

(二十四) 收势

1. 翻掌分手

两臂内旋,两手翻转向下,左右分开,与肩同宽;眼平视前方。

2. 垂臂落手

两臂徐徐下垂,两手落于大腿外侧;眼平视前方。

3. 并脚还原

左脚轻轻提起与右脚并拢,脚前掌先着地,随之全脚踏实,恢复成预备姿势;眼看前方。收势如图 7-38 所示。

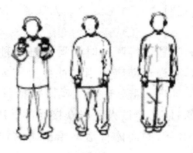

图 7-38 收势

【复习思考题】

1. 武术的特点是什么?武术与太极拳有什么不同?
2. 太极拳有哪些门派?其发展现状如何?
3. 有人认为太极拳是老年人练的,不适合年轻人,如何看待这个问题?

第八章　其他时尚休闲运动

> **学习目标**
> 1. 了解当今校园流行的时尚运动；
> 2. 了解部分时尚运动的运动特征和基本运动方式；
> 3. 学习部分时尚运动并融入自己的生活中。

时尚，顾名思义就是"时间"与"崇尚"相加，在这个简化的意义上，时尚就是短时间里一些人所崇尚的生活。时尚是个包罗万象的概念，它的触角伸入生活的方方面面，如衣着打扮、饮食、行为、居住、消费，甚至情感表达与思考方式等。一般来说，时尚带给人的是一种愉悦的心情和优雅、纯粹、品味与不凡感受，赋予人们不同的气质和神韵，能体现不凡的生活品位，展露个性，故而也可以说时尚是一种感觉。人类对时尚的追求，促进了人类生活更加美好，无论是精神的还是物质的。如此看来，时尚是在一定时间里或长期的时间里崇尚某些事物，是一种自我感觉良好的潮流，在特定时段内率先由少数人实验、后来为社会大众所崇尚和仿效的生活样式。

那么，何为时尚运动，它又有哪些内容呢？时尚运动是一种以时间和流行趋势为划分标准的体育形态，因此一些学者提出，时尚运动应为当前社会上较为流行的、健康的，以健身、健智、娱乐、休闲、表演为目的的体育运动项目群。时尚运动既包括目前已经开展的项目，又包括那些尚未作为全国性正式体育开展的，但已经被人民群众接受的健康的竞技、健智、休闲、娱乐项目。而国家体育总局社会体育指导中心对时尚体育运动给出了这样的定义：经过一段时间的凝固，被人们普遍采用、最为流行的，以健身、健心、健智、娱乐、休闲、社交为目的的社会体育运动项目。时尚运动作为一种体育形态，它具有一般体育项目的特征和功能，也有自身的特点，即流行性、新颖性、趣味性、多功能性、竞技性、教育性、休闲性、文化性、开放性等特点。

时尚运动在社会上比较流行、时髦、新潮和前卫，有较大的吸引力和冲击力，多是为大家所喜闻乐见的运动项目，把时尚运动引入高校校园，不仅可以营造更浓厚的校园体育氛围，丰富和拓展校园文化的含义，促进校园文化建设，而且可以帮助大学生养成健康的生活方式，体育运动项目日新月异，层出不穷，一些新的运动项目让人们觉得新鲜漂亮，新的运动项目与旧的运动项目相比会让人产生一种轻松感觉，同时时兴的运动含有荣誉性，能够让参与者自我肯定，感受时尚，彰显自我个性的热情，这些运动或有美感或新奇刺激或具有潮流感，大学生是"新新人群"，追新求异热爱时尚，一些同学对已有的体育运动有厌倦情绪或兴趣不高，甚至自己到健身馆进行自己喜欢的时尚运动，故时尚运动必将发展到学校里来，校园时尚运动呼之欲出。

第一节 啦啦操

啦啦操运动是起源于美国的一项现代体育运动,它集时尚、个性、激情于一身,动作刚柔相济,音乐动感强劲,服饰多彩艳丽,道具、口号千变万化,融合了徒手体操、舞蹈、艺术体操、技巧等运动元素;配上节奏感极强的音乐,能表现出青少年朝气蓬勃的面貌和团结一致的集体精神;加之运动员活力四射的火热表演,无不体现出团队风貌和进取力量。目前啦啦操运动已成为我国高校大学生极为青睐的新兴时尚运动。

一、啦啦操运动的内容和特点

(一) 啦啦操的动作内容

啦啦操运动按动作技术分为技巧啦啦操和舞蹈啦啦操,舞蹈啦啦操是主要以舞蹈动作,结合道具展示各种舞蹈元素为基本内容的团队竞赛项目,技巧啦啦队是以翻腾、托举、抛接、金字塔组合舞蹈动作、过渡连接及口号等形式为基本内容的团队竞赛项目。啦啦操与健美操等不同,它融入了很多技能、技巧,动作技术以重心平稳、低姿态为主,其肌肉运动方式是瞬间制动,在此基础上随意变化舞蹈动作,动作有较强的张力,加之明快的多元素音乐、不同节奏与风格的混合,传递信息量多,快慢变化大,同时还融入不同项目风格的动作,例如舞蹈、搏击、球类运动等,并与中国传统武术巧妙结合,演绎别样风采,更值得一提的是,啦啦操近几年来在我国迅速成长,加入多元化的中国风格,从而演绎出具有中国特色的啦啦操。

(二) 啦啦操的特点

1. 结合音乐元素

啦啦操与健美操、体育舞蹈、艺术体操等项目一样,是在音乐的伴奏下完成各身体动作的,通过动感的音乐配合,展现青春活力,达到鼓舞人心、激扬斗志的目的。

2. 以团队形式展示

无论从啦啦操的历史沿革还是现今各学者对啦啦操概念的界定,啦啦操运动无不体现出追求团队精神和集体荣誉感的特征,表演和比赛是通过团队或集体形式来展示动作风格特点,表现其中心主题的,所以啦啦操的特点之一就是体现团队精神与互动。

3. 集竞技性、表演性、观赏性于一体

啦啦操运动是体育与艺术相结合的项目,竞技性、表演性、观赏性是啦啦操运动得以发展的前提和基础,特别是它的竞技性目前在我国的各级比赛中已经得到充分体现。

二、我国啦啦操的发展现状

啦啦操运动自传入我国以来,由于其表现出来的强烈的运动美、感染力、自信力和团队精神,很快受到广大青少年的喜爱,我国开展啦啦操运动是在 2003 年,啦啦操的动作内容被定义为以徒手的舞蹈动作及采用彩丝、花球等道具的操化舞蹈动作的表演形式,人数是 9~12 人,性别不限。2004 年以后,啦啦操逐渐加入有节奏的口号与多元素的音乐节奏,以及多元化的编排,使啦啦操的发展有了新的飞跃,集中体现了啦啦队的团队力量及团队的凝聚力,风格多样但主题紧扣。2008 年 1 月在北京举行了由第 29 届奥运组委会和国家体育总局体操运动管理中心主办的奥运会啦啦操选拔赛,以及在江苏省江阴市举办了"徐霞客杯"2008年全国首届技巧啦啦操比赛,更多的赛事在我国许多高校中经常开展,如广西大学、西南交通大学等。一些体育院校也特意开设了啦啦操课程,大力发展啦啦操,如上海体育学院和北京体育大学。目前,舞蹈啦啦操是我国啦啦操运动的主流,而技巧啦啦操由于规模和经验都还比较欠缺,而且对套路中的舞蹈动作也有所偏颇,故发展较舞蹈啦啦操相对落后。我国啦啦操的表演目前主要出现在CBA和CUBA的篮球联赛上,现已成为篮球赛场上不可或缺的一部分,而且近年来啦啦操表演也开始出现在其他比赛活动中,甚至渗入到社会的其他领域中去,为大型的活动、学校运动会的开闭幕式及节日庆典等表演助兴。由于啦啦操运动具有表现力强烈、能积极调动人们的情绪、加强活动场面气氛的特性,现代啦啦操在我国获得快速有力的发展。

三、啦啦操的练习

啦啦操运动深受广大青少年的喜爱,是一项有利于青少年身心健康发展的运动,不仅能培养学生超越自我的能力,而且可以熔炼学生的团队精神。学校是啦啦操运动的主要开展场所,啦啦操本身的要求与高校的特点是一致的,就啦啦操的特点来说,热情的运动、激烈的节奏感、用于调动观众的情绪,本身就要求表演者充满激情和活力,而且啦啦操讲究集体风貌和团队精神,这些对于组织纪律性强、拥有青春活力的学生的校园来说,具有得天独厚的条件。2001年我国举行首届全国性的学生啦啦操比赛,共有20多个学校参赛,啦啦操运动在全国各高校迅速得到推广。近几年啦啦操大赛在广东、广西和沿海地区发展迅速,广州、上海等城市的啦啦操运动走在全国的前列,有些高校还将啦啦操引入体育课教学内容。

教练员可根据本校不同的人才储备情况来选拔啦啦操运动队队员,在选拔中要求队员有全面的身体素质和心理素质,有高度的责任心和纪律性,对啦啦操项目强烈的热爱及不怕吃苦、敢于拼搏的精神。基本身体素质训练主要包括力量、速度、柔韧、耐力和灵敏五大素质的训练,它们是任何运动项目的基础,基本动作姿态训练主要包括形体训练、啦啦操基本动作训练、健美操基本动作训练和各种风格类型的舞蹈训练。

啦啦操练习套路图解(节选)如图8-1所示。

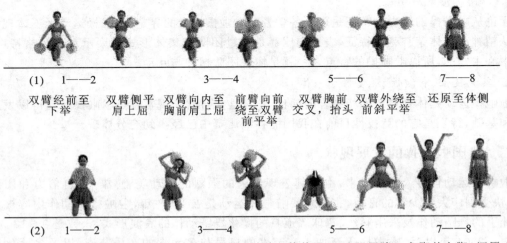

图 8-1　啦啦操练习套路图解(节选)

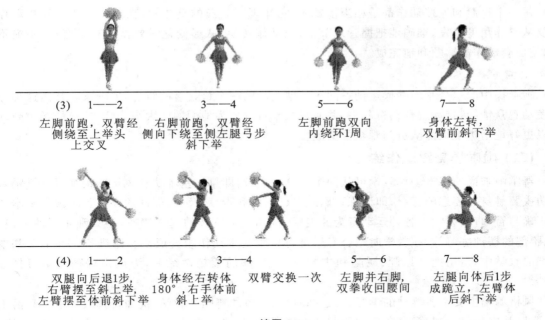

续图 8-1

（一）啦啦操的技巧动作练习

1. 翻腾

在翻腾类动作中包括前后滚翻、单双臂侧手翻、倒立前滚翻、后滚翻倒立、双臂前后手（软）翻、鱼跃前滚翻等动作。

2. 抛接

抛接类动作比较复杂，主要有跨栏跳抛接、C 跳抛接、莲花跳抛接、仰面摇篮抛接、直体（跳转 360°）抛接等动作。

3. 托举

托举动作中有各种位置的托举，要求托举动作完成后至少在空中以稳定状态停留 2 s，在训练时要预先决定好"尖子"的动作，"尖子"的平衡由"底座"调节，"尖子"要保持紧张，"底座"要有很强的保护意识。

4. 金字塔

金字塔造型是多个托举动作在空间上的连接，一般来说，"底座"人数越少，"尖子"人数越多、层数越多则难度越高，"尖子"单腿站立比双脚站立难度高。

5. 下法与接法

下法与接法在托举和金字塔动作中非常关键，它是完成这类啦啦操动作保证安全的基础。

6. 舞蹈动作

啦啦操中的舞蹈动作是没有风格限制的，可以引用爵士舞、踢踏舞、现代舞、民族舞、芭蕾舞等，同样，在比赛中展现民族特色也是啦啦操的一个亮点之一。

7. 过渡与连接

每一个过渡和连接动作都是相当重要的,它体现着表演的整体性,在编排过渡与连接动作时要从整体角度出发,准确地把握音乐节拍,在动作转换、队形变化时要做到有条有序、不慌不乱,使成套动作能够顺利地完成。

8. 口号

啦啦操中的口号是啦啦操运动不同于其他运动的一个最显著的特点,啦啦操就是用这种方式发动观众情绪,带动观众兴奋起来,并使观众不自觉地为他们的队大声欢呼,这样的场边鼓动可以更好地增进啦啦操队员与观众的交流。

(二)啦啦操舞蹈动作练习

舞蹈啦啦操的基本动作教学可从两个部分来进行,即舞蹈基本功和风格舞蹈练习。舞蹈基本功主要是身体姿态的练习,即训练正确的立、坐、卧和走、跑及头、面部的姿态和表现。基本姿势正确与否,直接影响人各种运动行为的美感,例如,上、下肢的基本姿态,手臂和躯干的波浪,髋、腰部的摆动练习等,在教学时结合音乐可将舞蹈基本动作组合成小套路进行。在下肢基本姿态的教学中,运用把杆压腿、踢腿和进行躯干、肩部的柔韧性练习,为风格舞蹈的学习打好基础。

风格舞蹈主要是各舞种的学习,可选择时尚、简单的舞蹈来教学,例如,街舞、拉丁舞和爵士舞,要以基本步伐为主,配合典型的舞蹈动作特征,还要结合编排的小套路进行练习,加之欢快、活泼的音乐渲染,相信学生既喜欢又能接受,但在选择舞种时要注意男、女生的区别,因为当前普通高校的健美操选项课中女生班较多,啦啦操也不例外,可有所侧重,但也必须要考虑到男生在队内的比重,做到有备无患,如此才能运用自如。

(三)啦啦操的音乐和动作编排

音乐是啦啦操的灵魂,它如一根线贯穿于整个啦啦操。我们可选择不同风格的音乐,去聆听和感受,体会音乐所反映的主题或所感受到的音乐主题,可用部分动作示范展现音乐,更亲近地感触啦啦操的魅力。

创编啦啦操动作主要具有以下几个特点:动作变化快、有力度;膝关节处于相对屈的状态;身体每一部分的动作分开完成;重心变化多,并保持相对平稳;根据音乐编排不同特色的动作。最后,到达竞技阶段时,就是巩固和自动化阶段,要求在完成一套啦啦操时要做到同步性、熟练性、完整性。

当训练达到熟练阶段,初步具备了同步性、熟练性、完整性、稳定性和表现力,此时就要求动作协调一致、整齐划一,各个动作熟练且完整,在做出各种托举、抛接、金字塔等难度动作时,要做到技术熟练、造型稳定、成功率高,队员相互配合默契,同时在完成舞蹈动作时还要尽可能地展现出啦啦操热情奔放的特点,将一套啦啦操动作完美呈现,使观赏者赏心悦目。

啦啦操运动

啦啦操原名为"cheer leading",其中 cheer 有振奋精神、提高士气的意思。啦啦操来源于早期部落社会的仪式,为激励外出打仗或打猎的战士,他们通常会举行一种仪式,仪式中由族人用欢呼及手舞足蹈的表演来鼓励战士,希望他们能凯旋。而现代啦啦操是体育运动中的一个新兴项目,遍布篮球、橄榄球、棒球、游泳、田径、摔跤等比赛现场,至今已经有100多年的历史,最初为美式足球呐喊助威的活动发展到现在已成为世界范围内的一项体育运动。

现代啦啦操是以团队的形式出现并结合 dance(舞蹈)、cheer(口号)、partner stunts(托举的难度动作)、tumbling(技巧)、basket toss(轿子抛)、pyramid(叠罗汉)、jump(跳跃)等动作技术,配合音乐、服装、队形变化及标示物品(如彩球、口号板、喇叭与旗帜)等要素,遵守比赛规则中对性别、人数、时间、安全等的规定进行比赛的运动,称为竞技啦啦队,又称为啦啦队。竞技啦啦队分为技巧啦啦队和舞蹈啦啦队,其中技巧啦啦队包括 mixed(男女混合组)、all-female(全女子组)和 partner stunts(舞伴特技);舞蹈啦啦队又包括 poo(花球)、high kick(高踢腿)、jazz(爵士)和 prop(道具)四个组别。

第二节 瑜 伽

瑜伽发展至今已有5 000多年的历史,它原本是印度的苦行僧修行的方式,但是发展至今已经成为一种流行的大众健身方式,瑜伽的流行也是由其自身的特点和社会的需求形成的,因为在竞争激烈和发达的现代社会中人们面对更多各方面的压力,经常感到焦虑、易怒、身心疲惫而无法缓解,又由于高新技术的运用,生产劳动的时间和体力消耗减少,导致人的某些器官系统的功能减退,长期单一动作的重复让人的身体处于一种亚健康状态,所有这一切让人们会有一种强烈的回归自然、回归宁静的想法,需要一种方法能彻底地放松自己高压下绷紧的神经。瑜伽锻炼作为一项古老的运动项目以其独特的魅力在众多的体育项目中脱颖而出,受到越来越多人的喜爱。瑜伽锻炼集伸展、呼吸、冥想为一体,使人达到心神合一的境界。经常练习瑜伽可以调节人体各种腺体激素的平衡,舒缓体内神经,改善睡眠,消除疲劳,使人保持一种祥和、平静、年轻向上的心态;经常练习瑜伽还能活化脊椎,改善脊柱变形,纠正轻微的椎间盘错位(如驼背、探颈等不良体态),同时强化各大肌肉群的力量,从而达到健身美体的作用。瑜伽不仅是一种身体艺术,而且是一种生活的哲学,它集医学、科学、哲学之大成,不仅是知性的、感性的,而且还要理性地去实践它。第一次练习瑜伽的时候,会听到教练反复地强调放松或是尽自己最大的限度去做,瑜伽是一种完全放松的运动,它不强迫你的意志,做的每一个动作要在自己完全觉得舒服的状态下结合呼吸去完成。

从健身意义上讲,瑜伽是一门科学,是一门亲证学问,它使躯体、心灵和灵魂得到和谐的发展,是人们在体质、精神、道德和心灵方面修行锻炼的保健方法,任何人都可以去尝试通过瑜伽在身体素质、道德完善和精神方面得到良好的锻炼。瑜伽强调和谐、博爱,强调生命,强调人从一切不健康的精神状态中解放出来。一直以来,瑜伽的定义都沿袭古代先人对瑜伽的解释,但是晦涩抽象的定义对许多现代人来讲有些难以理解,因此,笔者根据前人的诸多概念将瑜伽健身定义通俗地归纳为:瑜伽是人们通过体式和意识对身心进行有效控制,来达到人与自然平衡的运动。

一、瑜伽运动对大学生身心的影响

(一)促进大学生身体健康

1. 瑜伽运动对消化系统的影响

消化器官有着天然的自动运动的特征,会自动、轻微地按摩,保持消化器官的健康。只有腹部肌肉足够结实又有弹性才能最有效地进行自动按摩,瑜伽体式不仅能够保持对消化器官的有效的自动按摩,而且能对腹部肌肉进行特殊、强迫、有力的内部按摩,取得的成效是任何练习无法企及的。最基础的体式练习中:眼镜蛇式、蝗虫式、弓式能够有力伸张腹部前部肌肉,同时收缩后部肌肉;契合式、背部伸展式要求前部肌肉有力收缩,同时伸张后部肌肉。

2. 瑜伽运动对循环系统的影响

人体血液循环把营养输送到各组织,血液循环最重要的器官就是心脏,心脏的收缩与放松完成血液全身循环。心脏由最强壮的肌肉构成,合理的瑜伽锻炼会让心脏变得更健康,提高肌肉健康水平的方法之一就是实现增压减压的交替转换,吸腹功、腹部旋转功可使心脏交替处于减压的状态,有机会练就更有力的肌肉,增加血液循环的有效性。

3. 瑜伽运动对呼吸系统的影响

营养的第五大元素是氧气,如前文所述,瑜伽可以保持循环系统的正常运行,一旦血液摄入足量氧气,组织氧气供给就会毫不费力,呼吸系统要获得足够量的氧气,必须满足三个条件,即健康的肺、强健的呼吸道肌肉和呼吸道顺畅。

4. 瑜伽运动对神经系统的影响

人体所有组织健康的必要条件就是神经连接功能良好,神经系统最重要的是大脑,其次是脊髓和交感神经髓,瑜伽体式当中的头倒立式、倒转式向大脑输送更加丰富的血液,保证大脑健康及控制感官的头盖神经健康,所以瑜伽体式是较好的脊椎锻炼方法。

(二)增进大学生心理健康

1. 排除干扰,提升本我

长期进行瑜伽冥想练习,可以避免不良环境因素对心理的负面作用,从而,在不断提升本我的过程中,增进心理健康。

2. 减少浮躁,感悟自我

练习瑜伽可以使人保持平常的心态,剔除世俗的不良干扰,使人把那些不应追求的身外之物抛弃,并以一个平常的心态对待自然的身体和思想的身体。

3. 提高韧性,超越本我

练习瑜伽增进心理健康的过程,实质是用心感悟自我、超越本我、进入超我境界的过程。

4. 内外净化,超越自我

接受瑜伽教育,首先要抵制人的愤怒、贪欲、狂乱、迷恋、恶意、嫉妒这六种恶习,否则练习者无法进入状态,练习瑜伽有助于抵御外环境的各种利益诱惑,以及多种不良因素刺激的负面作用。

二、瑜伽的学习内容和方法

(一)瑜伽学习的主要内容

在古印度,瑜伽种类很多,有知识瑜伽、坐禅瑜伽、收获瑜伽、平等瑜伽、大全瑜伽等,其中具有代表性的有以下四种:第一种为咒语或秘诀瑜伽,教导人们如何集中精神祈祷上帝,最终忘掉自我;第二种为坐禅瑜伽,通过打坐控制呼吸和思想;第三种为身体瑜伽,主要是一种训练身心的体系,强调修炼瑜伽时要与呼吸和冥想相配合;第四种为呼吸瑜伽,要求有节奏地控制呼吸,并在感觉中获得平和与安宁,如同在莲花上打坐。瑜伽学习的主要内容由呼吸、体式、冥想、放松和评价五个部分组成,并且在这五部分内容中潜移默化地融入瑜伽有关热爱自然、关爱生命、心胸豁达、与人为善等育人的理念,也就是说在学生练习前后及评价过程中,融会贯通人文教育的思想,从而使其感悟到身体锻炼以外的精神境界,进而将"凡人和圣人连通",即追求神圣与崇高的终极关怀,这十分有助于瑜伽练习者将爱身体与爱灵魂统一起来。

(二)瑜伽的学习方法

瑜伽的学习一般可分为三大阶段:第一阶段,学习基本姿势;第二阶段,学习呼吸法;第三阶段,瑜伽姿势与呼吸的正确配合。

第一阶段,基本姿势可分2~4单元学习:身体素质练习(柔韧力量)、学习掌握各个动作、学习掌握各个动作的连接技巧、学习掌握基本姿势的重难点,例如,拜日式中蛇击式的重难点是抬头、翘臀、胸贴地向前、肘关节夹紧撑起重复练习;第二阶段,瑜伽呼吸法可分1~3单元学习,即瑜伽的呼吸法(胸式、腹式、自然)及其对人体的作用、采取适合体位体验呼吸法;第三阶段,姿势与呼吸的正确配合可分2~4单元学习,即结合简单动作学习掌握"收手为吸出手为呼,上提为吸下降为呼,开为吸合为呼"的呼吸原则、学习各个姿势分解时的呼吸,从而完成瑜伽完整的练习。在学习过程中人的自觉性、领悟性是会受外界影响波动的,很多人因学习困难而退出、因失去学习兴趣而退出,因而在瑜伽的学习中持之以恒的精神尤为重要。

第三节 街 舞

街舞兴起于20世纪80年代的美国,是美国黑人嘻哈文化的重要组成部分,由于这种舞蹈出现在街头,不拘于场地、器材,在街角、广场都可以进行练习或比赛,所以称为街舞。hip-hop是各种街舞的总称,它包括机械舞、锁舞、霹雳舞、电流、爵士等多种风格。街舞中节奏或舒缓或强烈的流行音乐、富有时代感的时尚动作及自娱自乐的心情宣泄,以及其本身所焕发出来的活力和感染力,都迎合了当代青年的精神需求,吸引无数青年学生加入锻炼的行列。街舞运动中存在着极为丰富的各种各样的时尚元素,其一,音乐的时尚性,与现代流行音乐相结合是街舞发展的特色,并且不同风格的街舞音乐会给不同的人以不同的灵感,音乐本身具有流行性、时尚性,舞者往往运用音乐去表现人物的思想情感和特征、渲染和烘托环境、展示个性、抒发情感,给人们以良好的心理体验和艺术熏陶;其二,动作组合的时尚性,街舞动作的时尚性是相对传统的体操、武术、田径、篮球而言的,是反传统的,它的动作是随意、松弛的,很少有对称的动作,并时常有小关节的运动,而且变化无常,再加上诸多创新且幽默的动作,增强了趣味性;其三,服饰的时尚性,街舞的服饰包括服装、鞋袜、头饰及发带、腕带等其他配饰,是hip-hop文化中最容易被大众所关注的地方,许多消费者往往是通过对时尚的街舞服饰的喜爱而加入到街舞健身行列里来的。

一、校园街舞现状

街舞在全国大学中有着广泛的影响,许多高校开设了街舞健身娱乐部和街舞培训班,也有一部分高校将街舞列入体育选修和选项课程。从2003年开始,"动感地带"中国街舞挑战赛全面展开,共有 200 多所高校 142 个大学生街舞组合参加了比赛。2004 年全国街舞电视大赛在总体结构上承袭了第一届比赛的模式,仍采取 10 个分赛区预赛、集中进行全国总决赛的比赛方式,此次大赛的街舞水平显示出了较大幅度的提高,各个代表队之间竞争也更加激烈,同时代表队的编排思路也体现出了自己的想法,体现了我国街舞水平正在逐步提高,这是高校体育在全国的比赛,这充分表明了街舞在高校发展的美好势头和空间。街舞运动在我国高校开展所具有的强大生命力,说明其发展潜力是巨大的,同时也说明了高校是街舞运动的载体。通过对部分高校老师和学生进行访谈得知,大多数大学生对街舞这项运动有一定了解,但对街舞的认识不足,由于街舞这项运动对力量、协调性等方面要求较高,尤其是在原汁原味的街舞中会出现一些难度很高的技巧动作,这对在大学生中推广街舞运动形成了一定的不利影响,但随着健美操类型的拓展,街舞以生动、技巧、乐感、协调形成其特有的活力气氛,自由的风格和脚步动作的迅速多变形成了街舞的独特魅力。为了了解街舞在校园里受欢迎程度,笔者在校园内随机抽查了 100 名学生做了一次问卷调查,调查结果发现,喜欢时尚街舞的有 62 人,喜欢现代舞的有 11 人,喜欢民族民间舞的有 18 人,喜欢原生态舞蹈的有 3 人,喜欢其他舞种的有 6 人,在问及"如果开设专门的成人舞蹈课,你是否愿意接触和学习"一栏中,100 人中有 33 人表示十分想学,有 45 人表示如果条件允许愿意去学,有 13 人表示可以去尝试一下,有 9 人表示没兴趣。调查结果表明,喜欢街舞的学生大大多出喜欢其他舞种的学生,由此可见,街舞在大学校园里面是非常受欢迎的。

二、街舞的练习

街舞由头、颈、肩、上肢、躯干等身体部位的屈伸、转动、绕环、摆振、波浪形扭动等动作连贯组合而成的,各个动作都有其特定的 pop 感觉,既注意了上肢与下肢、腹部与背部、头部与躯干动作的协调,又注意了各环节各部分的独立运动,但是规定动作中头部和脚部的 pop 感觉的教学,尤其要注意方法。

(一) 头部的 pop 练习

头部的 pop 练习是头部往 45°的方向用力向下点来达到的一种效果。在头部的 pop 练习中,应在生活中有所启发:经常在路上碰见熟人的时候都会叫一声"喂",当你在叫别人"喂"的时候,头部稍微向上点了一下,那一"点"其实就是 pop 了,只是要用力而且要短时间内完成而已。先保持原来轻松的表情,突然叫别人一声"喂",这样反复练习就会学会头部的 pop。但是下颚别用力,在后脑勺用力,这样很快就能体会到要点了。

(二) 脚部的 pop 练习

脚步的 pop 其实也就是胯下的 pop,很多人都把它想得很复杂,其实胯下的练习比手部练习更加容易,要注意的是利用膝盖。练习时可使用如下的方法:①先站起来,然后膝盖向前稍微弯曲,有点像要坐下的感觉;②慢慢从这个动作站起来,慢慢地把脚打直,但别用力;③脚快要站直的时候,突然用力快速把脚打直。这样反复练习就会学会胯下的 pop,但别屁股用力或屁股往里收。

(三) 整套规定动作的练习

在学习整套规定动作之前,可以先观看视频,从而对街舞有初步的认识,为以后的学习奠定基础。在学习中,要认真听讲,认真思考,认真模仿老师的动作,然后规范每个动作,反复练习直到熟练掌握。对于套路的记忆可采取分段记忆法,即把套路分成几个部分,对几个部分的动作逐一掌握后再连起来,这样记动作的效率比较高。

练习街舞的一般程序

街舞的特色是爆发力强,在舞动时,肢体所做的动作亦较其他舞蹈夸张,最吸引人之处是以全身的活力带来热情澎湃的感觉。街舞的练习还有一些小窍门。

(1) 学习时,一般有一定的程序,比如先听音乐,熟悉节奏之后再盯住教练的脚,学会步伐,最后等下肢动作熟悉后,再学习躯干和上肢等部位动作,要注意全身各部位动作的同步性是关键点,也就是说把下肢动作和躯干、上肢等部位动作结合好。

(2) 在练习广播体操、健美操时,可能教练对大部分动作的要求是"横平竖直",而街舞更多的是强调随意性,要求动作松弛,所以练习时要尽可能放松自己的肌肉、关节,让它们更灵活。

(3) 练习街舞时所用的音乐是非常有特点的 hip-hop 节奏,所以在练习前首先要熟悉并适应伴奏音乐的特点。如果一听到音乐,就可以很准确、自如地踏上步点并与音乐合拍,那便可以开始学习街舞了。

第四节 女子防身术

女子防身术是女性以防身自卫为目的,运用拳打、脚踢、摔打、擒拿等格斗技击方法来制服对方,保护自己的一项专门技术。女子防身术走进高校,既满足了女生健身的需要,又满足了女性防身的需要。

一、女子防身术的基本技术

(一) 技术类别

(1) 基本格斗姿势与移动技术、远战进攻技术、远战防守技术。

(2) 近距离格斗技术、近战进攻技术、近战防守技术。

(3) 摔法格斗技术,前、后、侧倒地技术,前、后滚翻技术,防抓破抓及保持平衡技术,摔技及反摔技。

(4) 地面格斗技术。

(5) 擒拿格斗技术、反关节技术。

(6) 解脱格斗技术:抓臂解脱法、抱腰解脱法、锁喉解脱法、抓发解脱法。

(7) 综合技术:刀、枪、棍、椅子、衣服、书包及其他任何东西都可用作自卫防身的武器。

(二) 具体技术

1. 远战技术

自卫者运用移动技术与歹徒保持至少两臂长的距离,并运用远距离的拳打脚踢来还击歹徒并应用防踢、防打技术来对付歹徒的攻击。

2. 近战技术

自卫者离歹徒较近时（一般在一臂之内），运用短拳、肘击、膝撞技术来还击对方，并应付歹徒的攻击。

3. 抓摔技术

自卫者运用闪避技术来避开歹徒的抓捕，当被歹徒抓住时，运用移动与支撑技术保持自己的平衡，同时运用摔法来对付歹徒，并用合理技术防范对方摔自己。自卫者要学习正确倒地技术以避免被摔倒时受伤。

4. 锁关节技术

自卫者学习运用锁关节技术来攻击歹徒的肘或腕等脆弱部分，击伤、击退歹徒或迫使其松手或就范。

5. 解脱技术

自卫者学习运用各种解脱技术从歹徒的各种抓抱中解脱出来，其中包括对付歹徒的扭臂、抓发、扼喉、搂腰等攻击。

6. 特殊技术

特殊技术虽属中高级自卫防身技术，但又必须给初学者介绍，以便自卫者学习运用各种技术来对付持刀、持枪的歹徒及对付两个以上的歹徒。

二、女子防身术的学习方法

（一）循序渐进式学习

运动技能形成需要经历认知定向（泛化）阶段、动作系统初步形成（分化）阶段、动作协调和技能完善（动力定型）阶段，在这个过程中，在头脑中建立清晰而正确的动作表象至关重要，清晰而正确的动作表象需要练习者认真观看、观察思考，在学习实践中按照从易到难、从简单到复杂、从单独操作到实际对抗的循序渐进的原则进行。一般的学习程序：原地规范动作练习—结合步法的动作练习—空击练习—打靶练习—情景模拟练习—条件实战。实战中要弄清打击部位，弄清动作规格标准，弄清易犯错误和关键环节，而且，由于女性特殊的性别特点，在受到侵害时往往面对的是凶暴的男性，所以应学习掌握和熟练使用技术，"稳、准、狠、快"一招制敌，速战速决。

（二）场景体验式学习

创设情境的方法多种多样，但都是讲究科学、合理、适宜的，既要遵循学习规律，又要符合自身的认识水平和年龄特点，既要注重学科特点，又要兼顾学科整合及资源共享。女子防身术学习中可以设立场景，模拟现场，在场景中体验与罪犯周旋、格斗、逃生，做到学以致用，该环节模拟特殊环境下正确运用技术防身制敌的典型场景，在学习过程中可大量采用案例，几个同学互相合作创造场景，案例取材于现实生活中发生的具体情况。学习者在案例教学中身临其境，感同身受，把间接经验转化为直接经验，把"死知识"转化为"活知识"。

（三）理论与实践结合式学习

在现实生活中，女性是一个弱势群体，应依法保护自己，提高预防意识。对危险的预判，危急时刻的决策与处置，学习格斗与运用，理论学习结合格斗技术学习，是女子防身术课程教学中重要的环节。理论结合实践学习是普通高校女生学好女子防身术的重要方法。

女子防身术

第一招　用手防身

遇到危险时,可以用手掌的根部也就是硬的地方攻击歹徒的鼻梁,打中以后,五个手指再用力一抓,主要抓眼睛,这样,被打到鼻梁,轻则让歹徒流鼻血,重则可以让歹徒昏过去。用手抓到眼睛的话,可以让对方眼睛睁不开。当歹徒近身时,用手指对着歹徒的眼睛叉去,这一招是非常简单有效的方法,也是经常用的招数。

第二招　用腿防身

女性永远不要忘记了,男人的裆腹部是下手的最好地方,有机会不要放过,一脚(膝)下去就可摆脱对方。

第三招　摆脱歹徒扣抱

歹徒从后面抱你时:抬起手肘对着歹徒的太阳穴用力一击,同时用脚踹他小腿骨。

第四招　击要害部位

比如攻击歹徒的耳部、太阳穴、眼睛、鼻子、嘴部、下巴、喉结、咽喉部、颈后部、锁骨、腋窝等部位。

第五节　电子竞技

应该说每一项体育运动都是社会生产力发展和社会变革的产物,电子竞技运动是在科技革命下,计算机硬软技术及网络传播技术普及和发展过程中诞生的。电子竞技是一项集竞技、科技、娱乐、时尚于一体的新兴体育项目,是信息时代有益于培养德智体全面发展的有用人才的健康运动,是至今为止容量最大的体育项目产业,其发展最具创意空间,它是科技产业、文化产业、传统体育产业、传媒产业的集合体。

一、电子竞技的特点

(一)即时对战游戏与网络在线游戏的区别

1. 游戏规则不同

电子竞技运动的项目基础是即时对战游戏,是胜负回合比赛;网络在线游戏是一种升级游戏。不分析即时对战游戏与网络在线游戏的区别,就很难把电子竞技与容易产生网瘾的网络在线游戏区分开来。

2. 游戏的持续投入不同

玩网络在线游戏必须购买游戏服务商提供的在线时间点卡或虚拟道具。为了将游戏人物升到较高等级,有的玩家在游戏点卡或虚拟装备上的投入就达到数千元甚至上万元。即时对战游戏利用游戏自身提供的固定游戏人物,几乎不需要进行额外的后期投入。

3. 游戏对抗模式不同

即时对战游戏是回合制。在竞技过程中双方都是在相对公平条件下和定量的时间内完成对抗,比赛结果能准确判断。网络在线游戏除修炼等级外,玩家的另一乐趣是加入游戏人物的虚拟组织(一般称行会或家族)参与群体作战,由于玩家的游戏人物战死后只需重新进入游戏系统就能延续刚才的战斗。所以在公平对抗性方面,网络在线游戏不如即时对战游戏简单、直接。

(二)电子竞技与即时对战游戏的区别

电子竞技是在即时对战游戏的基础上衍生发展而来的,通俗地讲,电子竞技是即时对战游戏的专业赛,当某款即时对战游戏的玩家数量和游戏技能达到一定程度后,各民间玩家高手就渴望在正式的比赛中展示自身技能,于是,电子竞技为各种即时对战游戏的爱好者,提供了一个正式的比赛平台。就游戏本身而言,进行电子竞技与玩普通即时对战游戏没有本质区别,不同之处在于从事电子竞技运动的选手和普通游戏玩家的区别,电子竞技选手在操作游戏时是以获取比赛胜利为目的的,过程艰苦,需要长期反复训练和不断总结战略、战术,以获得提高;普通游戏玩家则是为获取游戏带来的愉悦感受而投入其中。这就是两者最根本的区别。

(三)电子竞技与传统体育的区别

在对抗性和公平性方面,电子竞技与传统体育类似。两者不同之处在于以下几点。第一,电子竞技依赖的是电脑游戏这个虚拟的对垒平台,传统体育无论是棋牌还是田径、球类项目均依靠现实体育器材。第二,电子竞技的项目更新频率较快,其项目设置往往视某款即时对战游戏玩家的基础人数而定,换言之,电子竞技的比赛项目都是近年最火的即时对战游戏,但随着时间推移,这些项目又很快会被其他更新颖、更受玩家追捧的游戏所取代;传统体育则不同,往往能经历上百年的发展。第三,参与群体不同,电子竞技的拥趸几乎全是青少年,而传统体育的爱好者涵盖了各个年龄段的人群。

二、电子竞技对大学生成长的影响

(一)电子竞技的积极影响

1. 培养青少年的团结协作精神

以世界电子竞技大赛(WCG)中的"反恐精英"比赛为例,玩家5人组成战队,1人为队长,统揽全局指挥作战;1人为狙击手,担任战术掩护任务(控制有利地形和远距离狙击敌人);3名突击手负责冲锋,突击手在进攻时也同样需要相互掩护、相互支援。由于比赛分上下半场,共30回合,因此在个别回合中个人突出的发挥也许能直接带来胜利,但要想赢得比赛的最终胜利,一定是要靠恰当的战术运用和默契的配合。

2. 培养青少年公平竞争意识

电子竞技比赛制订有详细的比赛规则,对计算机软硬件配置、回合时间、比赛抽签及平局后加时赛、防作弊和消极比赛等均有严格规定,在公平的比赛环境中,选手不仅能体会电子竞技带来的快乐,而且也能在不知不觉中接受和习惯公平竞争的意识。

3. 锻炼青少年灵活的头脑和开阔的思维

电子竞技实行回合制,选手在对垒中不断为对手所熟悉,要取得胜利就需要不断创新战术。因为每次变化都能给对手带来新的压力,参与电子竞技比赛的选手在游戏操作的个人技巧方面都达到了较高水平,所以个人技巧不是比赛最后胜利的关键。如何在比赛中根据实际状况灵活运用或修正战术以遏制对方才是取胜的法宝。另外,默契的配合不是机械地照搬训练时的模式,而应根据不断变化的比赛情况调整个人行动,以求为战队创造机会。

(二)电子竞技的负面影响

1. 对青少年的身体可能会带来危害

电子竞技运动的基础是即时对战游戏。即时对战游戏需要精力高度集中和长时间的训练配合,才能达到较高的竞技水平。快速切换的游戏画面、长久的坐姿和固定的鼠标握持姿势,会给青少年的身体带来危害;长时间面对快速闪烁的游戏画面,会加速眼睛的疲劳,容易引起视力下降。长久不动的坐姿和固定的鼠标握持姿势,会对青少年的腰椎、腕骨生长发育带来不良影响,严重者甚至出现腰椎间盘突出和腕骨变形。另外,高度紧张的游戏过程,导致青少年身体长时间处于情绪激动、心跳过速、血液循环加快的状态,不利于青少年的身体健康。

2. 对青少年成长可能会带来一定的误导

电子竞技的职业道路十分狭窄,电子竞技选手的运动寿命相对于传统体育运动员的运动寿命更加短暂,因为电子竞技的运动项目设置更新速度较快。新的即时对战游戏对原有的项目设置产生冲击,当某一电子竞技比赛项目的普通游戏玩家日益减少时,这个项目就会面临被取代的命运。

3. 成长路径漫长

电子竞技对选手个人的身体素质要求较高,当选手过了生理的黄金阶段后,无论是技巧的灵活程度还是战术的临场应变能力都会大大降低,而且竞技状态下滑后很难再达到巅峰。还有,国内目前电子竞技的发展还处于成长阶段。选手的训练场地、训练经费都还无法通过俱乐部或固定的赛会模式得到支持。各专业大赛的成员都是从民间玩家高手中临时选拔产生的,职业化程度较低。不稳定的经费来源是制约电子竞技职业化发展的重要因素。喜欢即时对战游戏的青少年人数较多,其中不少人都曾梦想通过玩即时对战游戏走上电子竞技的职业选手道路。一些选手在电子竞技专业比赛上取得的成功更会进一步激发青少年偶像式的模仿效应。但是,电子竞技的职业道路狭窄崎岖,如果青少年将其定位为成长方向,很可能耗费宝贵青春而一事无成。

三、正确对待电子竞技

(一)对电子竞技应持一种正确的态度

电子竞技作为一项正式的体育运动,虽然已经历了数年的发展道路,但社会公众对它的偏见仍很难在短时间内消除,如果教育工作者和青少年家长对电子竞技也持一种完全否定或不了解的态度,这将不利于引导青少年正确对待电子竞技。电子竞技是近年来在即时对战游戏的基础上发展而成的,许多传统体制内的教育工作者和家长对这一新生事物缺乏了解,甚至将其与耽误青少年学习成长的网瘾相提并论,这非但不利于正确引导青少年,反而易激起他们的逆反、叛逆心理,使得他们更沉湎其中。沟通的基础是彼此了解和相互理解,所以,教育工作者和家长对电子竞技应持一种宽容的态度,分清电子竞技与易产生网瘾的网络在线游戏的本质区别,理解青少年喜欢电子竞技是生理原因和心理特征使然,其次,教育工作者和家长还应看到电子竞技所包含的竞技因素,在增强团结协作精神、培养公平竞争意识、拓展创新思维及丰富青少年业余生活方面都有积极影响。

（二）规范引导电子竞技良性发展

与传统体育项目不同，电子竞技的兴起和发展包含了太多利益驱动因素，对于电子竞技的良性发展，体育主管部门、青少年教育部门和其他相关部门应站在对青少年成长负责的高度规范引导电子竞技的发展。首先，电子竞技发展的基础是计算机游戏，相关部门应对市场上销售的各种计算机游戏严格管理，防止一些不良游戏流入市场，对青少年成长造成负面影响；其次，电子竞技专业比赛的开展应纳入体育主管部门的审核、审批范畴，对电子竞技的项目设置、比赛场地、比赛规则等方面进行规范，为电子竞技健康发展提供保障。卫生和教育部门应将长时间从事电子竞技对身心带来的危害告知青少年及其家长，引导青少年适当参与电子竞技。

（三）通过无意识的渗透实践教育，引导青少年理性看待电子竞技

传统思想教育主要是一种灌输式的理论教育，这种教育的优势是体系化且理论内涵丰富，但对于现实社会生活中一些新鲜事物缺乏直接的说服力和应对问题的具体方案。针对电子竞技对青少年带来的消极影响，可以适当采用无意识的渗透实践教育方式引导青少年理性看待电子竞技。其具体方式：第一，利用空余时间组织一定范围的电子竞技比赛，让喜欢即时对战游戏的青少年在比赛中明白人外有人天外有天，从而打消把电子竞技职业道路作为成长方向的念头；第二，邀请一些在电子竞技大赛中获奖的队员畅谈训练、比赛的状况，让青少年明白任何事情的成功都需克服常人难以忍受的困难与挫折；第三，搜集一些电子竞技选手的职业发展轨迹和目前从事的职业等资料，向青少年展示，让青少年逐渐明白，电子竞技只是生活的一个小片段，人生成长、成才的技能还需通过学习知识才能真正取得；第四，大力开展各类丰富多彩的校园文化活动，转移沉湎电子竞技的青少年的兴趣点，让他们的兴趣爱好更加广泛，减轻对电子竞技的依赖。

知识拓展

新兴的体育运动——电子竞技

电子竞技运动从开展的情况看，受到大众的广泛喜爱，现在在许多国家和地区都已成为最有成长性的项目之一，比如由韩国、美国和法国为代表举办的世界三大电子竞技赛事已经越来越受到世界各国的关注，有的比赛，参赛国家和地区已经达到近百个之多。电子竞技运动产业在韩国、日本、美国、法国已经形成了巨大的产业规模，并且在国家经济中占有重要的地位。

电子竞技运动有利于广大青少年德智体全面发展。对于电子竞技运动对青少年的身心健康有什么影响，这个议论较多的问题，我们的回答是，正因为电子竞技运动非常有利于培养青少年德智体全面发展，所以要将电子竞技运动从广义的网络游戏中进一步凸显出来，把它列为体育运动项目进行普及和提高。

电子竞技运动与网络游戏的最大不同是：电子竞技运动从本质上来说是体育，只不过表现形式和比赛方式是借助以信息技术为核心的各种软硬件和所营造的环境。所以激烈的对抗和竞争是电子竞技运动的主要特点。体操运动是通过吊环、单杠、双杠进行的人和人之间的竞技和对抗，电子竞技运动则是通过计算机软硬件、网络、鼠标、键盘这些"器械"进行的人和人之间的对抗。它有统一的竞赛规则，并且在这样的规则要求下，进行公开、公平、公正的比赛。而网络游戏在本质上来说是娱乐游戏，在虚拟环境中以追求感受为目的进行模拟和角色扮演，从体验中、感受中及虚拟角色的扮演中享受乐趣、得到娱乐。

第八章 其他时尚休闲运动

电子竞技运动作为一项体育运动项目开展，可以锻炼和提高参与者的思维能力、反应能力、团队精神、自制能力、协调能力及意志品质和体育精神，更能培养参与者对现代信息社会的适应能力，同时促进德智体美劳全面发展。由于整个社会已经进入了信息时代，从小开始培养适应信息时代需要的技能是很重要的。而且，通过参加电子竞技运动培养的技能是与广大青少年的兴趣相一致的，对提高他们的学习成绩也是有帮助的。据不少对战平台和网上获得的信息，青少年中电子竞技的高手也大多是学习的佼佼者，而且独立思考能力和自立性都比较强。这也从侧面说明了电子竞技运动对培养青少年德智体美劳全面发展有积极作用。

另外，通过公开、公正、公平的选拔，代表中国参加世界大赛能培养青少年为国争光的荣誉感和责任感。而且作为一个体育项目，电子竞技同其他的体育项目一样，具有浓厚的文化色彩和人文精神。这也是电子竞技具有吸引力和生命力的重要原因。当然，世界电子竞技发达国家和地区的成功经验表明，开展电子竞技运动，发展电子竞技运动产业，对繁荣经济也有积极的作用。

不管从哪个角度看，把电子竞技运动列为体育项目，并促进其健康发展，都是利大于弊的。

【复习思考题】
1. 什么是时尚运动？现阶段有哪些主要的时尚运动项目？
2. 啦啦操有哪些特征？如何学习啦啦操？
3. 练习瑜伽对身心发展有哪些帮助？
4. 街舞的时尚性表现在哪些方面？
5. 电子竞技和网络在线游戏有何区别？如何正确对待电子竞技？

参考文献
CANKAOWENXIAN

[1] 安勤.女子防身术[M].北京:北京体育大学出版社,2005.
[2] 白莉.体育健康实践与探索[M].哈尔滨:东北林业大学出版社,2004.
[3] 陈智勇等.大学体育教程[M].北京:北京航空航天大学出版社,2006.
[4] 傅兰英等.体育与健康教程[M].北京:高等教育出版社,2009.
[5] 何珍泉,李晖.大学体育[M].北京:北京体育大学出版社,2006.
[6] 胡声宇.运动解剖学[M].北京:人民体育出版社,2000.
[7] 贾鹏飞.公共体育课教程[M].北京:人民体育出版社,2010.
[8] 江百龙.武术运动丛论[M].武汉:湖北科学技术出版社,2009.
[9] 李海.网球入门[M].北京:人民体育出版社,2007.
[10] 李建平,沈为民.体育与健康[M].武汉:武汉大学出版社,2007.
[11] 凌月红.体育健康教育与运动处方[M].北京:北京体育大学出版社,2005.
[12] 卢昌亚,李洁,龙之友.运动生理学[M].桂林:广西师范大学出版社,2008.
[13] 马鸿滔.啦啦操运动[M].北京:高等教育出版社,2009.
[14] 孟刚.户外运动[M].北京:北京师范大学出版社,2008.
[15] 彭美丽,侯正庆.跟专家练羽毛球[M].北京:北京体育大学出版社,1998.
[16] 全国教材委员会审定.排球运动[M].北京:人民体育出版社,1999.
[17] 全国体育学院教材委员会编.乒乓球[M].北京:人民体育出版社,1999.
[18] 孙卫星.网球规则入门导读[M].北京:北京体育大学出版社,2007.
[19] 田麦久.运动训练学[M].北京:人民体育出版社,2000.
[20] 王琳.实用医务监督[M].北京:北京体育大学出版社,2005.
[21] 王旋.花样轮滑[M].北京:人民体育出版社,2006.
[22] 温力.武术与武术文化[M].北京:人民体育出版社,2009.
[23] 文超.田径运动高级教程[M].北京:人民体育出版社,2003.
[24] 向智星.形体训练[M].北京:高等教育出版社,2002.
[25] 杨文轩.当代大学体育[M].北京:人民体育出版社,2005.
[26] 张钧,张蕴琨.运动营养学[M].北京:高等教育出版社,2006.
[27] 张瑞林.体育保健与康复[M].北京:高等教育出版社,2005.
[28] 张勇.羽毛球[M].北京:北京体育大学出版社,2007.
[29] 张泽正.中国武术基础理论[M].北京:人民体育出版社,2008.
[30] 周贤彪.大学体育与健康教程[M].武汉:湖北科学技术出版社,2006.